集人文社科之思　刊专业学术之声

集 刊 名：南开法律评论

主办单位：南开大学法学院

NANKAI LAW REVIEW (No.18)

《南开法律评论》编委会

总　　编　宋华琳

副总编　陈　兵

编　　委（以姓氏字母为序）

　　　　陈耀东　付士成　刘士心　史学瀛　王强军　闫尔宝　杨文革　于语和

　　　　张　玲　张心向　朱京安

责任编辑（以姓氏字母为序）

　　　　白佳玉　陈　兵　冯学伟　高　通　屠振宇　王　彬　张洪波　邹兵建

主　　编　屠振宇

主编助理　庞　蕾　邹　志　陈一飞　孙　沛　冯　杰

责编助理（以姓氏字母为序）

　　　　陈　统　陈一飞　董思琰　董欣雨　冯　杰　冯　勇　郭亦辰　康　南

　　　　李　冉　李晓玉　庞　蕾　钱日彤　孙　沛　孙扬笑　田　静　汪义双

　　　　夏迪旸　张淇浚　邹　志

第18辑

集刊序列号：PIJ-2022-473

中国集刊网：www.jikan.com.cn/ 南开法律评论

集刊投约稿平台：www.iedol.cn

南开法律评论

NANKAI
LAW
REVIEW
(No.18)

（第18辑）

主编　屠振宇

社会科学文献出版社
SOCIAL SCIENCES ACADEMIC PRESS (CHINA)

南开法律评论

第 18 辑
2024 年 6 月出版

苏维埃常设机关模式探析

——苏俄（联）宪法之历史回望

赵　娟[*]

摘要：苏维埃常设机关模式肇始于 1918 年苏俄宪法，成型于 1936 年苏联宪法，其后一直存续，至 1991 年苏联解体时被废弃。回望历史，我们所能认识到的问题是，全权与集权是这一模式的特质。代议制机构虽然不存在整齐划一的标配，却在底线上排斥和否定对于其基本规则的过度偏离。与代议制本身应该体现的民主政治的价值与过程不同，革命、统治的逻辑贯穿于这一模式的始终，而意图向民主、治理的逻辑转变时，模式的惯性使得改革成为其覆灭的导火索。

关键词：苏俄宪法；苏联宪法；苏维埃制度；苏维埃常设机关模式；代议制民主制度

1918 年《俄罗斯社会主义联邦苏维埃共和国宪法》（以下简称 1918 年苏俄宪法）作为世界上第一部社会主义类型的宪法，首创了极具特色的苏维埃国家制度，其中的苏维埃常设机关模式——在代议制机构内部设定具有实际权力的常设机关，并由此形成专门规则，有别于以往宪法对于代议制机构的定位，个性鲜明。这一模式创始于 1918 年苏俄宪法，经 1924 年苏联宪法的承继、1936 年苏联宪法的整合定型、1977 年苏联宪法的微调以及 1988 年的修宪改革，在整个苏俄（联）政权存续期间一直存在。1991年之后，苏联及其国家体制成为历史现象，任世人评说，个中得失见仁见智。撇开"以成败论英雄"的结果论史观，探究体制成因、客观评论殷

---

* 赵娟，南京大学法学院教授，南京大学—约翰斯·霍普金斯大学中美文化研究中心兼职教授。

鉴，或许是可取的理性态度。宪法学研究也是如此。本文即尝试梳理苏俄（联）宪法的发展脉络，剖析苏维埃常设机关模式的前因后果，并希冀通过评价阐释出可能的启示。

一 1918 年苏俄宪法的"苏维埃代行机关"框架

从整体上看，苏维埃常设机关模式开启于 1918 年苏俄宪法，在 1936 年苏联宪法中正式确立。1918 年苏俄宪法和 1924 年苏联宪法作为苏俄（联）前斯大林时代的两部宪法，在苏维埃制度的权力安排上最为相似（见表 1）。

表 1　1918 年苏俄宪法和 1924 年苏联宪法对比

	1918 年苏俄宪法	1924 年苏联宪法
最高国家权力机关	全俄苏维埃代表大会（第 24 条）	苏联苏维埃代表大会（第 8 条）
代行机关	全俄苏维埃中央执行委员会（第 30 条）	苏联中央执行委员会（由联盟苏维埃和民族苏维埃组成）（第 8 条）
代行机关的代行机关	全俄苏维埃中央执行委员会主席团（第 36 条）	苏联中央执行委员会主席团（第 26 条）

1918 年苏俄宪法由第五次全俄苏维埃代表大会 1918 年 7 月 10 日会议通过，宣布"由 1918 年 1 月全俄苏维埃代表大会批准的被剥削劳动人民权利宣言，同第五次全俄苏维埃代表大会通过的苏维埃共和国宪法一起，都是俄罗斯社会主义联邦苏维埃共和国唯一的根本法"。该部宪法规定，全俄苏维埃代表大会为俄罗斯社会主义联邦苏维埃共和国的最高权力机关，每年至少集会两次（后修改为召开一次），由全俄苏维埃中央执行委员会负责召集。全俄苏维埃中央执行委员会完全对全俄苏维埃代表大会负责，在代表大会闭会期间，全俄苏维埃中央执行委员会为共和国的最高权力机关，是共和国最高立法、号令及监督机关。全俄苏维埃中央执行委员会常会由全俄苏维埃中央执行委员会主席团每隔两个月召集一次，在全俄苏维

埃中央执行委员会闭会期间，全俄苏维埃中央执行委员会主席团有权代行执行委员会的部分权力。1918 年苏俄宪法将代表大会和中央执行委员会的职权规定在同一个条款里（第 49 条），作为二者同时拥有的权力，涉及修改宪法和制定法律，决定内政外交、经济政策、赋税、货币、行政区划等重大问题。第 50 条规定："除上列事宜外，凡全俄苏维埃代表大会及全俄苏维埃中央执行委员会认为应由其解决的一切事宜，亦均归其管理。"第 51 条规定了全俄苏维埃代表大会专属事项即修宪和批准和约。由此，1918 年苏俄宪法对代表大会和中央执行委员会的权力做了无限和扩展的定位。

上述权力安排确立了苏维埃代表大会权力体系，代表大会的性质定位是国家的最高权力机关，中央执行委员会是代表大会的执行机关，中央执行委员会主席团又是中央执行委员会的执行机关，并且都在闭会期间充当被执行机关的角色，形成了类似于代理与复代理的权力关系。这种"全俄苏维埃代表大会—全俄苏维埃中央执行委员会—全俄苏维埃中央执行委员会主席团"的权力关系格局，可以归纳为"国家最高权力机关—代行机关—代行机关的代行机关"框架，简称"苏维埃代行机关"框架。这个体系不是简单的代议制机构体系，其地位和权力远超过其他国家的议会，是政权机关的定位，强调最大的、最重要的、最高的权力，可以看作对 1918 年苏俄宪法第一篇"被剥削劳动人民权利宣言"所确立的基本原则的落实。1918 年苏俄宪法第一篇第 1 条规定："俄国宣布为工兵农代表苏维埃共和国。中央和地方全部政权均归苏维埃掌握。"第 7 条规定："第三次全俄工兵农代表苏维埃代表大会认为现在当无产阶级与其剥削者进行决定性斗争的关头，在任何一个政权机关中都不能有剥削者插足的余地。政权应当完全独属于劳动群众及其代表机关——工兵农代表苏维埃。"这种全权式集权式的国家政权设定，给权力的实际行使和运行带来了困难，客观上需要相应的机构去落实，代行机关和代行机关之代行机关的配置，即为了庞大的国家最高权力机关的运作。

1922 年 12 月，苏维埃社会主义共和国联盟（简称苏联）成立，1924年 1 月，《苏维埃社会主义共和国联盟根本法》即 1924 年苏联宪法公布，这是苏联成立后的第一部宪法。① 1924 年苏联宪法承继了 1918 年苏俄宪法的"苏维埃代行机关"框架。该部宪法规定，苏联苏维埃代表大会为苏联的最高权力机关，每年一次常会。代表大会闭会期间，苏联中央执行委员会是最高权力机关，由联盟苏维埃和民族苏维埃组成，每年三次常会。苏联中央执行委员会闭会期间，最高权力机关为苏联中央执行委员会主席团，中央执行委员会主席团是苏联的最高立法、执行及指挥机关（第 26、29 条）。与 1918 年苏俄宪法相似，1924 年苏联宪法的权力构架呈现"苏联苏维埃代表大会—苏联中央执行委员会—苏联中央执行委员会主席团"状态，也是"国家最高权力机关—代行机关—代行机关的代行机关"框架。不同的是，作为第一层次代行机关之中央执行机关的权力有所调整，在 1918 年苏俄宪法中，中央执行委员会为"共和国最高立法、号令及监督机关"；而在 1924 年苏联宪法中这一权力有所弱化，规定其颁布法典、法令、决定及指令，统一苏联的立法及管理工作并规定主席团及人民委员会的活动范围（第 17 条）。

与 1918 年苏俄宪法以同一条款列举代表大会和中央执行委员会的权力不同，1924 年苏联宪法第 1 条规定了苏联最高权力机关的职权，共 24 项。这意味着，作为当然的最高权力机关的苏维埃代表大会、作为代表大会闭会期间的最高权力机关的中央执行委员会、作为中央执行委员会闭会期间的中央执行委员会主席团，都有权行使第 1 条规定的最高权力机关的职权，其中只有一项权力是专属于代表大会的，即第 2 条规定的"本宪法各项基本原则的批准及修改权，专属于苏维埃社会主义共和国联盟的苏维埃代表大会"。相比而言，作为代行机关之代行机关的中央执行委员会主席团的权力扩展了，与 1918 年苏俄宪法之中央执行委员会的重要地位不同，中央执行委员会主席团居于实质性的重要地位，承担了更加经常的立法、执行、指挥工作。

二 1936 年苏联宪法的"苏维埃常设机关"模式

1936 年 12 月 5 日，全苏苏维埃第八次非常代表大会通过新宪法即

---

① 许崇德主编《宪法学（外国部分）》，高等教育出版社，1996，第 311～312 页。

1936 年苏联宪法，史称斯大林宪法。新宪法开启了苏维埃制度的新阶段，完成了权力构造新模式的形塑，这一模式一直延续到 1977 年苏联宪法。表 2 是以上两部宪法的相关规定。

表 2　1936 年苏联宪法和 1977 年苏联宪法对比

	1936 年苏联宪法	1977 年苏联宪法
最高国家权力机关	苏联最高苏维埃（由联盟苏维埃和民族苏维埃组成）（第 30、33 条）	苏联最高苏维埃（由联盟苏维埃和民族苏维埃组成）（第 108、109 条）
常设机关	苏联最高苏维埃主席团（第 48 条）	苏联最高苏维埃主席团（第 119 条）

与前两部宪法不同，1936 年苏联宪法规定，苏联最高国家权力机关是苏联最高苏维埃。在这里，有两个名称发生了改变：一个是"最高国家权力机关"，以前的名称是"俄罗斯社会主义联邦苏维埃共和国的最高权力机关"和"苏联的最高权力机关"；另一个是"苏联最高苏维埃"，以前的名称是"全俄苏维埃代表大会"和"苏联苏维埃代表大会"。苏联最高苏维埃由联盟苏维埃和民族苏维埃组成，每年举行两次会议，共享有 24 项职权。宪法将最高国家权力机关和国家管理机关的权力规定在一个条款中（第 14 条），又在第 31 条以排除方式确定了国家最高权力机关权力的范围："本宪法第十四条所赋予苏维埃社会主义共和国联盟的一切职权，依照本宪法规定，不属于对苏联最高苏维埃报告工作的苏联最高苏维埃主席团、苏联部长会议和苏联各部权限以内的，都由苏联最高苏维埃行使。"同时规定"苏联的立法权只能由苏联最高苏维埃行使"（第 32 条）。宪法规定，苏联最高苏维埃在两院联席会议上选出苏联最高苏维埃主席团，苏联最高苏维埃主席团对苏联最高苏维埃报告自己的全部工作，享有召集苏联最高苏维埃会议、颁布法令、解释法律等 18 项职权。

从权力格局看，1936 年苏联宪法整合了之前苏维埃执行机关框架中的权力分配状态，由三个层次修改为两个层次，第一层次的权力（最高权力）变化不大，原来的第二层次和第三层次压缩为现在的第二层次。相较于原来闭会期间代行权力或部分权力的安排，1936 年苏联宪法对于苏联最高苏维埃主席团即第二层次的权力和职责设定在范围上更小，也更加集中，涉及闭会期间代行权力的事项比较少，主要是"7. 在苏联最高苏维埃闭会期间，根据苏联部长会议主席的提名，任免苏联的各部部长，但事后必须提请苏联最高苏维埃批准……13. 在苏联最高苏维埃闭会期间，如果遇到苏联遭受武装侵犯或者必须履行国际间共同防御侵略的条约义务时，宣布战争状态"（第 49 条）。这样的调整，使得第二层次由主要是代行机关的定位，转变为主要是常设机关的定位，由此形成了更加紧凑的权力模式——"苏联最高苏维埃—苏联最高苏维埃主席团"即"最高国家权力机关—常设机关"模式，简称"苏维埃常设机关"模式。

不过，这一模式并没有从根本上改变第二层次（原来的第二层次和第三层次）作为第一层次的执行机关的性质。无论是代行机关还是常设机关，都是最高权力机关权力的直接延伸，是为最高权力机关权力的直接落实而存在。换言之，常设机关和最高权力机关拥有性质相同的权力，尽管范围和数量不同。

1977 年 10 月 7 日，苏联第九届最高苏维埃第七次非常会议通过了《苏维埃社会主义共和国联盟宪法（根本法）》，即 1977 年苏联宪法，其序言指出，"……苏联人民……继承一九一八年第一个苏维埃宪法、一九二四年苏联宪法和一九三六年苏联宪法的思想和原则"。1977 年苏联宪法在延续 1936 年苏联宪法的权力格局基础上，对最高苏维埃的权力做了扩展，第 73 条列举了最高国家权力和管理机关的职权；第 108 条第 1 款规定："苏联最高苏维埃是苏联最高国家权力机关。苏联最高苏维埃有权解决本宪法规定属于苏维埃社会主义共和国联盟权限内的一切问题。"与 1936 年苏联宪法不同的是，1977 年苏联宪法第一次出现宪法文字"常设机构"，第 119 条规定："苏联最高苏维埃在两院联席会议上选出苏联最高苏维埃主席团，它是苏联最高苏维埃的常设机构，对苏联最高苏维埃报告自己的全部工作，并于苏联最高苏维埃闭会期间在宪法规定的范围内行使苏联最高国家权力机关的职能。"就职权和责任设定看，常设机关的性质没有改变。

三 1988 年修宪之"模式改革"

1988 年 11 月 1 日，苏联最高苏维埃通过《苏维埃社会主义共和国联盟关于苏联宪法（基本法）修改和补充的法律》，对苏维埃制度进行了改革，其核心点见表 3。

表 3　1988 年修宪核心点

	名称	组成
最高国家权力机关	苏联人民代表大会（第 108 条）	地区选区、民族地区选区、界别选区选出的代表组成
常设机关	最高苏维埃（第 111 条）	代表人数相等的联盟院和民族院组成
常设机关的常设机关	最高苏维埃主席团（第 118 条）	最高苏维埃正、副主席，加盟共和国苏维埃第一副主席，苏联人民监督委员会主席等组成

此次修宪，将原来的"最高国家权力机关—常设机关"格局，改革为"最高国家权力机关—常设机关—常设机关的常设机关"格局。其中，确定苏联人民代表大会为最高国家权力机关，有权审议和解决属于苏联权限内的一切问题，第 108 条列举了 13 项大会的专属权力。与原来的苏联最高苏维埃基本相同，苏联人民代表大会的例会每年召开一次①；苏联最高苏维埃是苏联国家权力的常设立法、发布命令和监督机关，享有 19 项列举职权和其他职权（第 113 条），通过苏联法律和决议，向苏联人民代表大会报告工作，其由代表人数相同的联盟院和民族院组成，在每年春、秋两季各召开一次会议，每次会期为 3~4 个月；苏联最高苏维埃主席团向苏联最高苏维埃报告工作，保证组织苏联人民代表大会和苏联最高苏维埃的工作，并行使宪法和法律规定的其他职权。宪法第 119 条列举了主席团的 15

---

①　1989 年 5~6 月召开了首次苏联人民代表大会，会期持续了半个月。

项职权，主要包括召开苏联最高苏维埃会议、组织苏联人民代表大会和苏联最高苏维埃会议的准备工作、实行特赦、在苏联最高苏维埃闭会期间宣布总动员或局部动员甚至战争状态等，有权颁布法令和通过决议。

总的来看，此次修宪不仅是最高国家权力机关名称的变化和常设机关层次的增加，而且是试图寻求对于苏维埃制度的实质性变革，改革力度之大，前所未有。就结构和形式而言，似乎回到了1918年苏俄宪法所确定的"苏维埃代行机关"框架，二者存在相似之处，比如，从"双重代行"到"双重常设"。但是，从权力格局的改革方向和功能定位看，则与前者存在很大不同。对于常设机关最高苏维埃的定位，更趋向于代议制机构本身：以较长的会期（最长8个月）、专职的代表（任期内是专职），完成"苏联国家权力的常设立法、发表命令和监督机关"的职责，将苏联最高苏维埃打造成实质意义上的代议制机构；而作为最高国家权力机关的苏联人民代表大会，则更像是一种象征性意义的机关。不仅如此，苏联最高苏维埃主席团的定位则兼有常设机关和工作机构的双重性质，立法、监督等实际权力缩小，组织、协调等形式化职责增多，处于从常设机关到纯粹工作机构的过渡阶段。可以说，这样的设计有模仿其他民主国家体制的意思。代议制机构的一般权力格局是：议会是实质性的权力享有和实际运用机关，议会的工作机构不具实际权力，只有召集、协调之责。这一改革的立足点，在于使得苏维埃制度民主化运作的程度更进一步。

然而，上述变革后的模式只存在了很短时间，1991年12月26日，苏联最高苏维埃宣布苏联停止存在。随着苏联解体，苏维埃国家体制完结，解体后的各个独立国家不再采用这种制度。

四　反思与评价

从1918年苏俄宪法的雏形，到1936年苏联宪法的成型，再到1988年修宪改革不久之后的全部废除，苏维埃常设机关模式存续了差不多70年。回望这段历史，就制度本身而言，有几点疑问值得思考。

（一） 这是一种什么模式

在整体上，这是一种"全权/集权"模式。因为苏维埃体制是全权/集权体制，所有的机关构架安排都服务于苏维埃体制，都是为苏维埃制度而存在的。"一切权力归苏维埃"，不仅是革命口号，也是 1918 年苏俄宪法的首要原则，全俄苏维埃代表大会作为政权形式，最初是十月革命时期建立的，由宪法确定为国家政权形式。1918 年苏俄宪法第 1 条规定："俄国宣布为工兵农代表苏维埃共和国。中央和地方全部政权均归苏维埃掌握。"最高权力机关的设定本身即权力集中的需要，全俄苏维埃代表大会作为最高权力机关，必须有全权，以实现对整个社会的控制。这种全权/集权模式为后来的宪法所保留，尽管使用的名称发生了变化，但性质没变。值得一提的是，1918 年苏俄宪法和 1924 年苏联宪法都是使用的"国家最高权力机关"，1936 年苏联宪法和 1977 年苏联宪法使用的是"最高国家权力机关"，词语顺序发生了改变。前者毫无疑问是指国家的最高权力之所在，是以代表大会形式的国家政权机关，而不仅仅是代表大会——代议制机构；后者"最高国家权力机关"之称谓，则可以有两种理解：一是与前者没有差异，强调的是机关权力的最高性，二是理解为代议制机构。代议制机构的名称有不同叫法，比如立法机关、民意机关、民主机关、政治机关、权力机关等，最高国家权力机关的叫法，既强调机关权力的最高，也强调其权力机关的属性，蕴含了分权（或权力分工）的可能性。然而，就宪法权力构架来看，虽然名称变化了，却并没有完成从全权/集权到分权的转变。对于最高国家权力机关的权力设定，1936 年苏联宪法和 1977 年苏联宪法采用的都是"无限权力"规则，1988 年的修宪改革也没有改变这种设定。

在结构上，这是一种"议—行"模式。分开来看，最高国家权力机关是"议"，常设机关是"行"，但基于最高国家权力机关的"议"基本是形式上的，也因短暂的会期导致没有足够的时间去"议"，则最高权力一般由常设机关去"行"。不仅如此，作为代议制机构的组成部分，常设机关的"行"是以"议"的方式展开的，这样的"议"快速高效，由少数人集中决定，具有行政权的特性和风格。这就产生了一个现象：常设机关实质上是用行政化的方式或者行政权性质的行为方式，来作出原本应该是立法权才能作出的决定。一般而言，权力的性质与其行使的机关之间应该是一种适配关系，即不同机关的不同构架适合配置以不同的权力，以完成不同的任务，落实不同的功能。"议行合一"作为一种理论，通常被认为处理的是立法权与行政权之间的关系，或者是议会与行政机关（狭义政府）之间的关系。苏维埃体制下，这种合一，不仅体现在最高国家权力机关与其常设机关之间，即代议制机构内部的合一，而且体现在最高国家权力机关与其他国家机关之间的关系上，行政权运作方式成为处理所有机关之间关系的通行方式。

在状态上，这是一种"自我/自律"模式。在民主体制下，人民，更具体地说，人民的选举，构成权力的起点。而在苏维埃体制下，最高国家权力机关是权力的起点，权力呈"直线"状单向展开。因集权的需要，最高国家权力机关与常设机关的关系、最高国家权力与所有其他国家机关之间的关系，都是隶属性关系，不存在对立性关系，没有权力的控制和约束，权力行使"无回路"。由选民选举的最高国家权力机关，名义上对选民负责。最高国家权力机关，依靠的是自律式的自我约束。

（二）为什么会是这样的模式

就根源看，苏维埃代表大会是俄国革命时代的产物，也是革命胜利的成果，1918年苏俄宪法将其确定下来。宪法确定全俄苏维埃代表大会为国家政权形式，其出发点是宣布和确立一个有别于当时所有国家制度的制度，一个新型的代表劳动人民利益的工兵农政权。这一政权本身带有革命阶级领导一切的性质，也是无产阶级专政的性质——针对剥削阶级，镇压敌对分子。换言之，政权的属性是属于劳动阶级的，正如1918年苏俄宪法第3条所言："第三次全俄工兵农代表苏维埃代表大会的基本任务是消灭任何人对人的剥削，完全消除社会之划分为各阶级的现象，无情镇压剥削者的反抗，建立社会主义的社会组织……"将革命的产物确定为宪法上的国家政权，是对革命的宣示和肯定，也显示了宪法的革命性质。

从发展角度看，革命合法性有待于转化为民主合法性，才能完成从革命政治到民主政治的飞跃，革命宪法也才能转变为民主宪法：宪法权力合法性的基础不在于革命，而在于民主。如果说 1918 年苏俄宪法和 1924 年苏联宪法基于当时的历史环境和实际需要，设立最高权力机关的代行机关框架是一种来不及仔细斟酌的权宜设计，那么 1936 年苏联宪法对于常设机关的处理，则没有实质性地改变原来的代行机关框架，反而进一步确认和简化了代行机关框架，将其固化为常设机关模式，并为后来的宪法保留。尽管在发展阶段上，1936 年苏联进入了社会主义建设阶段，不再是 1918 年俄国革命时代和 1924 年苏联才成立不久需要稳定的时代，但就苏维埃体制的定位而言，并没有从革命年代的革命宪法、联盟初期的稳定宪法过渡到社会主义宪法，没有实质上的转变。尽管在选举上，从过去的工兵农到后来的公民，选举权享有主体的扩展，使得选举离代议制民主更近了一步，而真正体现代议制民主运作的代议制机构本身的常设化运作仍然没有实现，依旧是用常设机关——原先的代行机关来执行和完成代议制机构的权力。1936 年苏联宪法没有实现彻底的民主过程，形成了对于"人民行使权力的机构是苏维埃"的反讽：苏维埃是人民行使权力的机构，是集中、反映、表达民意的地方，最高国家权力机关本身应该是常设活动机构，但实际上常设机关的活动成为常态，而且是一种近于官僚化的运作，最高机关的运作成为"例外"，常设机关的运作成为"规则"。从理论上说，社会主义应该比资本主义具有更广泛的、更高程度的民主，但在苏联，这种民主并没有实现。[①] 此外，基于苏联作为无产阶级革命和社会主义国家的标杆，1936 年苏联宪法一直被作为社会主义宪法的标准蓝本来宣传和认识，苏维埃体制由以往的"革命标识"，变成了后来的"主义标识"，其常设机关模式几乎为所有社会主义国家的宪法所接受。

不少评论将苏联解体的原因归结为宪法的修改和包括苏维埃制度在内

---

① 不过苏联一直宣称其制度的民主性和宪法的民主性，认为"苏维埃制度是世界上最民主的制度"，而且"苏联宪法是世界上最民主的宪法"。参见〔苏联〕基达林科《苏维埃制度是世界上最民主的制度》，康丁译，中国青年出版社，1954；〔苏联〕戈尔塞宁《苏联宪法是世界上最民主的宪法》，高林翰、李秀明译，中国青年出版社，1954。

的改革，似乎改革成了危险和危机的代名词，更有甚者，将对民主的追求作为危机的根源，认为民主是灾难或者带来灾难。从表面上看，似乎是如此，但这不是全部答案。问题的关键在于集权的体制积重难返，求新求变又时日不待，这毋宁说是集权的危机或者覆灭。斯大林式的个人专权与苏维埃体制集权，并没有实质性差异，甚至可以说是相辅相成、互相成全的。在苏俄（联）70多年的时间里，革命的合法性、统治的合法性始终没有转化为民主的合法性、治理的合法性。或者说，没有从革命的合法性转变为民主的合法性。沿用的还是革命政治的习惯，没有真正确立民主政治。实际上是没有从革命政治的全权和集权，转变到民主政治的人民权力的扩展，而且是找到各种各样理由不去转变。

在这个意义上，我们或许可以说，苏维埃体制失败的教训在于，虽然形式上确立了民主选举的制度，但没有实现真正的民主。或者说，体制快要终结时，才发现了真民主的重要性。正是因为人民能够实际参与公共的政治过程，民主才可能成为国家正当性的基础。与革命一样，民主也是需要时间的。当已经没有足够的时间——历史已经不允许——去构建民主的合法性时，一切都来不及了。说到底，是旧的合法性已经不能起作用，新的合法性尚未建立，任何政府，一旦失去合法性，再强大的构架都会轰然倒塌。① 所以，今天我们反思"斯大林宪法是世界上最民主的宪法"和"苏维埃民主的无往不胜的力量"之类的定论②，会产生疑惑，到底是自说自话、自娱自乐，还是用理论的自我麻痹来粉饰制度，抑或是为了证明自身的合法性和正当性所进行的理论宣传，实在难以分辨。或许，在整个苏联存在时期，都需要用这样的说教，来强调、反复强调、灌输这样的"优

---

① 《苏维埃制度是世界上最民主的制度》的内容提要这样写道："本书简单明白地解答了有关苏维埃制度的一系列问题：它的基础，它的本质、内容，它何以享有那么高的威望，具有那么大的力量，能吸引最广泛的人民来参加国家管理、建设，并在国家危机的时候鼓舞起千千万万人民用生命来保卫它。"〔苏联〕基达林科：《苏维埃制度是世界上最民主的制度》，康丁译，中国青年出版社，1954，第 ii 页。这里的问题是，为什么苏维埃制度建立之初，如此有威望和力量，为什么到了解体之时，已经没有"千千万万人民用生命来保卫它"。

② 〔苏联〕基达林科：《苏维埃制度是世界上最民主的制度》，康丁译，中国青年出版社，1954，第 51~52 页。

越性"。这样的合法性是如此的脆弱，没有宣传可能难以维系。至于革命的合法性什么时候才能转化为民主的合法性，始终都是很纠结的一个问题，一直到最后"曲终人散"都没有解决。

（三）代议制机构是否存在"标准模式"

1918 年苏俄宪法对于苏维埃制度的设定，是从俄国革命时代否定当时资本主义国家的议会制度开始的，是反其道而行之的选择。1991 年苏联解体，1993 年俄罗斯联邦宪法规定"俄罗斯联邦会议为俄罗斯联邦议会，是俄罗斯联邦的代议与立法机关"（第 94 条），而且"联邦会议是常设活动机关"（第 99 条第 1 款），由此重新构建了传统代议制机构，走上了议会制度的"老路"。一切又回到原点，苏维埃体制连同常设机关模式一并被抛弃，好似经历了一个"生死轮回"。这个曲折的过程启发我们思考其中可能的预设甚至"宿定"：代议制机构是否存在"标准模式"？

可以确定的是，苏维埃常设机关模式的集权性质，跟其他一些形式的集权一样，都是偏离传统议会制度的。在当代，集权表现为行政权的扩张，导致代议制机构权力的压缩。以法国为例，1958 年第五共和国宪法在议会与政府之间分配了立法权，其第 34 条列举了法律的事项范围，第 37条规定："在法律范围以外的其他事项，属于规章性质。"这是很有意思的立法权力分配，排除法律的事项，剩下的属于政府立法的范围。这种行政分支分享立法分支的立法权力，是一种"偏离性"安排，问题在于，这样的权力受到制度性的约束。在社会急速变化的时代，行政权的扩张已是难免，代议制民主的低效率运作已经难以适用，所以授权性立法大量存在，使得那些不受制于民主过程的行政官员也拥有了制定具有普遍约束力的规范的权力，但这些权力受到司法的约束，所以并不是没有回路的单向性的存在。如果有一种权力，不受到来自任何机构的约束，或者规范上存在来自其他机构的约束，但实际上这样的约束是不可能的，那么，这种机构在宪法中的存在就是危险的。

不过，无论是什么样的集权倾向，最基本的规则是需要恪守的。比如，议会的立法、监督等权力的行使，必须是由议会本身来讨论、决定，这是代议制民主最基本的规则。因为议会是民意代表机关，立法是国家重要的价值判断和选择，必须由民意机关作出，议员对选民负责，只有存在监督和控制机制，选民才能信任议员的立法不会偏离公共利益。议会决定的特点是讨论，是众多议员的商量、商讨，最后以多数议员的选择作为决定的根据，商讨过程是民意表达的过程，也是利益交锋、妥协、达成共识的过程，服从于多数决的规则即民主的基本规则。这也是为什么代议制机构的权力不能由行政化的机构——即便是名义上的代议制机构——来行使，以行政权行使的方式，或者行政化的方式来作出代议制机构的决定，本身就是权力的错位，权力性质与权力执行方式的错位。这促使我们更深一步思考：权力安排有没有内在的逻辑性或者内在的规则或规律？若符合规则或者规律，则运作是正常的；否则，则难以有效，或者即便是短时间有效，也不能够长久。

世界上可能不存在整齐划一的代议制模式，适度的偏离和调整是被允许的，也是可能的，只要没有完全背离代议制的性质；如果走得太远，异化为背道而驰的存在，则任何理由都难以为其辩护，除非我们视而不见。苏维埃常设机关模式即是如此。

五 结语：苏俄（联）宪法永逝，代议制民主长存？

法律规范是价值判断，也是理论认知，宪法规范更是如此。苏俄（联）宪法的苏维埃体制及其常设机关模式，反映了20世纪初叶民主主义革命年代的价值诉求以及革命领袖对于民主制度、无产阶级专政、社会主义国家等一系列问题的理论认识。正是这些认知，左右了宪法的权力安排。就初衷而言，苏维埃体制本身是以最大可能实现直接民主为出发点的，力求在否定已有资本主义国家的代议制民主制度的基础上对其进行修正，努力创造崭新的民主制度——从最初的工兵农阶层到劳动者再到无产阶级再到全体公民，被宣布为国家的主人和政权的掌握者，试图落实人民自己管理的巴黎公社样式，实践"所有的人"参加国家管理的理想制度，而实际结果是人民并没有能够通过苏维埃管理国家。在这里，民主制度的前提假定——人是自主的、自立、自治的人——遭到摒弃，被替代成组织的意志，最终演化为领导人的个人意志，形成了名义上是人民意志实质上是集团和个人意志的集权体制。若苏维埃体制是纯粹民主思想和理论的试验，试验品则走向了民主的反面。到底是思想危险还是体制危险，很难判断，以往的事实似乎证明了一个定式：以直接民主始，必然以专制状态终。这若不是直接民主的宿命，至少可以说是民主的反讽。

如果我们把苏俄（联）宪法所创设的包括苏维埃常设机关模式在内的整个苏维埃体制看作对代议制民主的挑战，那么，时至今日，可以说挑战没有成功。值得注意的是，自1918年苏俄宪法诞生算起，一个世纪过去了，一些与代议制民主相悖的制度产生又消失，来去匆匆，而代议制民主并没有因此获得"绝对安全"，依然面临挑战，比如技术层面的、金钱层面的、直接民主层面的①等，这些挑战已在不同的国家、不同的时段发生。所以，无论如何，现在就断言历史的终结，代议制民主完胜，已是最后之制度，还为时尚早。

（审校：康南）

---

① Samuel Issacharoff, Pamela S. Karlan, Richard H. Pildes, *The Law of Democracy: Legal Structure of Political Process*, Foundation Press, 2007, Preface to the first edition, p. xi.

镌石凭照：金元时期汾水下游水例碑刻与乡村基层水务治理*

谭天枢**

摘要：汾水下游流域现存金、元时期的水例碑刻，不仅见证了水利纠纷的化解过程，体现了民众对于汲水规则的认可和维护，也凝固了屡遭变易但依旧不紊的水务秩序。乡村基层水务治理关系中，官府、乡耆、民众三方进行利益博弈、制约和平衡，开展了传统官讼程序之外的实践探索。在确保法律权威的前提下，官府尊重民众形成的合意，以乡耆作为调和主体，促进民间纠纷的源头化解，探索出以渠条定例为基础，以水务责任共同体为监管，以镌石刻碑为证据载体，"官—耆—民"三元角色协同互动、动静结合、统筹兼治、自理自洽的乡村基层水务治理模式。

关键词：碑刻；乡耆；渠条定例；水务治理；乡村基层

引　言

《管子·水地》云："水者何也？万物之本原也，诸生之宗室也。"在"衣食以农桑为本"① 的古代中国，水源的匮饶直接决定了土地的生产力，影响着农耕秩序的建构与维护，故民众对水利的重视程度甚至可以和土地本身比肩。元人任仁发言："水利乃农桑之所先、四民衣食之根本。"② 然而，有限的水源和愈发增多的用水需求导致水利纠纷的不可避免，其解纷途径通常有二：或是经过官讼加以裁决，或是借第三方主体加以调处、斡

　＊　本文为 2022 年度国家社科基金一般项目"晋皖闽家族契约文书中的法律秩序研究"（22BFX020）。
＊＊　谭天枢，中国政法大学法学院博士研究生。
①　（明）宋濂：《元史》卷九十三《食货志》，中华书局，1976，第 2354 页。
②　（元）任仁发：《水利集》卷二《水利问答》，明抄本，第 13a 页。

旋。毋论何者，出于维护汲水秩序、保留权属证明的直接目的，纠纷的处理过程和结果会被镌石勒碑，永为证照。其中以汾水下游流域的一组金、元、明时期的水例碑刻最为典型，为便于论述，时间上限漫溯至北宋嘉祐三年（1058），下限降迄明永乐十四年（1416），时间跨度近 360 年。汾水下游流域属宋代的平阳府、金代的河东南路、元代的平阳路（后改晋宁路）、明代的平阳府，水例碑刻分布区域基本覆盖今日临汾市。由于地理位置、政区划分和碑刻集中度等因素，可将其作为整体标的进行考察。

一 金、元时期汾水下游水例碑刻分布概况

该组碑刻共计 24 通，碑刻要目的关键信息见表 1。以水利纠纷的规模为准，可分为县际纠纷、渠际纠纷和村际纠纷三大类别，虽然讼案中常见个人姓名的出现，但一般是代表本村、本渠或本县的集体利益参与诉讼。凡涉及诸集体间重大利益的水利纠纷极易引起群体冲突，出于基层维稳，方才产生镌碑勒石之必要性，否则个人作为主体很难引起官方的重视。就此三类而言，以渠际、村际纠纷两者数量居多，县际水利纠纷虽然数量稍少，但个案规模不可小觑。如《翼城温泉十村移割曲沃一县管辖条制》载，北宋嘉祐三年（1058），翼城、曲沃两县人户因使用温泉水源而发生纠纷，动辄十数村庄、上百人参讼，最后两县地方官员无法处理，只得层层上报中央省部，随后由绛州知州、观察推官与两县知县、主簿、县尉等人组成调查团，进行实地勘踏、走访，富弼、韩琦、曾公亮等宰执集体商议，一致认可调查团的初步裁决（过程见图 1）：

> 今衮等详推李复陈奏"移割村庄"，原为两县人户争论浇溉，官员俱各党（获）〔护〕，故要一县管辖。今若依从李海等民户不行割属，难绝讼源。复责取得翼城县阳城等一十村庄百姓李海等"愿割属曲沃"文状。乞特降指挥，将曲沃北樊、下阳、合龙三村不使水人户割移翼城县，将翼城县使水之阳城、温泉、莘望、石堆、东韩、西王村、程大保、郭中外、史推官、郤员外一十村庄，属曲沃县一处管辖。人户凛

从，浇溉均济，不致更有党（获）〔护〕，得以经久便利等情具奏。①

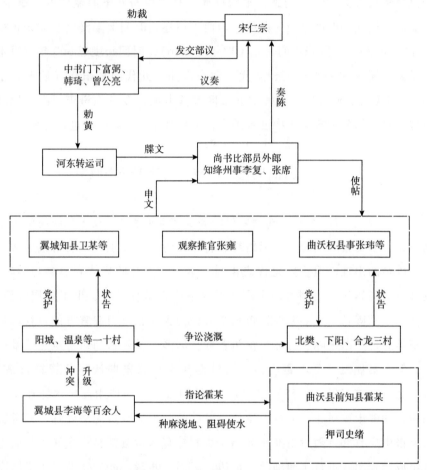

图1　北宋嘉祐三年（1058）曲沃、翼城两县温泉水利纠纷

注：本文图表均为作者根据资料自行整理制作。

———————

① （清）胡元琢：《乾隆新修曲沃县志》卷十九《翼城温泉十村移割曲沃一县管辖条制》，清乾隆二十四年（1759）刻本，第2a～8b页。谨按：此处"获"字应为"护"之讹，"党护"一词代指对亲私朋党之庇护。如《欧阳文忠公集》奏议卷九《再论水洛城事乞保全刘沪札子》载："大凡文武官常以类分，武官常疑朝廷偏厚文臣，假有二人相争，实是武人理曲。然武人亦不肯服，但谓执政尽是文臣，递相党护，轻沮武士。"元刊本卷尾原注："党护，一作（党）助。"参见（宋）欧阳修《欧阳文忠公集》卷一百五《再论水洛城事乞保全刘沪札子》，哈佛大学哈佛燕京图书馆藏明嘉靖三十九年（1560）刻本，第7b～8b页。

意见最终得到宋仁宗的批准，纠纷方以分割村庄而告罢。渠际纠纷通常发生在同一河流的不同区段。每一渠道之水都用于供给特定的一村或者数村，由于各渠均汲取自同一水源，上游渠道的使水量势必会影响下游，有时会出现上游渠道为单方面增大用水，修筑水磨、堰塞进行蓄水，导致下游渠道水量骤减。如《大定五年官断定三渠条例古碑》载，沃阳渠、润源渠和长润渠共引天涧河水，却因"润源渠长尉宣、长润渠长刘山等，创建水磨拦截了天涧河水，不得浇溉民田"，沃阳渠长任泽赴官状告，官府出具协调方案，约定对擅置私磨者处以五百贯罚款。① 此外，乡村中的个体非常强调其身份上的归属性和对集体的依附性，以便其与外界产生摩擦之时，获取身后集体的支持——此时摩擦本身的对错便被义愤填膺的集体情绪所掩盖，理性判断亦被颜面和人情关系所绑架，故村民的汲水矛盾通常会升级为村庄间的冲突。据《翼城县志》载："邑之南川水利溉田甚广，数村争讼不已。"② 以《大金绛州翼城县武池等六村取水记》为例，此碑记载了同一泉水所涉两则案例，翼城县翔皋泉本是武池、吴村、北常、马栅、南史、东郑六村人户李惟翰、叶翌等自北宋熙宁三年（1070）出资买地、用工开凿，至金朝大定初年，梁壁、西郑、李村人户薛守文等陈告，期望借官府的判决强行索取汲水权，最终未能得逞。其后，金大定三年（1163）因天旱用水，西张村魏真等人擅自谿堰取水，李惟翰后人李忠陈告州县，却遭偏曲枉断，责令依照"三七分水"例新开夹口。双方都先后上告至户部尚书，最终指定河东南路兵马都总管府处理该案，后者查明真相后，驳回了西张村民户魏辅、尚庆、魏寔三人的无理主张。③ 渠际、村际水利纠纷最为多发，"同渠者，村与村争；异渠者，渠与渠争。率皆掷金钱、轻生命而不惜，一变其涣散怯懦之习，为合力御外之图，联袂攘

---

① 孙奂仑纂《洪洞县水利志补》上卷《润源渠》，山西人民出版社，1992，第126～127页。谨按：据《重建润源等渠碑记》载，该案的立碑时间为金海陵王贞元三年（1155）二月十五日，而《大定五年官断定三渠条例古碑》载立碑时间为金大定五年（1165），应为一案经多年审理而立数碑，《洪洞县水利志补》仅录大定五年之碑文。

② （清）李居颐：《乾隆翼城县志》卷二十八《杨县尹墓表》，成文出版社，2018，第921页。

③ 杨太康、曹占梅：《三晋戏曲文物考》，施合郑民俗文化基金会，2006，第838～840页。

臂，数十百人相率而叫嚣于公庭者，踵相至焉"①。这一描述并非虚妄，甚至不乏聚众施以暴力者，如元至顺三年（1332）至至顺四年（1333）的清水渠水利纠纷案，小李宕的渠长、沟头、水户纠集村民四百余人，"头带麻叶、腰插苍茸为号，各执棍棒，怀摭石头"，暴力殴打对方村民和县主簿，并公然砸毁约水石条（碑刻）。②

就成讼与否而言，可以分为讼案和非讼两种类型碑刻。前者因纠纷聚讼衙署，对簿公堂，经官出面调停或裁决；后者则因官府组织或民众自发修葺水利、疏浚渠道而新定或重申汲水规则。性质可分为以下三种。第一，妨害汲水，施害主体故意破坏、干扰其他主体的汲水秩序，如私置磨堰截水引流、捏造事实诬告等。据《李行省德政碑》载："南王村水户朱澄于伊□□门下又□上勤修水磨一轮，□渠长孙政等执其条而止之。"③ 第二，权属冲突，各汲水权主体之间、汲水权主体和非汲水权主体之间就各自的权属范围产生争议。如《沸泉分水碑记》载，沸泉水灌溉临交、景明二社八村田亩，各村分别置水磨引流，后因分水不均，"白水村柴椿等与临交村盖先等告争使水，词讼不绝"④。第三，确认权属，此种情形适用于渠道的新开或重修，原有的汲水规则自始不存或是已遭破坏，经官府或乡耆主持，约集渠众新立或重申规则，明确农田浇溉用水的时空边界，此类情形的冲突风险系数最低，水务治理成本最为低廉。如《闻喜县青原里坡底村水利石碣记》载：

> 古有涑水河一道，出绛县磨里村，截河堵堰，饮水西流，自地中心开渠三里窎远，浇灌黄册水地粮八十余亩。其高埠地桔槔水斗浇灌，地窟水壮，余水冲磨二座，纳黄册课税，剩水还河。水地明开于后，永为不朽。
>
> 熙宁三年正月　吉日立

---

① 孙奂仑纂《洪洞县水利志补》，山西人民出版社，1992，第6页。
② 汪学文主编《三晋石刻大全·临汾市洪洞县卷》，三晋出版社，2009，第588~589页。
③ 汪学文主编《三晋石刻大全·临汾市洪洞县卷》，三晋出版社，2009，第83~84页。
④ 雷涛、孙永和主编《三晋石刻大全·临汾市曲沃县卷》，三晋出版社，2011，第17~18页。

苏荣祖水地壹拾三亩 乔福水地一十二亩六分 苏璨来水地□□亩五分 乔从水地贰亩六分

苏佑□水地□□ 乔直水地壹拾亩 苏义□水地□□ 宋东水地壹亩五分

苏会水地贰亩二分 景可栗水地五亩一分 苏郎水地贰亩四分 乔用水地玖亩

苏青水地壹亩四分 弟政水地贰亩 刘渊水地三亩五分 乔得水地贰亩八分①

表1　汾水下游流域水例碑刻要目

序	时间	地点	碑题	类型	性质	事件简述
1	嘉祐三年（1058） 大定四年（1164） 大德十年（1306） 乾隆二十年（1755） 乾隆二十一年（1756） 乾隆二十三年（1758）	曲沃	翼城温泉十村移割 曲沃一县管辖条制	讼案	权属冲突	两县争水 定例禁约
2	熙宁三年（1070）	绛县	闻喜县青原里 坡底村水利石碣记	非讼	确认水例	置堰引溉
3	天眷二年（1139）	洪洞	都总管镇国定两县水碑	讼案	权属冲突	两县争水 定水不均
4	大定五年（1165）	洪洞	大定五年官断定 三渠条例古碑	讼案	权属冲突	三渠争水 设磨截水
5	大定十九年（1179）	翼城	大金绛州翼城县 武池等六村取水记	讼案	妨害汲水	强分水源 诬告不实
6	明昌七年（1196）	霍邑	霍邑县孔涧庄 沙凹泉水碑记	讼案	妨害汲水	强占水源 欺瞒官府
7	承安三年（1198） 弘治元年（1470） 康熙二十二年（1683）	曲沃	沸泉分水碑记	讼案	权属冲突	三村争水 垒堰截流

---

① 王天然主编《三晋石刻大全·临汾市尧都区卷》，三晋出版社，2011，第23页。

续表

序	时间	地点	碑题	类型	性质	事件简述
8	崇庆元年（1212）	洪洞	古沃阳渠叙（其一）	非讼	确认水例	设立渠条
9	宪宗七年（1257）	翼城	大朝断定使水日时记	讼案	权属冲突	数村争水
10	至元九年（1272）	翼城	重修乔泽庙神祠 并水利碑记	非讼	确认水例	重申渠条
11	至元十二年（1275）	霍州	霍邑县杜庄碑	讼案	妨害汲水	污染水源 破坏泊池
12	至元十八年（1281）	洪洞	重建润源等渠碑记	非讼	妨害汲水	两渠争水 屡告无实
13	延祐四年（1317）	洪洞	延祐四年复立 润源、长润二渠之碑	非讼	确认水例	重申渠条
14	延祐五年（1318）	赵城	赵城县石明南里 善利渠碑记	非讼	确认水例	开渠分水
15	延祐六年（1319）	洪洞	重修明应王殿之碑	非讼	确认水例	重申渠条
16	至顺四年（1333）	洪洞	重刊清水渠 元至顺四年水利纠纷碑	讼案	妨害汲水	聚众殴打 砸毁碑约
17	至正三年（1343）	新绛	表临汾令梁轨水利碑	非讼	确认水例	开渠缮碑
18	至正五年（1345）	洪洞	李行省德政碑	讼案	妨害汲水	擅设水磨
19	至正二十六年（1366）	临汾	兴修上官河水利记	非讼	确认水例	开渠通水 定立渠条
20	洪武三年（1370）	霍邑	库拔村水利碑	讼案	确认水例	分水定例
21	洪武五年（1372）	霍邑	小涧柏乐二村水例碑记	讼案	权属冲突	二村争水
22	洪武五年（1372）	洪洞	园渠碑记	非讼	确认水例	重申渠条
23	洪武十一年（1378）	临汾	新修永利池记	非讼	确认水例	新修水池
24	永乐十四年（1416）	洪洞	创修副霍渠庙碑记	非讼	确认水例	重申渠条

二　汾水下游水利纠纷多发的原因分析

（一）自然地理环境造成汲水供需紧张

"中国环境史演变是极其复杂的，不仅关乎自然地理及物质环境的内容，而且涉及政治、军事、社会经济生活等多层面。"① 汾水下游流域属于温带大陆性季风气候，地形主体为临汾盆地，东有太岳山、中条山、王屋山，西北紧靠吕梁山，海拔为 400～600 米，较四周相对低沉。地质上属于华北地台山西背斜的断层区域，地势起伏明显。盆地的核心区域为汾河谷地，由内向外依次为冲积平原、黄土峁墚和山地，地势依次抬升。东端高耸的太行山脉阻隔了湿润的东南季风，使得进入该区域的水汽大量减少。周山环绕、层次分明的地势落差导致谷地内部的降水量降低，而寒冷干燥的西北季候风则会拥集于谷地之中，促使雨雪更加稀少。又因黄土高原整体海拔较高，多行烈风、光照强炽，加速水分的蒸发。据清康熙年间《山西通志》载："山右土瘠赋重，风烈雨稀，十年鲜四岁之丰，万灶无三年之积。"② 据《山西气象志》载："临汾、运城盆地和晋西黄河沿岸南端，降雨量一般在 500～550 毫米之间……一年一个雨季，且雨季时间较短，大部分时间在干燥大陆性气团控制之下，干燥期长而雨雪稀少。"③ 另外，据地理学家李希霍芬考察，黄土的来源有二："一是地面因为水量饱和而形成分解，二是散落的岩石因为风化形成细小的颗粒落到了地面上。"④ 黄土层为多孔结构，垂直节理发育使土质十分疏松，极易渗水，致地表水资源较为稀少。可以说，水资源的匮乏乃整个三晋地区之共同特征。

此外，自然气候与地势环境造成水源时空分布不均衡。由于高原本身的黄土富含盐基性，土质极为肥沃，适宜粟、黍、稷、麦、高粱、棉、麻等农作物的生长，刺激了当地种植业的发展，进而导致用水需求的急速膨胀。地处河流附近的汲水便利仅为沿岸村庄的优势，大多数民户仍需要依靠地下水，甚至是疏引雨季的洪流，不同区域之间的水资源分布差异明显，图 2 和图 3 所示地理形势与水例碑刻分布印证了这一特点。汾水下游

---

① 安介生：《表里山河：山西区域历史地理研究》，商务印书馆，2020，第 105 页。

② （清）穆尔赛：《山西通志》卷十二《水利》，康熙二十一年（1682）刻本，第 7 册，第 27a 页。

③ 程廷江、刘九林、张杰、王正泽：《山西气象志》，山西省地方志编纂委员会办公室，1985，第 36 页。

④ 〔德〕费迪南德·冯·李希霍芬：《李希霍芬中国旅行日记》，E. 蒂森选编，李岩、王彦会译，商务印书馆，2016，第 357 页。

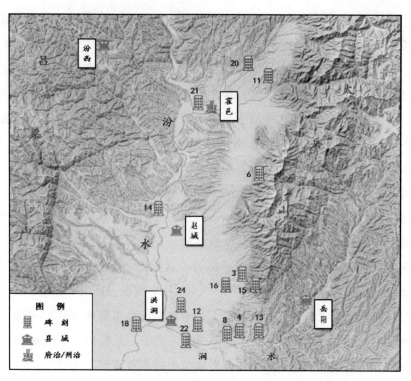

图 2　汾水下游流域地理形势与水例碑刻分布（北图）

地处中温带半干旱区，四季降水量悬殊，夏季降水丰富，占年降水量的60%，而春、冬两季雨水稀少，少于年降水量的十之一二。在雨季来临前的阴历二至六月常有强风，蒸发量大而降水量低，干旱常现。当地关于春旱和夏旱的史料记载数见不鲜，如元至治三年（1323）五月，晋宁路浮山县儒学董教谕在《天圣宫祷雨灵应记》中记述道："至□□稔苍龙，每岁夏五月大旱。"① 又如元至正二十七年（1367）所刊《祭霍山广胜寺明应王祈雨文》载："今也闰四月而不雨，民号泣于旻天。百谷未种，人心悬悬。"② 另外，"由于季候风的不稳定性，雨量逐年变化很大，多雨年和少雨年可相差二到三倍"③。

① 张金科等主编《三晋石刻大全·临汾市浮山县卷》，三晋出版社，2012，第61页。
② 汪学文主编《三晋石刻大全·临汾市洪洞县卷》，三晋出版社，2009，第92页。
③ 程廷江、刘九林、张杰、王正泽：《山西气象志》，山西省地方志编纂委员会办公室，1985，第36页。

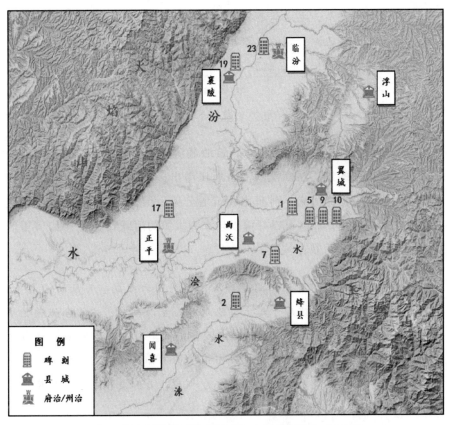

图3 汾水下游流域地理形势与水例碑刻分布（南图）

多风少雨的春、夏季正是农作物播种和生长的阶段，种植用水需求与水资源总量匮乏和分布不均之间的矛盾加剧，汲水关系愈发紧张。解决措施有二。一是聚众祈雨，借助自然的力量挽救局势——这种对"水"的朴素信仰和崇拜在整个山西都蔚然成风，直接证据便是大量"祈雨文""祷雨灵应记"，以及关于建立、重修各类致雨神灵的神祠庙宇碑刻记铭。每逢大旱，地方官员一般会主动牵头进行祈祷，获得降水之后，民众会归功于自然神和地方官员，建设水神祠祀，树立德政碑，祈愿、感激神灵护佑，歌颂官员政绩德行。如《清源王庙碑》载：

（张）公讳思礼，冀宁人，要居□秩，器宇弘深，持己以廉，奉上以恭，处事明吏，为众共推将守是邑。下车之初，适时大旱，公请俸金为香醪之奉，左右莫之知。遍诣境内祠庙，引咎自责以祷。诣济渎庙庭，致祷已竟，顾殿室摧圮，神像凋落，奋然有修复之志。乃忝祀于神曰："于时方旱，饥馑荐臻。拯民之艰食，乃神速报效。"既而天雨滂沱，合境民声欢洽，欣然相告曰："非邑令至诚感神安能致之？"厥后屡祷辄应，邻境亦为被泽。①

二是鸠工凿井挖泉，开渠引水，筑堰截流，自力更生开发新水源。汾水谷地周遭山麓的地质层断隙间潜水承压溢出，泉眼较多，"泉水流量较大而在平原地带汇成河流，则演化成筑堰分渠引灌"，泉水的供应"不仅解决城市居民饮用，而且可以开辟以泉水为水源的灌溉农业"②。如《重修普应康泽王庙庑记》载：

> 晋宁壶口之阳有泉出焉，溉沃民田周围六七成。其泉汹涌滂午，若神相之，故居人建庙于其上，以龙神为主而祠之，亦收合诚敬之事也……大神之泽膏润一方，一方士庶咸赖其利，户丰家给，戴白之叟，吻黄之倪，含哺而嬉，鼓腹而乐，虽不知力之何有，然神之泽不能忘也……以其泉之蜂沸泛滥，派为十有二渠，渠各有号，其序自北而南。③

在开辟水源的同时，官府和乡耆也会及时解决高频出现的水利纠纷，以保证春种的顺利进行和农作物的健康生长。故在许多渠条中会规定"三月一日至八月一日"的汲水管制期——对此期间内的汲水行为进行严格规范，细化至各主体的汲水日数和土地面积，任何干扰、破坏汲水的施害行为都将会受到重于其他时间的惩处，管理者亦会遭受牵连。④

---

① 雷涛、孙永和主编《三晋石刻大全·临汾市曲沃县卷》，三晋出版社，2011，第33～34页。
② 黄竹三、冯俊杰等编著《洪洞介休水利碑刻辑录》，中华书局，2003，第20页。
③ 王天然主编《三晋石刻大全·临汾市尧都区卷》，三晋出版社，2011，第52页。
④ 谨按：该制度早于唐代便存。《水部式》规定："诸灌溉小渠上先有碾硙，其水以下即弃者。每年八月三十日以后，正月一日以前听动用。自余之月，仰所管官司于用硙斗门下着锁封印，仍去却硙石，先尽百姓灌溉。若天雨水足，不须浇田，任听动用。其傍渠疑有偷水之硙，亦准此断塞。"然各地各朝气候有差，规定亦有变易。参见黄永武主编《敦煌宝藏》第121册，新文丰出版公司，1986，第269～272页。

（二） 朝代更迭、战乱与时间推移导致水源权属模糊

12 世纪二三十年代、13 世纪上半叶和 14 世纪五六十年代的水例碑刻数量较少，其分别对应宋金战争、蒙金战争和明末农民起义三个重要历史阶段，也是秩序崩溃、民生凋敝的三个时期。无论是官府还是民众，均因战争离乱而疲于奔命，在水利纠纷方面付出的精力和成本大为减少。以蒙金战争为例："（太祖）十三年戊寅秋八月，兵出紫荆口……木华黎自西京入河东，克太原、平阳及忻、代、泽、潞、汾、霍等州。"① 河东一带几度易手，各类地方势力分割林立，加剧了该地的动荡不安。地方碑铭记载更为详细，以《大蒙古国故征行元帅平阳府同知总管兼河东南北两路兵马船桥事谢公墓志铭并序》记载：

> 大安末，国兵南下，先太师□□□□至燕境，公时甫弱冠，率众来附。郡王睹公魁伟不凡，许以从行，收复北京、燕京、西京路，所过城邑望风归服。戊寅秋，下忻、代、石、岚并汾诸□□。十月望，破平阳。十一月，拔上党。未几，孔祖汤复立平阳，又袭破之，还屯太原。明年秋八月，复攻平阳，金帅胡天作弃城奔青龙堡。冬十一月，破晋安府。次春，旋师又破移剌都师于□□堡。凡险固不能下者必下之，遂升河东南路兵马左副元帅，佩以虎符，留镇霍邑。金人依两山连寨数十屯，各拥兵众……辛巳春，金兵攻平阳，主将李守正力不支，求救于公，遂请于按察公。按察公逗留不行，独往赴焉。比至而城陷，寻以兵复之。迁授同知总管平阳府事，仍前职。壬午秋九月，攻青龙堡，胡天作引兵降。②

又如《苑川濮泉龙祠砌造通记》载："自贞祐以来，劫火连年，兵尘继岁，头颅遍野，膏血腥原，河东冀晋，一扫全空。"③ 不仅河东如此，北

---

① （明）宋濂等撰《元史》卷一《太祖纪》，中华书局，1976，第 20 页。
② 王天然主编《三晋石刻大全·临汾市尧都区卷》，三晋出版社，2011，第 38 ~ 39 页。
③ 汪学文主编《三晋石刻大全·临汾市洪洞县卷》，三晋出版社，2009，第 58 页。

方整体局势均属混乱，十室九空。这种状态一直持续到李璮之乱结束，随着元世祖推行安民政策、推动经济复苏而得以改变。元末农民起义和军阀混战亦是如此，元至正十七年（1357）九月，关先生、破头潘等率领北伐中路军攻入三晋，兵燹祸延至此。明洪武元年（1368）十一月至洪武二年（1369）正月，随着残元势力的退出，明军迅速克复河东。据《浮山县记》载："岁戊申（1368）季冬，天兵北下，山西内附，是谓洪武改元，主帅乃令摄县政。"① 明洪武二年（1369）夏四月戊辰，"置陕西、山西二行省，以中书参政汪广洋为陕西参政，御史中丞杨宪为山西参政"②。此后数年内，各地府廨县衙陆续重建，生产秩序方得恢复。

战乱所带来的是官给公据的丢失，定例碑刻的磨泐、仆毁，以及渠道界线因无人管护而失修毁溃，水例权属消逝于岁月之间。如元至元九年（1272）至至元十八年（1281），普润乡郭堡村郭进等反复陈告沃阳渠口位置所在，"县尹韩承事复行相视，得元收水渠口，委年远涧河吹漫，别无踪迹"③。又如《大朝断定使水日时记》载："在后经属大朝，本县人户为值兵革失散……又为元立使水木牌多年，其字擦抹损坏。"④ 再如《创修副霍渠庙碑记》载："及有小霍渠古旧渠例，为因年远，迷失不存。"⑤ 借助汲水权属凭证消失的契机，部分主体开始打破本不利于自身的汲水秩序，以期获得更多的水权利益。碍于证据缺失，有时官府不得不以先占原则为依据，承认新主体对产业、水源占有的事实状态，但如此往往会加剧纷争。另外，随着生产恢复，人口持续增长，用水需求量加大，无汲水权的村落迫于生存需要，只能不断向原有水利秩序发出挑战，甚至诉诸暴力。要言之，朝代更迭、战乱以及时间推移所带来的权属嬗变是汾水下游流域水利纠纷多发的社会诱因。

---

① （明）许安：《嘉靖浮山县志》卷七，明刻本，第61a～61b页。
② （明）杨士奇：《明太祖实录》卷四十，明抄本，第1b～2a页。
③ 孙奂仑纂《洪洞县水利志补》，山西人民出版社，1992，第126～127页。
④ 杨太康、曹占梅：《三晋戏曲文物考》，施合郑民俗文化基金会，2006，第838～840页。
⑤ 孙奂仑纂《洪洞县水利志补》，山西人民出版社，1992，第93～97页。

三　乡村基层水务治理模式中的"动静结合"

（一）渠条定例：建立和维护汲水秩序的静态红线

《管子·七臣七主》云："律者，所以定分止争也；令者，所以令人知事也。"渠条定例是秩序的具体表现形式，也是案件争端的出发点和落脚点。金大定五年（1165），洪洞县润源渠、长润渠、沃阳渠汲水纠纷，官府召集三渠渠长任泽、柴彦、刘山共同商议解决办法，重申汲水规则：第一，撤罢私设水磨，各渠截留用水归还主流；第二，特定的渠道范围不许再添渠口、垒堰拦截河水，只许石头、硬梢便行添堰蓄水，不得妨碍下游渠道汲水；第三，确立用水期限为三月一日至八月一日；第四，设定赏钱一百贯的违例罚则。① 该规则协调了各方利益，上游渠道并未完全失去筑堰蓄水的权利，而是筑堰材料和规模受到限缩，仅可用石头、硬梢等物——这些自然之物于河道并无阻碍，"梢石缝穴透流过水"能保持水流的畅通状态——既可以防止上游截留断水、垄断水源，保障下游正常用水，同时也给予上游适度蓄水、汲取之便利。这些渠条定例具有极强的延续性和公信力，即使后续出现纠纷，前朝的规则也依旧能被新朝认可。如上文所述的赵城、曲沃两县"三七分水"定例维持千年之久②，金大定四年（1164）五月，曲沃县衙又因"浇地人户不依次叙，隔越盗水"而再次重申渠例。大蒙古国时期的蒙哥皇帝降旨：

---

① 孙奂仑纂《洪洞县水利志补》，山西人民出版社，1992，第 126～127 页。

② 谨按："三七分水"定例在山西地区各州县似乎都有所适用，其比例皆不约而同产生于油锅捞钱这一传说故事与英雄崇拜。学者张俊峰认为，"'三七分水'极有可能是在一系列激烈的争水斗争后，由官方和民间各方力量共同商量、妥协，并最终为各方接受的一个解决问题的方案，'油锅捞钱'则是实现这一方案的重要手段"，"尽管从表面来看，油锅捞钱似乎是残忍、极端的象征，但是比起不同利害群体时时因水哄抢械斗，造成社会秩序混乱和人员伤亡而言，跳油锅捞铜钱，损害的只是一个人的身体或生命，它能够以牺牲一己之利换来持久的和平和利益。这恰恰与中国民众思想世界中的道德伦理和价值观念相吻合"。参见张俊峰《油锅捞钱与三七分水：明清时期汾河流域的水冲突与水文化》，《中国社会经济史研究》2009 年第 4 期。

平阳路百姓浇地，拨两个知事管者。轮番使水，周前一盘，照依霍渠水法立定条例。汴池水仍照宋、金来三分不改。①

该圣旨成为元大德十年（1306）订立该渠《防御条款》的上位法依据。明嘉靖三十四年（1555）年，该渠虽因地震而毁坏，但复修后的汲水秩序却未受任何影响。"明季二百七十七年，遵照宋、金、元水法，罔敢搀越"②，至清朝、民国亦然。渠条定例乃是"以不变应万变"的解纷依据，已然成为捍卫汲水秩序的铁律。每当纠纷出现，民众和官府都会不约而同地参照渠条定例，作为定分止争的"无形屏障"，基于共同的情感认同和精神信仰，渠条定例的权威性在所规制的主体范围内神圣不可侵犯、严肃不可亵渎。

渠条定例的载体形式有二：一为簿籍文册，二为水例碑刻。通常来讲，泉眼的开发、河水的引流和渠道的修筑多半为民众自发组织，建成后，共同商议汲水规则，所写立的私约便是渠条定例的雏形。随着人口数量增长和纠纷的积累，渠条定例也在不断充实和完善，其不仅包含汲水条文，还包括历朝官府公据。官府将裁判文书或民众私约印押颁发，作为合法性的凭据，将民众私立的汲水规则加持以官方权威，防止他日产生反悔、诬赖之风险。如洪洞县副霍渠"始自宋朝庆历六年（1046），定例小霍渠条。因为破损，于天会十四年（1136）十月内，经诣本县再行印押渠条，给付照用"。金大定二十九年（1189）三月，县令纳兰"亲诣踏验定夺"，印押新定渠条，后经明洪武三十五年兴建新堰后，"遂名'副霍渠'，已将渠条告蒙本县印押，永为照用"③。又如《园渠碑记》载：

> 惟园渠（薄）〔簿〕集中，得先民樊王与商顺等，举天会十三载暨皇统六祀有司印给文状，爰载两渠用水日期，并兴工条例各一本，迄今垂二百四十余年，甚为古旧。且明德等咸司事，惧夫愈久而愈失

① （清）胡元琢：《乾隆新修曲沃县志》卷十九，乾隆二十四年（1759）刻本，第2a~8b页。
② （清）胡元琢：《乾隆新修曲沃县志》卷十九，乾隆二十四年（1759）刻本，第2a~8b页。
③ 孙奂仑纂《洪洞县水利志补》，山西人民出版社，1992，第93~97页。

其真也。是年六月望日，同耆士石宗海、秦德甫咨于众，依前状誊录一新，县大夫新署印行条例如故。①

簿籍文册不仅能规制民众汲水行为，也为官府审理讼案提供方便，个别官员搜集、参照各渠簿册，进行统一编纂，作为断案准绳。如民国洪洞县县知事孙奂仑言：

> 是以于一渠案之来，务先详询其沿革，考究其利弊，征求例册，搜索碑碣，必无遗漏而后已。于其形势也，则亲勘而手绘之。积之既久，境内诸渠，其未经讼案者，而吾箧中之积稿且盈尺矣。从公稍暇，删其繁缛，订其图说，遗漏者亦搜求而补入之。从事数月，居然成帙……此区区小册，初何敢谓包举靡遗、若示诸掌？然大端已具，当斯事者果手此一编，再详审而博考，究有途辙可寻，不至如前此之茫无依据，望洋兴叹。②

由于纸质证据的不易保存，证据固定性强于簿籍文册的石质碑刻便受到了关注。碑石自身质地坚硬，即使久经风雨、深埋土壤也不易灭失，且立碑地点位于标的渠道近侧，直观方便。如《重建润源等渠碑记》载：

> 今者渠长梗村孟坚等，纠集水户，议欲立石。众诺其言，金曰："旧碑已碣，虽有誊录遗文，若重刊于翠琰，不唯永固，抑尔后知此渠之源其来也。尚免使委生穿凿，以致兴讼，必矣！"③

综合而言，镌碑内容的基本范式如图 4 所示。碑额题记之下，正文含十项基本构成要件。（1）关于五行之水起源的宏观引言。通过引经据典，为水之渊源、内涵寻找自然原则依据。如《园渠碑记》载："《洪范》五行，天一生水。水曰润下，利不在于一时，功必垂诸久远，其用大焉。"④

---

① 孙奂仑纂《洪洞县水利志补》，山西人民出版社，1992，第 157~160 页。
② 孙奂仑纂《洪洞县水利志补》，山西人民出版社，1992，第 7~8 页。
③ 孙奂仑纂《洪洞县水利志补》，山西人民出版社，1992，第 126~127 页。
④ 孙奂仑纂《洪洞县水利志补》，山西人民出版社，1992，第 126~127 页。

碑额题记

① 关于五行之水起源的宏观引言

② 标的渠道的地理位置、历史脉络

③ 地方官员的宰邑政绩与褒赞之辞

④ 水利纠纷的审理过程、裁断结果

⑤ 议定、申明渠条定例的具体内容

⑥ 裁判时间、裁判者和印押

⑦ 镌碑勒石的商讨过程及谦抑之辞

⑧ 撰文时间、素书人、书丹人

⑨ 渠长、水巡、甲头、渠司、乡耆

⑩ 立石时间、刊刻石匠

图 4　汾水下游流域水例碑刻的基本范式

（2）标的渠道的地理位置、历史脉络。对标的渠道作背景介绍，详细记录其坐落位置、建修时间、流经村落、灌溉田亩和碾硙、建修者身份和出资开销等信息。若有渠条定例的原始内容，也要附于其上。如《大朝断定使水日时记》载："熙宁三年武池村利瓦伊翰、叶翌等备价铜钱千余贯，于故城村常永等处买地数十余段，萦迁盘折，开渠引水，浇溉所买渠地□亩□□□□，碑记存焉。每十五日轮转一番浇溉。武池村得使水九十一时辰，吴村、北常、马册、南史、东郑等五村得使水八十八时辰，亦有历代断定水例古碑。"[1]（3）地方官员的宰邑政绩与褒赞之辞，通过对主政者地位的正面抬升，获得其政治支持。如《表临汾令梁轨水利碑》载："大元圣天子改元至正之三月，大同李公荣祖以留守参赞来知绛州。下车初，即烟祀百神，恤孤问寡，兴举废，坠违知。"[2]（4）水利纠纷的审理过程、裁断结果。包括告诉事由、标的，官员亲诣现场勘查，问证村民、乡耆，查

---

① 杨太康、曹占梅：《三晋戏曲文物考》，施合郑民俗文化基金会，2006，第 838～840 页。

② （清）胡聘之：《山右石刻丛编》卷三十六，光绪二十七年（1901）刻本，第 14b～15b 页。

询渠条簿册，访寻古旧碑记。后县官将案件申牒州府，复杂、疑难案件报至中央省部裁判。（5）议定、申明渠条定例的具体内容。为防止日后滋讼，县官通常会召集渠长、乡耆等人明确渠条定例。（6）裁判时间、裁判者和印押。如《大朝断定使水日时记》的渠条定例后便依次有（平阳路）提河所次官段氏、长官刘氏和达鲁花赤匣剌浑的签押，独列一字"使"表明提河所出具的公据性质，与之相类似的还有《沸泉分水碑记》的"承安三年四月二十七日"之后大字"官"押。（7）镌碑勒石的商讨过程及谦抑之辞。解纷之后，或是出于保存证据的考虑，或是出于记录政绩的想法，官员、乡耆或民众往往会提议镌石刻碑，委托当地的文人处士、致仕官吏撰文，后者往往会进行一番谦抑。（8）撰文时间、素书人、书丹人。镌碑刻石须经过撰文、书丹、刊刻三道工序，撰文又称"素书"，作者草拟文字后，再经专人用朱砂将文字书写在碑石之上，以供石匠描摹刊刻，此环节又称"书丹"。（9）渠长、水巡、甲头、渠司、乡耆。水务责任共同体既是案件的参与者，又是裁判结果和镌碑勒石的见证者。（10）立石时间、刊刻石匠。以上为讼案水利碑刻的基本范式，若是非讼碑刻，那么仅保留（1）（2）（3）（5）（8）（9）（10）等项，甚至更为简化。

（二） 水务责任共同体：保障汲水秩序的动态因子

为保障渠条定例的有效执行，乡村基层出现了专门的水务治理组织，包括渠长、水巡、沟头等。渠长是某一渠道事务的首要负责人，主管渠道的建设、修葺、维护与监督，发生纠纷后，代表本渠参与诉讼。唐代便有"渠长"之设，"京畿有渠长、斗门长。诸州堤堰，刺史、县令以时检行，而莅其决筑。有埭，则以下户分牵，禁争利者"①。《水部式》亦规定了京兆、河西、扬州等地水渠斗门、碾硙的设置和灌溉事项。②《唐六典》中强调了关于沟渠灌溉的宏观大纲：

　　　　凡水有溉灌者，碾硙不得与争其利〔自季夏及于仲春，皆闭斗

① （宋）欧阳修、宋祁撰《新唐书》卷四十六《百官志》，中华书局，1975，第1202页。
② 黄永武主编《敦煌宝藏》第121册，新文丰出版公司，1986，第269～272页。

门，有余乃得听用之]。溉灌者又不得浸人庐舍，坏人坟隧。仲春乃命通沟渎，立堤防，孟冬而毕。若秋、夏霖潦，泛溢冲坏者，则不待其时而修葺。①

金、元时期，中央置都水监，地方则由州县官员或专设河渠提举司掌其事，渠长等人则是渠务的具体执行者。如《赵城县石明南里善利渠碑记》载："善利渠者，金泰和初，北石明村人姜善信，令汾西师家庄、本邑南、北石明三村，各设渠长，聚夫开淘。太和三年渠成，浇灌三村地土。"② 元至元年间，在元世祖大力恢复农业经济的宏观政策利好下，农村基层水利渠务和专业治水人员的选任受到官方重视。元至元二十三年（1286），中书省重申此前的农桑条画：

> 随路皆有水利，有渠已开而水利未尽其地者，有全未曾开种并创可挑撅者。委本处正官壹员，选知水利人员一同相视，中闲别无违碍，许民量力开引……据安置水碾磨去处，如遇浇田时月，停住碾磨，浇溉田禾。若是水田浇毕，方许碾磨依旧引水用度，务要各得其用。③

迨至明清，渠长的头衔和职能也不断细化，多冠以兴工、治水、督水、接水等加以区分。关于渠长的选任，金承安三年（1198）的《沸泉分水碑记》记载较为详细：

> 及乞于八村，每一村取最上三户为渠长，两渠每年从上各取一名。自三月初一日为头，每日亲身前去使水分数则子处看守，各依水则分数行流动磨浇田。直至九月后田苗长成，更不看守……及或渠长不亲身前去水则看守，却令不良人代替，乞令□□□■在彼亲身□渠，渠提拽报知，众人指证，准上科罚。更或冬月不看守时分，如有

---

① （唐）李林甫等撰、陈仲夫点校《唐六典》卷七，中华书局，1992，第226页。
② 汪学文主编《三晋石刻大全·临汾市洪洞县卷》，三晋出版社，2009，第71页。
③ 方龄贵校注《通制条格校注》卷十六《田令》，中华书局，2001，第459页。

（偃）〔堰〕豁不依水则，捉住犯人，依上科罚。其渠长一周年一替。①

渠长的资格与选任亦有规定，通常以家产赀财作为标准，选取各村经济实力最上三户，逐年轮流担任。一般的户计民众的农事生计已属主要负担，恐怕并无经济实力承担此役。渠长属于职役范畴，并无俸禄可言。

渠长之下，设有水巡、沟头、斗门（子），水巡掌管水务巡查，按时插牌，关注水文，保护水利设施，尤对定例中明确各汲水主体的分配比例问题进行监管。如《长安志图》记载关中地区灌溉旧例："仰上下斗门子，预先具状，开写斗下村分利户种到苗稼，赴渠司告给水限申帖，方许开斗。"② 沟头、斗门则是各村专管渠务的主体，汾水流域一般将引灌称为"行沟"，沟头一职由此得名；斗门则是高处引水器械，其管理者以器物命名。此外，还有渠司之设，则由各渠选任，协助渠长管理本渠水务。关于上述各职的选任，《创修副霍渠庙碑记》记载较细："递年渠长于西渠下接坊厢水户内，轮流选得沟头、水巡，东西二渠选充渠司。东渠保取自二月初一日行沟，自下而上轮流。"③ 部分渠道还设有"掌例"，掌管渠条的适用、簿籍的整理以及官府出具公据的保存，部分渠道则是由渠长直接掌管，或只设掌例而不设渠长。

渠道内部结构俨然一个细微的政治组织，各司其职，形成以渠务水利为核心，行使管理权力、履行监督义务的"水务责任共同体"。一旦渠务出现问题，或是渠道受到非法侵害，或是民众不遵循规则，或是管理者自身出现失职，造成汲水秩序的破坏，渠长以下的成员便要承担责罚：

> 如有水户人等倚恃豪杰行沟未到，强截盗豁，隔蓦浇地，一亩罚白米一石。渠长、渠司、沟头人等私自徇情，将不兴夫地土令人浇灌，一亩者，于渠长等名下亦罚白米五石。④

---

① 雷涛、孙永和主编《三晋石刻大全·临汾市曲沃县卷》，三晋出版社，2011，第17～18页。

② （元）李好文：《长安志图》卷下，国家图书馆藏清抄本。

③ 孙奂仑纂《洪洞县水利志补》，山西人民出版社，1992，第93～97页。

④ 孙奂仑纂《洪洞县水利志补》，山西人民出版社，1992，第93～97页。

而官府在解决水务纠纷时，也是通过主抓渠长等人责任来推进案件的办理。赴官告诉、证据的勘验、案件事实的调查、渠条定例的制定、公据簿册的保存以及镌碑勒石等环节，都少不了渠长等人的参与。若将渠条定例看成是对渠务和汲水秩序静态的规制措施，那么水务责任共同体便是确保规则运行无虞的动态性主体因素，二者在乡村基层水务治理的框架内实现动静平衡。

四　乡村基层水务治理三元互动与解纷进路

（一）　"官—耆—民"三方的利益博弈、制约与平衡

水利争端的解决是官府、乡耆和民众三方力量共同作用的结果。"官—耆—民"三方关系一直是中国古代基层社会的基础关系，其利益博弈、制约与平衡是汲水秩序稳固的直接推动力。传统观点将古代中国基层治理格局总结为"国权不下县，县下唯宗族，宗族皆自治，自治靠伦理，伦理靠乡绅"①，认为政权力量止步于州县一层，乡绅乃是乡村基层社会的主导力量。然而事实并非如此简单，国家权力可以分为许多层面，诸如规范制约、经济控制、思想文化、社会伦理等，核心在于政治支配，基层社会细化到个人，务必服从于官方的政治权威，具体表现为对法律的服从、对现行秩序的遵守以及准时足额提供税赋和劳役。这一理念贯彻统治者施政方针和权力实施的全过程，并最终以基层民众的思想认知为归宿。除此政治支配以外的其他方面，则属国家权力的让渡空间，该空白则由乡耆群体主导下的基层自治进行填充。

金、元时期，乡村基层地方推行村社制度，"村社是以自然村落为形成基础、受国家行政调控的农村基层半自治组织"②，水务治理与该制度紧密相连。金代的里正主管赋役和劝农，主首辅佐里正进行监管。"元代的村社体系保留了里正、主首，又设社长作为村社事务的主要负责人，社长

---

① 秦晖：《传统十论——本土社会的制度、文化与其变革》，复旦大学出版社，2003，第 3 页。
② 谭天枢：《元代乡村基层治理中社长的职能探微》，《古今农业》2020 年第 3 期。

一般由社众推举年事高耄、通晓农事、家有兼丁、具备一定的经济实力者担任，政府为其免去其他差役。"① 里正、主首的选任标准依然是"第物力有高下之不同"，"命验田之多寡而均其役"②。由物质条件可知，里正、主首、社长与渠长均属乡村中等阶层以上，或已满足温饱，或殷实富庶，绝非普通百姓可比。此类群体通常还具备一定的知识文化，掌握一定的话语权和优势资源，能够与官府建立密切联系。此外，其中许多人还兼具宗族首领和长辈的身份，于族人间占据一席之地；在水神和雨神信仰风靡的汾水下游流域乃至河东地区，乡耆便又兼具祭祀主持人的角色，在社稷神灵的供养中发挥着重要作用。萧公权先生指出："乡村的形成常常取决于宗族的发展情况，虽然村社并不总是宗族定居的产物，但是宗族出现所带来的凝聚力，比其他因素可能带来的凝聚程度都要高。"③ 学者杜正贞在考察泽州的地方信仰和村社传统时强调，"金元时期村社权力和作用的扩大，加强了居民对于村社的认同，这也使得以村社为单位的祭祀活动变得越来越频繁和重要，人们继承了传统的祈报和社祭仪式，借用以成汤为代表的受到国家敕封的神，在村社中建造庙宇，并通过举行年度仪式，强化村社的权威性和凝聚力"④。在乡里威望和血缘纽带的双重作用下，"地缘—血缘"身份合二为一，成为乡耆群体的核心内在优势。"在中国古代，行政官僚队伍的有限性与基层百姓活动的无限性是一对传统矛盾体：一方面，政府不希望将宝贵的精英资源过度用于小民细故之上，希望基层民间实现自理自治；另一方面，政府又对基层民间的自治实效充满担忧，时刻警惕破坏国家法制秩序、危害自身政权统治的隐患在民间土壤悄然滋生。"⑤ 民众也不愿意时刻受到过度的约束和限制，在服从于统治权威、及时缴纳税赋劳役之余，内心十分向往相对自由的空间，并不希望自己的生活过

---

① 陈高华等点校《元典章》，中华书局、天津古籍出版社，2011，第 917 页。
② （元）黄溍：《金华黄先生文集》卷三十一，四部丛刊本，第 11a 页。
③ 萧公权：《中国乡村：19 世纪的帝国控制》，张皓、张升译，九州出版社，2021，第 384 页。
④ 杜正贞：《村社传统与明清士绅：山西泽州乡土社会的制度变迁》，上海辞书出版社，2007，第 34 页。
⑤ 谭天枢：《酌古准今：论中华法文化价值的应然内涵和现实意义》，《荆楚学刊》2022 年第 2 期。

多地充斥政治因素。官府和民众之间的相互排斥一旦加剧，会导致双方关系失衡，便急需乡耆作为第三方力量介入，予以纾解。民众求助于乡耆的另一个动机来自官吏的骚扰侵害，官吏轻则不下乡，一旦下乡，对于基层民众来说便是沉重的负担。宋代的真德秀便将"纵吏下乡"作为地方官员的"十害"行为之一，他认为，"乡村小民畏吏如虎，纵吏下乡，犹纵虎出柙也"①。汪应辰言："公吏下乡如虎豹出柙，未有不为民害者。"② 元代的郑介夫曾谈道："如每岁出郊劝农，各官借此为游宴之地，带行不下数十百人，里正、社长科敛供给，有典衣举债以应命者。"③ 元至元三十年（1293）四月，江南浙西道肃政廉访司官员为修筑田围亲诣平江乡村，访问耆老，得到回馈称："但农民所惧官吏下乡，因缘骚扰。"④ 可见，官吏的下乡索取、科摊扰民的痼疾，使得民众求助于乡耆的愿望更加强烈。

在乡村基层社会中，亲情、友情、乡情等因素是开展社会交际的重要脉络，虽然市场中的商业利益交换也同时存在，但是其重要性远不及前几者。一旦出现问题或纠纷，寻找有影响力、有社会威望和话语权的乡村耆老，便成为普通民众的首选之策，这种"乡土逻辑"在现代社会的村镇、街道、社区依然可以看到踪迹。正因如此，官府才将水务治理在内的基层事务委托给乡耆，以便取得较好的治理效果。基于双向需求，乡耆群体成为协调官府和民众关系的最佳角色，官府、乡耆和民众便自上而下形成了稳固的"三角形"关系，两两之间都存在利益的协调、交换与制约。第一，官府和乡耆之间达成的"权力—秩序交换"，官府给予细微权力作为对价，换取乡耆成为官方的"代理人"，协助政府将基层社会管理得井井有条，使其不会脱离正常轨道。作为报酬，乡耆在基层社会中的身份、地位和威望进一步提高。第二，乡耆和民众之间达成的"保障—权威交换"，乡耆能够在官府和民众之间进行斡旋，尽可能减少"纵吏下乡"等不当行

① （宋）真德秀：《西山文集》卷二十九《谭州谕同官咨目》，四部丛刊本，第6b页。
② （宋）汪应辰：《文定集》卷十三《请免卖寺观趱剩田书》，丛书集成初编本，第145页。
③ （明）黄淮、杨士奇：《历代名臣奏议》卷六十七《成宗大德七年郑介夫奏》，明刻本，第67页。
④ （元）任仁发：《水利集》卷三《至元三十年四月平江路准江南浙西道肃政廉访司分司牒为修筑田围》，明抄本，第24b页。

为对民众的骚扰，以此形成对民众正常生产生活利益的保障承诺。作为回馈，民众则甘于服从乡耆的权威，并且接受乡耆在部分领域的优先权利和优势资源。第三，官府和民众之间的"自治—服从交换"，由于乡耆成为缓冲，官府与民众的关系得以纾和，官府希望民众能够服从乡耆群体的管理，尽可能少地产生官讼，民众则用服从权威来换取基层社会的"自治空间"。三对关系中，前两者为直接关系，最后一种是间接关系。这种极具稳定性的基层治理关系并非金、元时期的产物，而是在中国古代乡村中长期存在的一种默契。

（二）承上启下：乡耆参与水务治理的关键作用

"官—耆—民"的乡村基层治理关系中的核心在"耆"，乡耆在水务治理中发挥着承上启下的关键作用，三方主体之间的治理关系逻辑如图5所示。然相比于日常水务管理，解决汲水矛盾与纠纷更为重要。以《霍邑县杜庄碑》为例，宋壁村民侵害了杜庄村所独有的水源和泊池，杜庄村民联名状告至县衙：

> 以此情等具状，经诣霍邑县衙陈告，蒙受理施行间，有宋（圣）〔壁〕村赵一、赵大、任三、王林、贾珍、赵三等托令东城村□荣、北杜壁村王玉等社长、石鼻村梁社长、□□□（圣）〔壁〕村苏乡老劝和，写立私约该："今后除宋壁村人户食用外，□不敢相杜庄村古旧有倒食用水内及足水泊池并上下渠内饮孳畜头足淘菜、洗衣裳、秽污等事，及任二妻、赵三妻将元圿讫泊池根底依旧修垒了当。如今后但有违犯之人，情愿准罚白米叁拾石充本村祇应用度，及有依时耕种过往牛畜，及上秋后撒放大倒□□，至在科罚之限。立讫如此私约，合同收执，及具一同拦状，抄连私约，赴官告拦了当。"①

---

① （清）胡聘之：《山右石刻丛编》卷二十五《霍邑县杜庄碑》，光绪二十七年（1901）刻本，第43a～44b页。谨按：该案的公据出给时间为"至元十二年三月初七日"，依据元代法律，当时尚处于"务停期"，此期间的公私债负、婚姻、良贱、家财、田宅等事关农业户计的一般纠纷，官府概不受理。而本案被官府受理的理由可能有三：第一，此水利纠纷属于遗留问题，已近两年；第二，水利纠纷事关村集体利益，不属于一般纠纷，依例入务；第三，本案已经告拦，词讼终止，诉讼日期可能处于务开期，而府衙出给公据的日期处于务停期。

本案在审理过程中，宋壁村村民自知理亏，便委托邻村社长和乡老来进行斡旋，最终双方达成和解，被告宋壁村村民负责将已被破坏的泊池修理妥当，并以罚米为约束，保证日后不再相犯，元告杜庄村村民撤回告诉，也即"告拦"①。可见，乡耆的调解、斡旋可以作为官讼程序外的解纷方式，具备方便、快捷、高效的特点。元代的法律规定，社长对社众日常发生的民事纠纷有权进行调解和裁断："诸论诉婚姻、家财、田宅、债负，若不系违法重事，并听社长以理谕解，免使妨废农务，烦扰官司。"② 社长本身也是乡耆的一员，在所属村社往往居于主导性的地位，据《襄垣县双榆社碑记》载：

> 大定二年夏，耆老李珪等相谓曰："我里居民不啻满百，若户若灶设若倾颓，尚必补葺，矧祈报之所，岂全无增饰乎？"于是命奋锸，登登冯冯，是版是筑，信宿而新之。太和二年夏，里居曹毅然发奋曰："神依人而行，人心之喜，神亦然。社圮至此，不敬孰甚？"遂割家赀，辇石僦匠，特为完荃，未浃旬而工毕，次植双榆，日益滋茂，爽垲严洁，特殊于昔，每二时之祀，众心比比，沿象致敬焉。③

乡耆凭借其财力、物力和关系网络，能够引领民众进行村社基础工程建设。故除水例碑刻外，在大量公廨衙署、庙宇廊庑、宗祠禋祀的重修和建造碑铭之上，也会镌刻诸社长、乡耆等人的姓名，以示功记。

除横向的"熟人社会""乡土逻辑"和纵向的基层治理格局的原因外，官府如此做法的根本目的还在于节约政治成本和司法成本。"水利组织是带有官方影子的民间自治组织，其运行状态是封建中央集权与地方自治系统相互妥协与利用的表现，自治占据主流。"④ 州县官在水务治理方面给予

---

① 谨按：告拦，亦作"拦告"，相当于今日之撤诉程序，元代司法程序中告拦的前提要件是：第一，案件属于婚姻、田宅、家财、债负等一般民间纠纷；第二，原告、被告之间达成和解协议；第三，官方审查和解协议内容并不违法，双方意思表示真实。拦告的效果即为阻却诉讼，原告须撤回诉讼，且日后不准以此事再告。

② 方龄贵校注《通制条格校注》卷十六《田令》，中华书局，2001，第452页。

③ （清）李廷芳：《乾隆襄垣县志》卷七上，乾隆四十七年（1782）刻本，第37b~39a页。

④ 周亚、张俊峰：《清末晋南乡村社会的水利管理与运行——以通利渠为例》，《中国农史》2005年第3期。

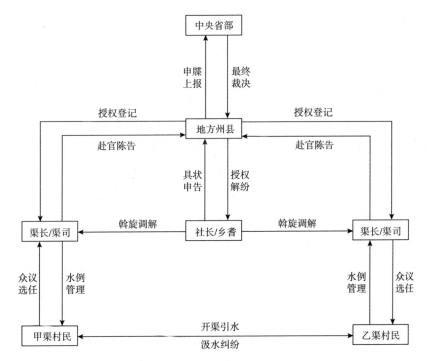

图5　汾水下游流域基层水务治理流程

乡耆部分管理权力，并不会过度干涉内部事务，只求水务治理稳健运行、免生纠纷，能够从容应对上级官府的查验，确保民安。乡耆承载着来自上下两个层面的信任和支持，其参与水务治理的益处亦属双向：民众可以避免陷入破家败产的"讼累"之中，以一种更低成本的方式结束争端；官府则可以减少"政累"。官方通过细微权力的下放，将基层的社会力量充分调动、加以利用，促使大量民间纠纷能够在萌芽、初发期内就得以消解，官符不出衙署而纷争自化，细民求诸乡党而忿戾弭平，从而努力趋近"简讼"和"息讼"的政治目标，对于地方官员的政绩和维稳来讲裨益良多。

（三）　民约与公法：民间规则与官方律令的协调与衔接

渠条定例保留了乡耆群体无法解决或处置不公时，民众可以赴官诉讼的权利，即所谓"如有不服，申官责断"。作为最后的救济手段，一般会缀在科罚条款之后，防止任何一方蒙冤受枉，从而将渠务自治和官讼程序有效衔接。同时，经官审断也并非传统意义上的定罪科刑，大部分案件中，官府仅是厘清汲水规则、重申渠条定例而已，轻易不会动用刑罚。元至元九年（1272）至至元十八年（1281），普润乡郭堡村郭进等反复陈告沃阳渠口位置所在、希望重开渠口获得汲水权，可面对时过境迁的河道，旧有渠口已无迹可寻，但基于对水源的渴望，郭进如此执着的态度亦符合情理。平阳路总管府作出裁判："据所告开渠事理多有违碍，又兼无水，往使百姓生受，本欲收罪，为你也是好意，宜加恕免，今后无得再行陈告。"后郭进不服此判决，又告至河东山西道巡行劝农大使、副使，后者的判词虽显威严却又显教谕意味，同时还有些许不胜细务烦扰的无奈："你再若要开时，只韩县尹指定置堰去处开者，无得动摇其余百姓。"① 凭此语气来看，官府对于汲水纠纷一般做"软化"处理，召集元告、被告、关告等人共同商议，主要通过渠长、乡耆等人的协商沟通解纷，而非仅仅依靠官方强制性判决，以便获得基层民众的最大认可。官员心中明悉，面对小民争讼的田土细故，轻易动用刑罚所产生的强制性裁判往往会激化矛盾，即使败诉一方暂时表示服从，也是蛰伏待机欲行再告，较之强制性裁判，乡耆于官讼程序内外的斡旋调解往往会取得更良好的治理效果。

但也存例外，若仅是水源权属不明，或是无汲水权主体希望获取水源，官府一般会予以宽宥，不轻启刑端。但若当事人的行为逾越了容忍界限，官府依然会援法断罪。如《霍邑县孔涧村沙凹泉水碑记》所载，秦壁村上社孔涧庄自备工役开淘沙凹泉一眼，李庄村头目张厚、王用等赴官陈告，妄称沙凹泉水为本村所有，欺骗官府欲行霸占。企图落空后，张厚、王用又接连三次赴官陈告，或是将沙凹泉水改易名称再行告诉，混淆视听，或是便赴府衙陈告县官枉断偏私，或是指称私约、凭证有假，企图用虚诉妄告的手段来欺瞒官府，最终霍邑县"会法断定，逐人各杖六十，依数归结了当"②。同样，在《大金绛州翼城县武池等六村取水记》一案中，

① 孙奂仑纂《洪洞县水利志补》，山西人民出版社，1992，第81~83页。
② 谨按：此案为"一案两碑"，内容分别书写于两块石碑，但《三晋石刻大全》将其误认为两块无关联之碑，并分别定名，而此碑实际名称应为两块碑文额首题文之合并，此改。参见段新莲主编《三晋石刻大全·临汾市霍州市卷》，三晋出版社，2014，第10~14页。

河东南路兵马都总管府裁决：

> 奉（列）〔到〕尚书户部准断符文，并见断魏辅等，准上尚书省"□不以实者，杖一百，六部符文减二等"制文。魏辅、尚庆、魏寔等三人各杖八十，见有如此归着及告示文案等，见今收执。①

可见，如果施害行为严重违法，或是侵扰司法秩序，官府依然要通过定罪量刑维护自身权威。古代官方对于民间私约的容忍程度不低，只要与公法不相违背，私主体之间的和约、合同均属于有效，且在官讼程序中具备相当强的证据作用。同时古代社会的"官有公法，民有私约"也是一套紧密联结、相互贯通的体系，公法和私约之间不是割裂关系，而是私约从属于公法、公法保护私约的辩证关系。这一点除体现在乡耆解纷程序和官讼程序的衔接外，还印证于水例公据的颁发。在许多水利纠纷案件中，双方村民虽然达成了和解私约，也共同商议、制定了渠条定例，但是由于担忧没有官府的认可，存在日后再行争讼的隐患，往往会求助于官府的承认，官府则根据私约的内容出给公据：

> 虽有文案在官，终为有司之验。今奉君命而督其工，彼或恃此妄行起讼。非小汝沃阳之利，居下流而复兴润源之功，居上流而不废。无相侵夺，永为定业。予辈将复刻石而志焉，传诸岁久。②

官府会将民众形成的合意誊录在固定格式的纸面上，经两造和涉事民众的认诺，由州县主官进行签字并加盖官印，最后勒石成碑。如《库拔村水利碑》所载山西提刑按察司平阳分司的意见："仍仰各村写立私约，就仰本州出给文凭，各令依期使水，（母）〔毋〕致妨误农务。"③ 这种"私约＋官押＝公据"的模式类似现代公证制度和司法确认制度，在获得

---

① 杨太康、曹占梅：《三晋戏曲文物考》，施合郑民俗文化基金会，2006，第838～840页。
② 孙奂仑纂《洪洞县水利志补》，山西人民出版社，1992，第127～128页。谨按："彼或恃此妄行起讼"一句应放在"今奉君命而督其工"之前，语序语意方为通顺，疑似抄写或镂刻串行。
③ 汪学文主编《三晋石刻大全·临汾市洪洞县卷》，三晋出版社，2009，第25～26页。

官方许可后，民间私约也就演化成为公据凭验，凭借官方强制力的保护，获得了更高级别的法律效力。再行破坏水例者，便是与官府和公法对抗。同时，镌碑勒石的形式能够更好地应对风雨的侵蚀以及人力的破坏，虽然无法百分百地防于灭失，但屹立于土地之上和山川之间、与自然融为一体的碑刻，能够守护民众所最为关切的水源渠道，成为久经岁月考验的历史性证据。正如元代洪洞县主簿刘思孝所述："古今之迹，各安其界。人民之讼，何由而兴？……每有侵越之念，历宋、金及圣元，屡起争端，终屈于理，铭记存焉，不待口舌而自明也。"①

五　结论：统筹兼治、自理自洽的乡村基层水务治理模式

上述碑刻所体现的金、元时期汾水下游流域的水务治理关系独具本土特色。宏观上，官府通过律令体系和司法权力对汲水秩序进行调控和规制，维护官方之于基层的统治权威；微观上，官府尊重民众在纠纷处理和汲水规则上形成的合意，将乡耆作为缓冲和调和主体，促进民间纠纷的源头化解。由此形成了以渠条定例为规制基础，以水务责任共同体为维护力量，以镌石刻碑作为证据载体，"官—耆—民"三元角色协同互动、动静结合、统筹兼治、自理自洽的乡村基层水务治理模式。

（审校：庞蕾）

---

① 孙奂仑纂《洪洞县水利志补》，山西人民出版社，1992，第 127～128 页。

催收非法债务罪中非法债务的规范阐释及其展开

马寅翔*

摘要：催收非法债务罪旨在维护民众在金融活动中的合法权益。在界定非法债务的逻辑含义时，应当从该规范保护目的出发，根据同类解释规则提出的类属相同性要求，将其限定解释为因违法金融活动而产生的债务。此类债务同时具有非法性与合意性双重特征。正是由于非法债务源自借款人与出借人达成的合意，决定了相关催收行为并不构成侵财犯罪，合意性因而成为催收非法债务罪中侵财犯罪的出罪事由。该出罪事由的法理依据在于"愿者不生损害"，其体现了对借款人财产自决权的尊重。对于催收非法债务的行为而言，是构成催收非法债务罪还是构成侵财犯罪，应视被害人是否对非法债务的形成存在合意而定。据此，催收"套路贷"的行为是否构成诈骗罪，关键在于被害人对于因"套路"而产生的债务是否知情且同意。

关键词：非法债务；同类解释规则；被害人合意；自我决定权；非法占有目的

一 问题的提出

司法实践中，通过暴力、威胁、非法拘禁等方式催收非法债务的行为时有发生，对于此类行为，《刑法修正案（十一）》一揽子地将其规定为催收非法债务罪，而没有将其作为侵财犯罪加以处罚。然而，权威机构在解读该罪时却认为："催收非法债务的行为本身不仅严重损害了被害人的财产权，而且对被害人及他人的人身权益构成严重威胁，如制造心理强制，使被害人产生心理恐惧等。"[①] 照此理解，将此类行为作为抢劫罪、敲诈勒

---

* 马寅翔，法学博士，华东政法大学刑事法学院教授。

[①] 王爱立主编《中华人民共和国刑法条文说明、立法理由及相关规定》，北京大学出版社，2021，第1156页。

索罪、绑架罪①等加以处罚似乎并无不可。刑法学界亦有观点认为，催收非法债务的行为通常会构成抢劫罪、敲诈勒索罪等罪名，因而此类行为同样具有侵财属性。② 与此相反，另有观点则认为催收非法债务的行为通常并不构成侵财犯罪。③ 在该问题上，实务部门同样各执己见，司法适用较为混乱，具体表现为：不对催收非法债务行为是否构成催收非法债务罪进行评价④；未对赌债是否属于催收非法债务罪中的非法债务进行评价⑤；既有认为因"套路贷"而形成的债务属于催收非法债务罪意义上的债务的⑥，也有认为不属于的。⑦

上述立法解读的矛盾、理论研究的分歧与司法适用的混乱，无不反映出当前在理解催收非法债务罪意义上的非法债务时，存在普遍的认知混乱，因而亟待厘清。这一认知混乱的直接原因在于对非法债务的界定缺乏统一标准，而深层原因则在于针对催收行为可能触犯的侵财犯罪，未能确立恰当的犯罪阻却事由。正因如此，针对催收非法债务罪的立法规定展开研究，根据该罪的规范保护目的对非法债务的成立范围作出体系自洽的合目的性解释，从中确立阻却侵财犯罪成立的妥当事由，并据此提出一以贯之的判断标准，无疑具有重要的理论价值与实践意义。鉴于此，本文尝试从被害人合意理论入手，拟通过分析证明，催收非法债务罪中的非法债务仅限于因违法金融活动而产生的债务，其植根于借款人自愿与出借人达成

---

① 通说认为，绑架罪中勒索财物的目的属于主观的超过要素，并不要求行为人在客观上实施索财行为，因而该罪名属于单行为犯，其保护的法益仅涉及人身权利，而不涉及第三人的财产权。然而，当绑架罪的目的行为现实化后，即当绑架者既实施了绑架行为又实施了索财行为时，对于索财行为不应单独评价为敲诈勒索罪，否则会导致索财目的被评价了两次，从而违背了禁止重复评价原则。对此，权威部门同样认为，勒索财物目的是否实现仅属于绑架罪的量刑情节（参见王爱立主编《中华人民共和国刑法条文说明、立法理由及相关规定》，北京大学出版社，2021，第898页）。这表明，绑架罪同样可能涉及财产权。鉴于此，本文使用"侵财犯罪"一词指代催收非法债务行为可能触犯的与财产有关的罪名。

② 张明楷：《刑法学》（第六版），法律出版社，2021，第1406页。

③ 周光权：《刑法各论》（第四版），中国人民大学出版社，2021，第425～427页。

④ 林享清、朱波涛敲诈勒索、诈骗等案，（2021）鄂12刑终15号刑事裁定书。

⑤ 夏德林、黄绍兰等开设赌场案，（2021）沪02刑终176号刑事裁定书。

⑥ 张彪、李光等敲诈勒索案，（2021）闽05刑终399号刑事判决书。

⑦ 徐银平、罗朝丞等诈骗案，（2021）沪01刑初18号刑事判决书。

的合意。正是该合意的存在，排除了催收非法债务侵财犯罪的构成要件符合性。这既是对借款人个人财产自决权的尊重，具有理论层面的正当性，也是对司法实践做法的回应，具有实践层面的合理性。

二　现有研究成果的教义学审视

自催收非法债务罪增设以来，对于该罪中非法债务的界定问题，刑法学界多有着墨，但对于催收非法债务的行为能否阻却侵财犯罪的成立，以及如果能够阻却，其依据是什么的问题，却并未给予足够的关注。尽管上述问题各有侧重，但实际上共同指向一个学理问题，即能够阻却催收非法债务的行为成立侵财犯罪的事由究竟是什么。如果能够找到特定的犯罪阻却事由，也就找到了划定非法债务存在范围的指导标准。然而，纵观当前关于催收非法债务罪的著述，绝大多数研究仅对非法债务的范围进行简要概括，至于催收行为能否阻却侵财犯罪成立的问题，甚至都未被提及，更遑论探寻其背后的犯罪阻却事由。正是由于对犯罪阻却事由欠缺必要的探讨，未能凝聚学术共识，非法债务的认定标准由此飘忽不定，加之立法采用了"高利放贷等产生的非法债务"这一明显带有兜底性质的表述，导致对非法债务的理解宽窄不一，最终形成了严格解释、中间解释与宽松解释三种主张。其中，严格解释将非法债务明确限定为因非法行为产生的合法债务，事实上仅包括高利放贷[①]；中间解释则将其确定为具有一定事实基础的债务，如高利贷、赌债、毒债、嫖债等[②]；宽松解释则将其泛化理解为因缺乏请求权基础而不受法律保护的一切债务。[③] 这种莫衷一是的研究

[①] 张明楷：《催收非法债务罪的另类解释》，《政法论坛》2022 年第 2 期。尽管由于立法表述使用了"等"字，严格解释论者承认非法债务理应不限于高利放贷，但实际上，其仅是在语义逻辑上认可了这一点，并未指出还存在符合其定义的其他非法债务。

[②] 周光权：《刑法各论》（第四版），中国人民大学出版社，2021，第 426 页；张平寿：《催收非法债务罪的限缩适用与路径选择》，《中国刑事法杂志》2022 年第 1 期；刘仁文：《催收非法债务罪的法益厘清与规范展开》，《法学杂志》2023 年第 1 期。

[③] 吴情树：《催收非法债务罪研究》，《法治现代化研究》2021 年第 5 期；姚万勤：《准确适用催收非法债务罪应把握好三个重点》，《人民法院报》2022 年 10 月 27 日，第 5 版。

局面自然也难以为司法实践提供有效的理论指导。

为破解上述困局，围绕出罪事由这一关乎非法债务范围界定的核心问题展开探讨，就显得尤为重要。为此，首先必须要厘清的一个前置问题是，催收非法债务的行为究竟能否阻却侵财犯罪的成立。尽管从催收非法债务罪的立法表述来看，立法机关已经明确将相关催收行为仅作为该罪处罚可以阻却财产犯罪成立的答案似乎不证自明，但实际情况是，少数关注该问题的学者远未达成共识，而是存在否定说与肯定说的对立。从刑法教义学的角度来看，双方见解均存在值得商榷之处。其中，否定说的基本立场与立法宗旨、教义学导向相悖，因而缺乏正当性；肯定说的具体主张则存在标准模糊、说理不足等缺憾，由此缺乏合理性。

（一）否定说：想象竞合论及其基本立场的批判立法性

否定说认为，催收非法债务的行为并不能阻却侵财犯罪的成立。这种观点主要是从催收非法债务罪与侵财犯罪的关系入手展开的分析。该说法认为，尽管《刑法修正案（十一）》的正式稿删除了草案中催收非法债务罪的竞合条款，即"有前款行为，同时构成其他犯罪的，依照处罚较重的规定定罪处罚"，但由于此类催收行为同样具有侵财的一面，因而通常也会触犯抢劫罪、敲诈勒索罪等罪名，其与催收非法债务罪之间存在想象竞合关系，应从一重处罚。① 为表述方便，本文将该观点称为想象竞合论。

该主张导致的问题是，既然两者之间的想象竞合关系具有通常性，而其他侵财犯罪的法定刑普遍更重，如果从一重罪处断，必然会导致催收非法债务罪的适用空间极为逼仄。这种情形或许并不为想象竞合论的主张者所排斥。因为在其看来，增设催收非法债务罪固然是为了解决司法实践中的一些不合理现象，但非法债务不受民法保护，这意味着被害人没有债务，如果行为人采取暴力、胁迫等手段进行催收，理应成立抢劫罪或者敲诈勒索罪，而不应当以催收非法债务罪论处，否则不但意味着刑法保护非法债务，还容易导致行为人利用该罪名逃避更重的刑事处罚。就此而言，

---

① 张明楷：《催收非法债务罪的另类解释》，《政法论坛》2022 年第 2 期。

该罪名的增设在理论上和实践中都存在重大问题。① 此外，另有观点同样指出，对于催收非法债务的三种行为表现方式，在达到情节严重的程度时，原本就可以视情形分别以寻衅滋事罪、非法拘禁罪以及非法侵入住宅罪等罪名加以处罚，即便不增设该罪名，也不会出现立法空白。根据想象竞合规则从一重处断，最终也能够实现定罪量刑的合理性与妥当性。作为一种重复犯罪化的立法，增设催收非法债务罪只是立法过度精细化的表现，由此带来的重复性规范不仅未能使刑法变得更加完备，反而因不必要的规范增量导致刑法规范的效用被削弱。② 正是基于这种理解，在无法改变立法的情况下，通过运用想象竞合犯的理论尽量减少催收非法债务罪的适用可能性，就成为一种次优的选择。

尽管就具体问题的解决思路而言，想象竞合论依然属于在刑法教义学的范畴内进行的思考，但从论者的表述中不难看出，这种理解是伴随着对立法合理性的质疑而出现的，带有较为明显的批判立法的意味。可以说，想象竞合论的主张者实际上是借助刑法教义学的管道纾解了对于立法的不满。虽然刑法教义学研究并非完全不可以批判立法，但这种批判的出发点在于弥补立法表述的缺陷，从而使其能够更好地适用。③ 然而，借助想象竞合犯的处理规则，催收非法债务罪却在很大程度上被架空了。换言之，想象竞合论的解释在事实上导致了催收非法债务罪的虚置化，这显然不利于该罪的适用，因而并非刑法教义学所能接受的解释方向。从刑法教义学的基本立场来看，法律不是嘲笑的对象，而是研究的对象。应当假定法律规定是合理的，而不应推定法律中有不衡平的规定。为此不应随意批判法律，而应从更好的角度解释疑点，从而增强法律的适用性。④ 基于这种立场设定，当刑法增设了催收非法债务罪后，解释者的首要任务就应当是展开针对性的教义学研究，为催收非法债务的行为为何不构成侵财犯罪寻找恰当依据，从而对相关罪名作出合理界分，以确保新设罪名得到妥当适

---

① 张明楷：《刑法学》（第六版），法律出版社，2021，第 1406 页。

② 夏伟：《竞合型犯罪化反思》，《当代法学》2021 年第 4 期。

③ 张明楷：《也论刑法教义学的立场——与冯军教授商榷》，《中外法学》2014 年第 2 期。

④ 张明楷：《刑法格言的展开》（第三版），北京大学出版社，2013，第 3 页。

用。以催收非法债务罪的增设不具备科学性为由，借助想象竞合犯的处理规则挤压其适用空间的做法，非但未能明确该罪名与相关侵财犯罪的适用界限，反而加剧了罪名界限的模糊性。

事实上，立法者之所以增设催收非法债务罪，一方面是为了统一司法认识和适用，另一方面则是为了实现罪刑均衡。在此之前，对于催收行为的罪与非罪、此罪与彼罪的问题，实务部门的认识并不一致，既有一概以寻衅滋事罪定罪处罚的适用泛化现象，也有将催收行为认定为多个罪名、数罪并罚后刑期高达 20 年的罪刑失衡现象。① 然而，尽管以往适用的罪名并不统一，却基本上均将侵财犯罪的适用排除在外。这种排除财产犯罪成立的做法，也历来为司法解释所接受。例如，远至 2000 年，最高人民法院《关于对为索取法律不予保护的债务，非法拘禁他人行为如何定罪问题的解释》中已规定，为索取高利贷、赌债等法律不予保护的债务，非法扣押、拘禁他人的，以非法拘禁罪定罪处罚。2019 年，"两高""两部"在《关于办理实施"软暴力"的刑事案件若干问题的意见》中再次规定，为强索不受法律保护的债务而采用"软暴力"手段非法剥夺他人人身自由、非法侵入他人住宅、寻衅滋事的，分别构成非法拘禁罪、非法侵入住宅罪、寻衅滋事罪。

尽管随着催收非法债务罪的增设，上述司法解释的适用受到较为严格的限制②，但无论如何，刑法立法依然沿袭了司法解释不将此类行为作为侵财犯罪处理的一贯思路。想象竞合论的主张者之所以不赞同这一点，主要是因为认为催收行为同样会对借款人的财产法益造成严重侵害，从保护法益这一刑法功能出发，有必要将此类行为作为侵财犯罪加以处理。然

---

① 王爱立主编《中华人民共和国刑法条文说明、立法理由及相关规定》，北京大学出版社，2021，第 1156 页；周光权：《催收非法债务罪的理解与适用》，《法治日报》2021 年 10 月 20 日，第 9 版。

② 本文认为上述司法解释并未完全失效而只是在适用时受到严格限制，主要是出于罪刑均衡的考虑。由于催收非法债务罪的最高法定刑仅为 3 年以下有期徒刑，在催收行为严重危及人身权利或者具有特别严重情节时，一律以催收非法债务罪处理显然会导致量刑失当，因而仍应依据司法解释的意见进行处理。同时，随着催收非法债务罪的增设，应当严格根据催收情节的严重程度决定最终适用的罪名，而不应不加区分地适用司法解释。

而，正如下文将要指出的那样，即便是非法债务，也是基于借款人的合意而产生的，在合意限度内，并不会出现需要刑法介入的财产损害。这意味着想象竞合论的立论前提实际上并不存在，其主张并不可取。

（二）肯定说："非法占有目的阙如论"及其具体论证的不充分性

肯定说承袭了相关司法解释的思路，认为催收非法债务的行为通常可以阻却侵财犯罪的成立，这就与立法宗旨保持了一致。该主张出于罪刑均衡的考虑，通过否定催收行为成立侵财犯罪，试图说明立法机关为催收非法债务罪配置较轻法定刑的合理性，并将其作为反对否定说的依据。为此，肯定说指出，虽然催收非法债务的行为人在索要债务时缺乏法律根据，但由于具有"事实根据"，属于事出有因，难以认定其具有非法占有目的。[①] 为便于表述，本文将该见解称为"非法占有目的的阙如论"。

为了论证催收行为并不具备成立侵财犯罪的可能性，非法占有目的阙如论将关注重心放在了侵财犯罪的主观构成要件要素上，试图通过索要债务存在"事实根据"，来论证行为人不具有非法占有目的。虽然该说遵循了典型的刑法教义学分析路径，但其具体理由却难言充分。通常认为，非法占有目的是取得型财产犯罪必不可少的主观要素，其在内容上既要求意图违法地对他人财物进行持续的剥夺所有，也要求至少暂时将他人财物占为所有。在判断行为人是否具有非法占有目的时，是否存在合法依据属于必不可少的甄别指标。[②] 对此，非法占有目的阙如论在进行判断时认为："为追讨借款本金而实施的相关行为，原则上是行使权利的行为，不构成犯罪；为催收高利放贷等产生的（超过法律保护利息部分的）非法债务的，行为具有一定程度的违法性，但由于民法上认可基于本金部分出借人事实上存在返还请求权，规定刑罚比抢劫罪、敲诈勒索罪更轻的犯罪与行为的法益侵害性能够匹配。"[③]

然而，一方面，既然该说认为非法债务可以包括那些具有事实根据的

---

① 周光权：《刑法各论》（第四版），中国人民大学出版社，2021，第 426、427 页。
② Vgl. Thomas Rönnau, Grundwissen – Strafrecht: Die Zueignungsabsicht, Jus 2007, 806 f.
③ 周光权：《催收非法债务罪的理解与适用》，《法治日报》2021 年 10 月 20 日，第 9 版。

债务，而非仅限于高利放贷产生的债务，则就赌债、毒债、嫖债等因不法原因产生的债务而言，由于民法完全不认可出借人享有返还请求权，按照该说的分析逻辑，在对此类债务进行催收时，其行为就应当具有完整的而非部分的侵财犯罪的违法性；另一方面，即便是就高利放贷产生的债务而言，其实际上也仅认为针对本金（及合法利息）的取得行为不存在违法性，这意味着针对非法利息部分的取得行为仍然具有侵财犯罪的违法性。既然如此，一旦涉案数额或者情节达到侵财犯罪的入罪门槛，就理应将其作为侵财犯罪处理。可见，该说虽然解释了催收非法债务行为的刑罚为何相对轻缓，但未能合理说明为何立法机关没有将其作为侵财犯罪加以定性。就催收不受法律保护的非法债务而言，由于出借人欠缺为法律所认可的请求权基础，无法以此作为取得罪的违法阻却事由，这就很容易得出收取行为会侵犯借款人财产权的结论。如此一来，从行为的法益侵害类型出发，唯有将其作为侵财犯罪处理，才能符合行为评价的全面性要求。

针对这一质疑，非法占有目的阙如论者回应道："在每一起独立的借款合同纠纷中，由于出借人有权追讨本金部分，讨债行为总是事出有因，行为人发放高利贷之后不去追讨的期待可能性弱，因此，立法上将责任较低的情形在构成要件中予以类型化，进而设置独立罪名和较轻的法定刑，也是具有合理性的。"① 然而，从民法的角度来看，并非所有非法债务的出借人都对本金享有返还请求权。并且，既然针对出借人的守法期待可能性仅是较弱而非完全丧失，则充其量仅能成为减轻其侵财犯罪罪责的事由，却并不能成为阻却其罪责的事由。这表明，虽然该说试图通过揭示出借人的罪责较轻来证明以催收非法债务罪论处更符合罪刑均衡原则的要求，但其将侵财犯罪的罪责与催收非法债务罪的罪责相提并论，直接以后者取代了前者。此外，针对催收的非法债务，如果坚持认为出借人并不具有非法占有目的，则意味着因缺乏主观要素而不具备侵财犯罪的构成要件符合性，在此前提下，再去讨论侵财犯罪的有责性问题，似乎只是冠上加冠。总之，该说将"事出有因"这一明显带有经验总结性质的说法作为侵财犯

---

① 周光权：《催收非法债务罪的理解与适用》，《法治日报》2021 年 10 月 20 日，第 9 版。

罪的阻却事由，并试图把民法上的请求权理论与刑法上的期待可能性理论作为论据。然而，一方面，该说法难以经受刑法教义学理论的体系性检验，无法成为排除侵财犯罪成立的恰当事由，其理论科学性存疑；另一方面，该说法具有相当的模糊性，在适用时可能会导致非法债务认定范围的混乱，难以对司法实践发挥有效的指导作用，其司法适用性不彰。可见，就标准的明确性与论理的妥当性而言，肯定说的主张仍存在进一步完善的空间。

综上所述，否定说认为催收非法债务罪的设立无碍于相关侵财犯罪成立的见解，因其基本立场的批判立法性而缺乏刑法教义学上的正当性。与此相反，肯定说的结论更加贴合立法旨意。然而，在正当性理据的确定方面，虽然肯定说试图借助民刑理论对以往的经验总结进行规范注解，但难言成功。尽管从司法解释一贯的处理方案中，人们的确可以推导出催收非法债务的行为不成立侵财犯罪，但肯定说却未能为该推论寻找到合乎刑法教义学要求的理论依据，因而经验论的色彩有余而规范论的气质不足，由此导致其具体分析的说服力羸弱。

实际上，根据通说的理解，刑法的任务在于保护法益，亦即保护法益主体的合法利益。在催收非法债务的情形中，刑法之所以放弃该任务，未对借款人的财产权提供保护，是因为借款人事先和出借人达成了借款合意，自愿对其财产作出了处分。当作为法益主体的借款人自主处分其法益时，该法益则欠缺刑法上的保护必要性。显然，无论是否定说还是肯定说，仍只是将关注重心放在了出借人及其实施的行为上，而未对被害人倾注更多的注意力。然而，法益作为个人在社会中自由发展的可能性条件，刑法之所以对其提供保护，根本目的是保障个人自由，即按照法益主体的意愿自主行事。可见，侵害法益的行为实质上是对法益主体意志的违反。[①] 既然如此，如果不对作为法益主体的被害人加以关注，无视其对个人财产的处分意愿，不承认其对行为定性的重要影响，则意味着对其个人自由的

---

① Vgl. Knut Amelung, Rechtsgüterschutz und Schutz der Gesellschaft, 1972, S. 148; Manfred Maiwald, Der Zueignungsbegriff im System der Eigentumsdelikte, 1970, S. 91.

不当剥夺，这显然与刑法保护法益的初衷背道而驰。基于这种理解，下文拟引入被害人教义学的相关理论，尝试从被害人视角重新审视催收非法债务罪中侵财犯罪的出罪事由，以期获得更具说服力的发现。为此，以下将以被害人合意理论为指引，在对催收非法债务罪中非法债务的逻辑含义进行澄清的基础上，尝试对催收非法债务的行为何以不成立侵财犯罪进行新的解读。

三　借助同类解释规则揭示作为侵财犯罪出罪事由的被害人合意

如上所述，我国立法机关之所以不将催收非法债务的行为作为侵财犯罪处理，主要是出于统一司法适用和实现罪刑均衡的现实考虑，是在对以往司法经验进行归纳总结的基础上作出的立法决策，因而具有实践层面的妥当性。然而，经验总结天然具有不周延性和滞后性，其无法确保催收非法债务罪始终可以被妥当适用，司法实践中存在的诸多乱象即由此而起。刑法教义学的功能之一正在于弥补这种缺憾，其通过挖掘隐藏于立法文本之后的一般原理，并借助逻辑演绎建构出一套理论体系，可以在很大程度上保障刑法适用的稳定性和可预期性。

（一）　基于同类解释规则揭示非法债务的逻辑含义

一般认为，法教义学的形成基础在于实在法，它是围绕实在法展开的一般性权威命题或原理。① 就催收非法债务罪中侵财犯罪出罪事由的教义学研究而言，其起点自然也需要从准确揭示刑法文本的含义开始。从《刑法》第 293 条之一关于催收非法债务罪的立法表述可知，对于催收非法债务罪中非法债务的存在范围，立法机关并未采用逐一列举的方式予以明示，而是采用"高利放贷等产生的非法债务"这一表述，这就给如何准确把握非法债务的含义带来了挑战，由此催生出严格解释、中间解释与宽松

---

① 雷磊：《什么是法教义学？——基于 19 世纪以后德国学说史的简要考察》，《法制与社会发展》2018 年第 4 期。

解释三种主张。从刑法教义学的角度来看，当出现理解分歧时，需要借助已达成共识的教义学基本解释规则进行甄别。在该问题上，即需要借助同类解释规则进行判断。

在法教义学中，针对采用"等……""其他……"这类兜底条款表述，为了明确其适用范围，已经形成了相应的同类解释规则。所谓同类解释规则，是指立法机关为了扩大条款的适用范围，而在具体用语后面追加了概括用语，在解释该概括用语指涉的事项时，应当将其限定在和具体用语所指事项具有相同类属（genus）的范围之内。换言之，解释者应当严格按照该概括用语的逻辑含义进行解释，而不是根据它的日常含义加以解释。① 在立法用语不明确的场合，同类解释规则作为一种构建性的解释规则，旨在帮助阐明立法条文的规范保护目的。② 就此而言，同类解释规则实际上是目的解释在兜底条款解释问题上的特殊应用。

在运用同类解释规则对兜底条款进行解释时，基于罪刑法定原则提出的明确性要求，解释者首先设定具体用语与概括用语具有相同类属，进而根据所涉罪名的规范保护目的，对具体用语进行合目的性整合，以提取出它们的共同类属，最终借助该类属确定概括用语的逻辑含义。通常情况下，即便采用兜底条款，立法机关至少也会使用两个具体用语。例如，《刑法》第 263 条抢劫罪即规定"以暴力、胁迫或者其他方法抢劫公私财物"。通过对作为具体用语的"暴力""胁迫"的逻辑含义进行整合，可以提取出两者的共同类属，即行为具备强制效果，能够通过剥夺被害人行动自由而排除其财产处分自由。③ 据此，人们可以确定"其他方法"这一概括用语的逻辑含义。然而，催收非法债务罪的特殊之处在于，在"高利放贷等产生的非法债务"这一兜底规定中，立法机关仅使用了一个具体用语，即"高利放贷"，这导致无法直接提取具体用语的共同类属。在此情

---

① Donald MacKay, "The Ejusdem Generis Principle of Interpretation", *Central Law Journal*, Spring, 1920.

② George A. Dietz, "Statutory Construction: Ejusdem Generis Versus Legislative Intent", *University of Florida Law Review*, Summer, 1950.

③ 马寅翔：《抢劫罪中暴力概念的精神化及其限定》，《法学》2021 年第 6 期。

况下，鉴于"兜底条款是法律文义表达的一部分，源自规范保护目的，与例示条文一同受到规范保护目的的制约，因此与规范保护目的之间呈现为指导与被指导的关系"①，为消除单个具体用语逻辑含义指代不明的弊端，就需要以催收非法债务罪的规范保护目的为指导，对"高利放贷产生的非法债务"这一具体事项的逻辑含义作出界定，以此确定作为概括事项的"非法债务"的含义。

在此过程中，准确理解催收非法债务罪的规范保护目的，成为关键一环。为切实把握立法机关通过增设该罪所欲实现的规范保护目的，需要对该罪的立法背景、立法理由与立法过程进行考察。

首先，从立法背景看，为惩治非法放贷犯罪活动，维护金融市场秩序和社会稳定，"两高""两部"曾于2019年联合发布了《关于办理非法放贷刑事案件若干问题的意见》（以下简称《非法放贷意见》）。在该意见中，非法高利放贷行为被列为重点打击对象。这主要是由于非法高利放贷具有严重的社会危害性，其"不仅严重扰乱金融市场秩序，制约实体经济发展，使企业或个人陷入债务深渊，而且还诱发大量非法拘禁、寻衅滋事等违法犯罪活动，并为黑恶势力滋生蔓延提供土壤"②。正是在这一背景下，立法机关在总结以往司法治理经验的基础上，增设了催收非法债务罪，并将高利放贷产生的非法债务作为典型规定下来。

其次，从立法理由看，立法机关增设催收非法债务罪除了统一司法认识和适用、实现罪刑均衡之外，还希望以此惩治金融乱象行为，切断违法金融活动等非法行为的获利途径，从而切实维护人民群众的人身权益和财产权益。③可见，维护人民群众在金融活动中的合法权益，显然属于催收非法债务罪的规范保护目的。这也可以解释为何立法机关会特意将高利放贷作为具体事项列举出来，因为早在《非法放贷意见》中，它就已被视为

---

① 梅传强、刁雪云：《刑法中兜底条款的解释规则》，《重庆大学学报》（社会科学版）2021年第3期。

② 朱和庆等：《〈关于办理非法放贷刑事案件若干问题的意见〉的理解与适用》，《人民法院报》2019年11月28日，第6版。

③ 王爱立主编《中华人民共和国刑法条文说明、立法理由及相关规定》，北京大学出版社，2021，第1156页。

一种最具代表性的违法金融活动。

最后，从立法过程看，在该罪的章节安排上，立法机关曾考虑过两种方案，一种是将其放在《刑法》分则第三章"破坏社会主义市场经济秩序罪"第八节"扰乱市场秩序罪"中，另一种是将其放在第六章"妨害社会管理秩序罪"第一节"扰乱公共秩序罪"中。后经研究认为，催收非法债务主要是为了将非法利益予以固定、落实，相关催收行为不仅侵害个人合法权益，还会造成社会秩序混乱，影响民众的正常生活和工作秩序。为了贴近民众感受，凸显保护法益的全面性，立法机关最终选择了第二种方案。① 如此一来，催收非法债务罪既要维护民众在金融活动中的合法权益，又要维护民众的生活、工作秩序，其规范保护目的因而具有双重性。

尽管催收非法债务罪的规范保护目的具有双重性，但从该罪立法过程可知，维护民众的正常生活和工作秩序这一规范保护目的，仅是针对相关催收行为而言的，而这些行为的实施，要以非法债务的存在为前提。由此可见，该规范保护目的无助于非法债务逻辑含义的廓清。能够指导非法债务范围界定的，只有催收非法债务罪的另一种规范保护目的，即维护民众在金融活动中的合法权益。从该规范保护目的出发，只有从那些扰乱市场秩序的违法金融活动中产生的债务，才属于催收非法债务罪意义上的非法债务。非法债务必须产生自违法金融活动，由此成为该罪中非法债务的共同类属，并通过"高利放贷产生的非法债务"这一具体用语体现出来。根据同类解释规则，在界定催收非法债务罪中的非法债务时，必须基于类属相同性要求，将其逻辑含义限定解释为因违法金融活动而产生的非法债务。这种解释一方面使得非法债务的范围不再仅局限于高利放贷，使"等"字不致沦为摆设；另一方面又将不属于违法金融活动而产生的债务排除在外，使非法债务不致"口袋化"。

对此可能存在的质疑是，这种界定范围过窄，无法涵盖赌债、毒债、嫖债等民间常见的非法债务，不利于对相关犯罪进行打击。实际上，这种

---

① 王爱立主编《中华人民共和国刑法条文说明、立法理由及相关规定》，北京大学出版社，2021，第1156~1157页。

担忧是不必要的。这是因为，催收非法债务罪的增设原本就是为了实现罪刑均衡，而不是为了填补处罚漏洞，以刑罚设置相对轻缓的该罪论处，事实上只会使行为人受到更轻的惩罚，而不是不会受到惩罚。对于该罪中非法债务的范围不是认定得越宽越好，这是必须澄清的一种认识误区。具体来看，就赌债而言，按照本文界定仍可将其涵盖其中。尽管《刑法》将产生此类债务的赌博罪规定在妨害社会管理秩序罪中，但赌博作为博彩业，属于广义上的违法金融活动。立法机关也承认这一点，因而要求行为人以营利为目的。就毒债、嫖债而言，由于产生此类债务的相关行为并不属于违法金融活动，不应将其纳入催收非法债务罪意义上的非法债务。对于非法催收此类债务的行为，应当根据《关于办理实施"软暴力"的刑事案件若干问题的意见》，以总体处罚更重的其他罪名处理，这反而更有利于打击相关犯罪。

综上可知，就前述关于非法债务的三种主张而言，严格解释认为非法债务事实上仅包括高利贷，无法将赌债等其他因违法金融活动而产生的债务包括在内，其范围界定显然过窄，与催收非法债务罪的规范保护目的不符。与此相反，宽松解释则走向另一个极端，将非法债务泛化理解为一切不受法律规范保护的债务，这显然脱离了同类解释规则的限制。相较而言，中间解释的主张具有结论上的妥当性。然而，由于中间解释未能准确揭示非法债务的逻辑内涵，从刑法教义学研究的规范性要求来看，其同样并不足取。

（二） 经由非法债务的逻辑含义确立侵财犯罪的出罪事由

在催收非法债务罪的规范保护目的指引下，基于同类解释规则提出的类属相同性要求，该罪中非法债务的逻辑含义得以澄清，其指的是因违法金融活动而产生的债务。此类债务的特点是，一方面，从法律规范层面来看，其来自违法金融活动，不受法律保护；另一方面，从当事人双方来看，其经由双方合意而形成，是民事主体之间意思自治的体现。亦即其既具有非法性，又具有合意性。形成此类债务的金融活动之所以被视为非法活动，是出于维护金融市场秩序的考虑。金融市场秩序作为一种超个人法益，借贷双方无权对其作出处分，因此即便双方存在合意，也无法改变借贷行为的违法属性。与此不同，仅就借贷内容的具体事项而言，其指向的是借贷双方能够自主加以支配的财产。倘若出借人按照双方合意取得借款人给付的本息，其并不会侵犯借款人的财产处分权。由此可见，当收取存在合意的非法债务时，虽然其非法性的一面决定了出借人并不享有请求权基础，但其合意性的一面却决定了借款人并不会遭受财产损害。正是非法债务的合意性这一点，为相关催收行为不构成侵财犯罪提供了依据。

　　非法债务的合意性之所以能够成为侵财犯罪的出罪事由，其法理依据在于"愿者不生损害"（volenti non fit iniuria）。作为一项古老的法律格言，volenti non fit iniuria 可追溯至古罗马法学家乌尔比安所著《学说汇纂》一书，其原初含义指的是"按照被侵辱人的意愿实施的侵辱是不存在的"，亦即"愿者不生损害"，以示对被害人意思自治的尊重。随着近代欧陆国家法典化运动的发展，意思自治被纳入民法典，没有在民法典之外再加以明确之必要，volenti non fit iniuria 随之由一项民法基本原则蜕变为现代侵权法上的一项具体规则。此后，经德国侵权法中违法性理论的改造，volenti non fit iniuria 最终成为排除违法性事由，其由此获得了"自愿不生违法"的新理解。与民法强调意思自治不同，刑法除保护个人利益外，还以维护公共利益和公共秩序为己任，其不可避免地要对个人意思自治加以限制，因而鲜有国家将个人意思自治纳入刑法典之中。① 与此相适应，在刑法教义学中，volenti non fit iniuria 仍保持着其"愿者不生损害"的原初含义，并借助被害人合意理论得以存续，成为一种构成要件阻却事由。其之所以具备这种效果，是因为合意体现了法益主体对法益的自由支配，获得合意而实施的行为是符合法益主体意愿的，因而从一开始就不存在法益侵害，行为人的行为也不属于侵害行为，而是在实现法益主体的自治权。也就是说，被害人的意愿不仅消除了相应行为的结果无价值，也消除了其行为无价值，使其不能再成为刑法意义上的犯罪行为。② 在刑法教义学中，此种

---

① 李超：《volenti non fit iniuria 的比较法研究——以历史演化为视角》，载费安玲主编《学说汇纂》第 4 卷，元照出版有限公司，2012，第 259、278、281~282 页。
② 车浩：《阶层犯罪论的构造》，法律出版社，2017，第 222~223 页。

阻却构成要件符合性的事由被称为被害人合意。①

从刑法限制性地承认个人意思自治的角度来看，一项合意是否会产生上述效果，取决于法益主体是否对其法益拥有完全的个人自决权。在拥有完全的个人自决权的前提下，法益主体如何处分其法益，在犯罪构成要件层面根本就不值得关注。此时，如果法益主体假借他人之手来实现自己的意志，他人实施的行为自然也具有阻却构成要件符合性的效果。从规范意义上说，他人实施的处分法益主体之法益的行为，也就不再受到刑法禁止。② 通常而言，判断法益主体是否对其法益拥有完全自决权的标准，取决于其处分行为是否会危及公共利益。以此为标准，即便是看起来与他人无涉的自杀行为，也会在一定程度上对社会造成损害。因为社会必然会为了抢救自杀者、消除自杀的负面影响而提供各种服务，为此需要直接支付诸如整理、抢救、恢复、修理等社会成本。并且，更为重要的是，这种行为还意味着个人意图从社会中撤退出去，而这将直接侵蚀社会存续的基础，从而损害那些愿意继续在社会中生存的人。③

与此不同，相较于具有较强社会关联性的人身法益，个人对其财产法益拥有更为自主的处分权。在诸如高利放贷等违法金融活动中，虽然借贷双方的行为会对正常的金融市场秩序造成侵害，从而危及公共利益，但这种不利影响属于借贷行为的外部效应。就借贷双方而言，当借款人为了自身利益而与出借人达成借款合意时，即便借款原因非法或者利息过高，只要借款人对此明知且表示同意，这种合意对其个人而言就依然是有效的，这是对其个人自治权或者说财产的自我决定权的尊重。正如当所有权人毁坏自己的财物时，不能以该行为会恶化其经济状况为由横加干涉，纵然借款行为有可能会恶化借款人未来的经济状况，该行为及其所创设的风险也仍处于借款人自我负责的领域。换言之，出于对借款人自我决定权的尊

---

① Vgl. Friedrich Geerds, Einwilligung und Einverständnis des Verletzten, 1953, S. 201 ff.

② 〔德〕沃斯·金德霍伊泽尔：《评合意和承诺的区分》，蔡桂生译，《中国刑事法杂志》2010 年第 4 期。

③ 〔美〕乔尔·范伯格：《刑法的道德界限（第三卷）：对自己的损害》，方泉译，商务印书馆，2015，第 23～24 页。

重，当借款人自愿与出借人达成借款合意时，借款人就应当为该行为所创设的与其个人财产有关的风险负责。如果借款人按照约定取得出借人的财产，自然就不存在对借款人财产权的侵害。并且，与通常可撤销的被害人同意不同，通过借款合意，双方缔结形成双务有偿合同，即便此类合同非法，也不允许获得借款的一方随意撕毁合同，以确保作为社会基本交往规则的契约精神得以维护。在此情况下，认为被害人可以在任何时候撤销其同意，是不合情理的。①

就适用效果而言，不将出借人取得非法债务的行为作为侵财犯罪处理，并不会背离催收非法债务罪的规范保护目的，具体理由包括以下五个方面。（1）这并不意味着刑法认可非法债务的存在。实际上，早在非法债务的形成阶段，就已经有相应刑法罪名加以规制。根据《非法放贷意见》的规定，如果出借人出借款项的行为属于"经常性地向社会不特定对象发放贷款"，则有可能构成非法经营罪。这种旨在从源头上遏制非法债务形成的做法，有助于预防借款人陷入债务深渊，尽可能保障其合法权益免遭非法侵害。（2）这也不意味着出借人可以肆意催收。针对催收非法债务的方式，经由催收非法债务罪所做的明确限制，刑法已然为借款人的其他合法权益提供了保护。（3）这在尊重借款人个人自决权的同时，也传达了对其予以非难的态度，因而同样有助于阻止非法债务的形成。借款人明知其所借债务属于非法债务，而依然执意与出借人达成借款合意，对于非法债务的形成而言，其同样负有不可推卸的责任。通过不予保护的方式，让借款人自负其责，既意味着对借款人的谴责，也有助于警示此类潜在借款者。（4）不作为侵财犯罪处理的非法债务，仅限于借款人知情且同意的债务，如果出借人超出该范围取得借款人的财物，依然有可能构成侵财犯罪。这有助于防止出借人假借收取债务而肆意攫取超出合意范围的财产，侵害借款人的财产权益。（5）正是由于非法债务的形成是借款人和出借人

---

① Vgl. Hans Welzel, Das Deutsche Strafrecht, 11. Aufl., 1969, S. 96；刘仁文：《催收非法债务罪的法益厘清与规范展开》，《法学杂志》2023 年第 1 期。该问题涉及合意与契约的关系，进而涉及制度性利益衡量问题，值得专题探讨。对此可进一步参见 Alfred A. Göbel, Die Einwilligung im Strafrecht als Ausprägung des Selbstbestimmungsrechts, 1992, S. 142 f。

达成合意的结果，出借人实施的非法催收行为虽然仍具有侵害借款人人身权利和妨害社会管理秩序的一面，但与一般的寻衅滋事相比，出借人的可责难性相对偏低，基于罪刑均衡的考虑，对催收行为设立较轻的法定刑，可以彰显立法的衡平性与科学性。

综上所述，催收非法债务的行为之所以不构成侵财犯罪，是因为非法债务的形成源于借款人与出借人达成的合意，属于借款人在知情且自愿的前提下对其财产所做的处分。对于催收非法债务的行为而言，是仅构成催收非法债务罪，还是构成处罚更重的侵财犯罪，被害人合意的有无成为区分关键。鉴于围绕被害人合意所做的教义学研究成果颇丰，同时囿于篇幅，下文不再就被害人合意的基础理论展开讨论，而是拟结合已有研究成果，以最具代表性的催收"套路贷"为例，通过分析检验本文主张对于相关司法问题的解释力。

四　被害人合意事由的司法贯彻——以"套路贷"为例

上文业已指出，在认定催收非法债务罪意义上的非法债务时，关键在于该债务是否基于借款人合意而形成。根据被害人合意的理论构造，知情、自愿且对于涉案财产享有处分权，是债务合意得以成立的必备要素。在涉及债务问题的司法实践中，需要考虑借款人合意是否成立的情形主要包括催收因"套路贷"而产生的债务、催收超出借款合意范围的债务、催收因个人无权处分的财产而产生的债务以及向亲友催收因借款人合意而产生的债务等。在这些情形中，与"套路贷"有关的问题因其复杂性而尤为值得探讨，其他情形因为明显超出了借款人合意的范围，通常无法排除侵财犯罪成立的可能性。鉴于此，本部分主要以催收"套路贷"能否适用侵财犯罪出罪事由为中心展开讨论，以此展示被害人合意事由在解决实践问题上的指导效力。当然，由于一旦行为人催收的并非催收非法债务罪意义上的非法债务，其催收行为就丧失了适用催收非法债务罪的前提，如此一来，本部分所讨论的内容实际上也事关催收非法债务罪能否适用的问题。

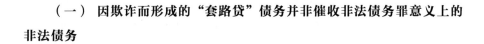

（一）　因欺诈而形成的"套路贷"债务并非催收非法债务罪意义上的非法债务

近年来，"套路贷"问题持续引发司法关注，"两高""两部"为此于2019年出台了《关于办理"套路贷"刑事案件若干问题的意见》（以下简称《"套路贷"意见》）。该意见明确将"套路贷"与民间借贷区分开来，并根据催收"套路贷"行为的不同情况，分别以诈骗罪等罪名处理。[①] 在《刑法》增设催收非法债务罪后，"套路贷"债务是否属于该罪意义上的非法债务，成为值得探讨的问题。有观点认为，不能以"套路贷"为由完全否认催收非法债务罪的适用。[②] 这种观点将在放贷过程中使用某些套路的行为直接等同于"套路贷"，未能准确理解"套路贷"的实质内涵。实际上，"套路贷"就是贷款陷阱，是假借贷款而实施的诈骗。诈骗是"套路贷"的核心意涵，因而"套路贷"实为以诈骗罪为核心的侵财犯罪[③]，其并不同于为了违法收取"砍头息"等而使用的某些套路。"套路贷"之所以构成诈骗罪等侵财犯罪，是因为在"套路贷"中，行为人通过虚构事实或者隐瞒真相的方式，使被害人陷入认识错误，进而作出了与其真实意思不同的处分决定。基于行为人的原因，被害人对真实情况缺乏了解，此时并无真实合意可言，因而无法满足催收非法债务罪中非法债务的成立条件。这就排除了适用侵财犯罪出罪事由的可能性。

例如，在"韦建国等敲诈勒索案"中，被害人郭某向被告人韦建国借款14万余元，韦建国伙同他人以"行规"等虚假理由诱使郭某签订虚高借贷协议，并通过资金走账流水的方式制造22万元虚假给付事实，后以殴

[①] 《"套路贷"意见》第4条规定："实施'套路贷'过程中，未采用明显的暴力或者威胁手段，其行为特征从整体上表现为以非法占有为目的，通过虚构事实、隐瞒真相骗取被害人财物的，一般以诈骗罪定罪处罚；对于在实施'套路贷'过程中多种手段并用，构成诈骗、敲诈勒索、非法拘禁、虚假诉讼、寻衅滋事、强迫交易、抢劫、绑架等多种犯罪的，应当根据具体案件事实，区分不同情况，依照刑法及有关司法解释的规定数罪并罚或者择一重处。"

[②] 劳东燕主编《刑法修正案（十一）条文要义》，中国法制出版社，2021，第254页。

[③] 陈兴良：《套路贷犯罪研究》，《法制与社会发展》2021年第5期。

打、威胁的方式进行催收，郭某最终还款 22 万元。审理该案的法官认为，被告人在签订、履行借贷协议过程中虚增借贷金额、制造虚假给付痕迹，并使用暴力、胁迫手段催收，其行为属于财产犯罪，不能为催收非法债务罪所涵盖，据此最终认定为敲诈勒索罪。① 在该案中，被告人以所谓的"行规"欺骗被害人签订了远高于实际借贷金额的协议，被害人在签订协议时误以为不需要按照协议金额还贷，由此陷入借贷陷阱。超出实际借贷金额的 7 万元并不属于因被害人合意而产生的非法债务，而是通过"套路"获得的非法利益，属于典型的欺诈所得。审案法官没有采纳该案系民间借贷的辩护意见，而将其定性为财产犯罪，是值得肯定的。

而在"张彪等敲诈勒索案"中，被告人张彪等人通过制造民间借贷假象、肆意认定违约等方式向借款人索取远高于实际借贷金额的款项，并在催收过程中使用了威胁、辱骂、扇耳光、喷漆、强行扣车等手段逼迫借款人就范。对此，审案法官一方面认为该案涉嫌"套路贷"，被告人的行为构成敲诈勒索罪，另一方面又将后续的催收行为单独认定为催收非法债务罪。② 既然涉案债务系因"套路贷"而产生，则借款人在签订借款协议时并不知道真相，因而并不存在被害人合意，由此产生的债务并非催收非法债务罪意义上的非法债务，设立此类债务的行为依然可能构成侵财犯罪，此后的非法催收行为自然也不构成催收非法债务罪，而应根据催收行为的具体实施方式进行相应处罚。这意味着，因"套路贷"而触犯的侵财犯罪与催收非法债务罪是互斥关系。审案法官认为两种互斥的犯罪可以同时成立，其定罪思路值得改进。

值得注意的是，就上述两起"套路贷"案件的行为定性而言，由于在虚设债权之后，被告人均又实施了暴力、胁迫等催收行为，审案法官均据此认为构成敲诈勒索罪。这实际上是将通过"套路贷"虚设债权的行为视为后续侵财犯罪的预备行为。在刑法学界，同样有观点持这种理解，认为虚假债权并非财产犯罪的对象，骗签虚假贷款凭证不能构成诈骗罪的既遂犯，因为虚假债权并不具有法律效力，借款人并不负有还款义务，且作为

---

① 韦建国等敲诈勒索案，(2020) 京 03 刑终 393 号刑事裁定书。
② 张彪等敲诈勒索案，(2021) 闽 05 刑终 399 号刑事判决书。

无权请求的事项，其本身亦不具有经济价值。既然只有后续的索债行为才能导致借款人产生实际财产损失，虚设债权的行为至多仅能作为后续犯罪的预备犯来处理。[①] 这种见解的问题在于未能准确把握诈骗罪中财产损失的含义。实际上，其并非指终局性地对被害人的财产造成不利后果，而仅是指对其财产造成直接的不利影响，导致出现了财产减损的状态，即被害人的总资产价值降低。[②] 正如在通过暴力迫使被害人书写收条的情形中，虽然根据《民法典》第 150 条的规定，对于因受胁迫所做的民事法律行为，受胁迫者享有撤销权，撤销后其仍可主张债权，因而并未遭受终局性的财产损失，但这并不妨碍将行为人的行为认定为财产性利益抢劫罪。例如，在"习海珠抢劫案"中，审案法官即将被告人使用暴力手段逼迫被害人书写收条的行为认定为抢劫罪的既遂。[③] 可见，只要承认财产性利益可以成为财产犯罪的对象，则通过"套路贷"制造的虚假债权一旦设立，"套路贷"的诈骗罪即告既遂。此后为实现虚假债权而实施的催收行为，仅属于诈骗罪的事后行为。[④] 至于事后行为是否可罚，应当根据该行为是否另行满足某罪的构成要件进行判断，以满足全面评价和禁止重复评价的要求。[⑤] 据此，在诈骗既遂后，为将非法利益变现而对被害人实施殴打、威胁，即便前后两个行为具有目的关联性，也不能将其整体评价为敲诈勒索罪，而应视殴打、威胁行为是否单独满足其他犯罪的构成要件而决定是否与诈骗罪并罚。

---

① 邓毅丞：《"套路贷"的法教义学检视：以财产犯罪的认定为中心》，《法学家》2020 年第 5 期。

② Vgl. Wilfried Küper, Strafrecht BT, 7. Aufl. , 2008, S. 395; Kristian Kühl, in: Lackner/Kühl – StGB, 29. Aufl. , 2018, § 263 Rn. 36.

③ 陈兴良等主编《人民法院刑事指导案例裁判要旨通纂》（第二版），北京大学出版社，2018，第 1085 页。

④ 陈兴良：《套路贷犯罪研究》，《法制与社会发展》2021 年第 5 期；张明楷：《侵犯人身罪与侵犯财产罪》，北京大学出版社，2021，第 281 页。

⑤ 该处理方案在德国刑法理论中被称为构成要件解决法。与此不同，在我国刑法学界，盛行的是根据后行为侵害的法益是否与前行为的一致进行判断，当两者一致时，则后行为属于不可罚的事后行为，否则则数罪并罚。这种处理方案在德国刑法理论中被称为竞合论解决法，其最为主要的问题在于容易导致重复评价。相较而言，构成要件解决法更为可取。这两种方案涉及同一财产能否被重复取得的问题，对此可参见 Nikolaus Bosch, in: Schönke/Schröder – StGB, 30. Aufl. , 2019, § 246 Rn. 19；马寅翔《财产罪中重复取得行为的性质界定》，《当代法学》2015 年第 1 期。

（二） 非法占有目的并非区分"套路贷"与非法债务的关键因素

在解读《"套路贷"意见》时，最高人民法院法官指出，"行为人有无非法占有他人财物的目的，这是'套路贷'与民间借贷的本质区别"①。刑法学界通常也认为，非法占有目的是区分"套路贷"与一般非法债务的关键。② 这种理解是从构成要件符合性出发，对是否构成"套路贷"犯罪进行的入罪化判断。由于非法占有目的反映出行为人意图无对价地取得他人财产，因而具有侵财犯罪的主观违法性。与此不同，在一般非法债务中，出借人在主观上具有营利目的。为实现该目的，出借人通常需要向借款人交付一定数额的本金，以此作为对价，从而获得相应利息。即便是高利放贷者，也同样具有这种营利目的。这是因为，高利放贷本质上是一种风险投资，其利息之所以比较高，一方面是因为违约风险高，借贷者往往不需要提供抵押和担保，手续简单便捷，因而有其市场和需求空间。但正因如此，放贷者的坏账风险也较高。为转嫁风险，抬高利率就成为理性之举。另一方面则是因为交易成本高，其信息搜索成本、谈判成本与违约惩罚成本都相当高，由此导致利率也相应较高。③ 可见，就高利放贷而言，不能因利息较高而否认放贷者的主观目的在于营利，因此不能将高利放贷与以非法占有为目的的"套路贷"相提并论。

然而，从侵财犯罪的出罪事由这一角度来看，行为人是否实施了"套路贷"，其主观上是非法占有目的还是营利目的，并不能终局性地决定其行为是否构成侵财犯罪，关键在于借款人在借款当时是否明确知晓"套路"的存在并予以接受。如果借款人在借贷过程中识破了行为人的"套路"，行为人进而采用暴力、威胁等手段强迫借款人签订借款协议，借款人被迫签订的，此时的债务并非基于借款人自愿与行为人达成的合意而形成，

---

① 朱和庆、周川、李梦龙：《〈关于办理"套路贷"刑事案件若干问题的意见〉的理解与适用》，《人民法院报》2019年6月20日，第5版。
② 陈兴良：《套路贷犯罪研究》，《法制与社会发展》2021年第5期。
③ 林展：《高利贷的逻辑——清代民国民间借贷中的市场机制》，科学出版社，2021，序二，第Ⅴ~Ⅵ页。

因而仍可能成立侵财犯罪。具体而言，当完全剥夺了借款人的财产处分自由时，涉嫌构成抢劫罪；如果只是部分压制了借款人的财产处分自由，则只涉嫌构成敲诈勒索罪。至于对借款人的财产处分自由是完全剥夺还是部分压制，则应以借款人当时是否还具有他行为可能性加以判断。如果借款人在当时并不具有他行为可能性，亦即根本没有选择不接受的空间的，则属于财产处分自由完全被压制。而当借款人尚具有他行为可能性，在经过利益衡量后接受行为人所提条件的，则仅属于财产处分自由受到了部分压制。

与此不同，如果借款人虽然识破了行为人的"套路"，但经过考虑仍然选择借款的，其事实上已与出借人达成合意，甘愿承担因"套路"而产生的更高利息。实践中，借款人自愿参与实施的"转账平单""以贷还贷"等行为即属于此种情形。由于借款人合意的存在，此种情况已不属于虚增债务的"套路贷"，不能因出借人具有非法占有目的而否认非法债务的存在。[①] 当出借人催收此类债务时，仍可以适用侵财犯罪的出罪事由。由此可见，非法占有目的与被害人合意是可以并存的。这是因为，从侵财犯罪的教义学构造来看，非法占有目的属于犯罪成立所必需的主观构成要件要素，而被害人合意则属于排除犯罪成立的构成要件阻却事由，两者分别发挥入罪判断与出罪判断的功能。当后者存在时，客观的不法损害即被排除，因而缺乏构成要件符合性。[②]

此外，即便借款人在借款当时对出借人使用的某些"套路"并不知情，只要其借款目的并未落空，通常也不应将出借人的行为视为"套路贷"。在实践中，放贷者为规避法律限制，往往以"低利息"引诱借款人，在放贷时则以"征信费""手续费"等"套路名目"违法收取"砍头息"，从而掩盖较高的真实利率。对此，借款人在初次借款时往往信以为真，而不知道被收取了"砍头息"。在此情况中，即便出借人并未将收取的费用按照名目加以使用，也不能就此认定借款人遭受了财产损失，而将出借人的行为认定为"套路贷"。这是因为，首先，借贷双方是围绕贷款这一重要事项进

---

① 邓毅丞：《"套路贷"的法教义学检视：以财产犯罪的认定为中心》，《法学家》2020 年第
5 期。
② Vgl. Claus Roxin/Luís Greco, Strafrecht AT I, 5. Aufl., 2020, § 13 Rn. 12.

行磋商的，只要出借人如约放款，就不存在诈骗罪意义上的欺诈行为。至于出借人如何使用特定费用，仅属于其内部事项。其次，借款人对于各种"套路名目"大多知晓，且能够理解这些名目所列费用系其获得贷款的条件，因而对于实际能够借得的款项并不存在错误认识，不属于被骗。最后，出借人未按约定用途使用特定费用，并不妨碍借款人借款意图的实现，其合同目的并未落空。这也是实践中借款人为何会反复向同一出借人借款的原因。

总体而言，在缺乏被害人合意的情形中，对于行为人实施的非法催收行为，应当排除适用侵财犯罪的出罪事由，而应以其实施的具体侵财类型，分别按照不同的侵财犯罪予以定性。与此相反，如果能够确定借款人对于借款事项存在合意，则对于此后实施的非法催收行为，通常仅应以催收非法债务罪加以处罚。当然，如果行为人实施的非法催收行为造成严重后果或者情节特别严重，根据想象竞合犯的处理规则，应当从一重罪处断。此处尤为需要指出的是，虽然在正式公布的催收非法债务罪的条文中，立法机关删除了《刑法修正案（十一）（草案）》关于该罪第2款竞合条款的规定，但这种改变并不会排除想象竞合犯的适用。因为被害人合意的存在仅是排除了催收非法债务的行为成立侵财犯罪的可能性，对于被害人的身体健康、人身自由、住宅安宁等重要法益，并不会因为该合意的存在而不再受国家保护。当这些法益遭受非法催收行为严重侵害时，仍有可能构成相关犯罪，其中当然也包括寻衅滋事罪。实践中，为了催收债务，出借人往往会采用播放高音喇叭、摆放棺椁、泼洒污物、破坏生活设施等方式，这不仅会对借款人造成侵害，也会严重影响其他民众的正常生活和工作秩序，当这些严重侵扰公共秩序的行为达到一定严重程度时，以寻衅滋事罪处罚并无不可。

最后需要强调的是，就非法债务中被害人合意的认定而言，除了知情、同意这两个必要条件外，原则上还要求借款人必须对涉案财产具有处分权限。如果财产为借款人单独所有，这通常不成为问题，但在司法实践中，有相当一部分借款人在借款协议中处分的并非自己所有（独有）的财产。当财产并非借款人所有时，如借款人承诺若违约则将其父母的房产变卖还款，因借款人对涉案财产缺乏处分权，此时的借款合意并不能产生阻却侵财犯罪成立的效果。当财产并非借款人所独有时，则需要视情形不同予以分别处理。如果借款人处分的是属于自己所有的那部分财产，则其借款合意仍然有效，相应取得行为得以阻却侵财犯罪的成立。如果借款人处分的财产总额超出了共有财产中为自己所有的那部分，则催收超出部分的财产通常不能阻却侵财犯罪的成立。但是，借鉴《民法典》第 1064 条关于夫妻共同债务的规定，如果夫妻一方所借债务用于夫妻共同生活、共同生产经营或者在债务形成之后催收之前另一方予以追认，则催收超出部分的财产仍可以阻却侵财犯罪的成立。可见，就财产处分权而言，在涉案财物系夫妻共同财产等较为特殊的情形中，应当视具体情况作缓和的理解。

通过对"套路贷"的分析可以发现，就催收非法债务的行为能否适用侵财犯罪出罪事由而言，关键在于借款人与出借人是否就非法债务达成了合意。而合意是否成立的判断标准，则在于借款人是否系在知悉协议内容的前提下自愿与出借人达成。明知、自愿且享有财产处分权，是阻却侵财犯罪成立必不可少的条件，由此划定了被害人合意这一出罪事由在侵财犯罪中的适用边界。鉴于侵财犯罪出罪事由一旦适用，便意味着刑法不再对涉案财产提供保护，就涉及第三方的财产处分而言，应当充分考察民法等前置法的相关规定，作出合乎公平理念要求的处理。

五　余　论

当前我国刑法学研究正持续地向教义学方向推进，大量的教义学研究成果相继问世。然而，纵观这些著述不难发现，专门以刑法各论内容为研究对象的占比较少。可以说，偏好刑法总论知识的研究是我国当前刑法教义学研究的一个显著特点。虽然刑法各论研究的重要性毋庸置疑，但由于无法像总论那样可以借鉴大量的外来知识，我们实际上是在一个相对封闭的学术环境中开展各论研究的，其整体上不能不说是处在一个较低的水平。[①] 为改变这一局面，我国学者曾专门提出"刑法各论教义学化"的命

---

① 陈兴良：《山色不言语：王作富教授学术印象》，载陈兴良主编《刑事法评论》第 31 卷，北京大学出版社，2012，第 188 页。

题，即将教义学方法应用于对个罪的分析，形成刑法各论的理论体系。这种以具体法条为中心展开的教义学研究，可以使刑法各论成为一种知识的展示与智力的竞争，从而极大地提升刑法各论研究的学术含量。① 以此增进我国刑法各论研究的系统化、深入化和规范化，从而使其更具逻辑性、专业性和学术性，并能够使具有方法论意义的总论教义学内容在各论的具体罪名研究中得以运用。然而，尽管距该命题的提出已逾十载，刑法各论研究的教义学化却依然任重道远。与此同时，由于当前刑法立法的活跃化，以解释立法见长的刑法各论教义学研究尚未取得长足进展，就遭遇了立法论研究的汹涌回潮。一时间，针对各罪的立法论研究大行其道，批判立法的风气强势复归，教义学研究的生存空间愈发逼仄。在此背景下，刑法各论的教义学研究尤需发力。

正是基于上述考虑，本文从催收非法债务罪中非法债务的认定争议着手，挖掘出蕴藏其中的侵财犯罪阻却事由这一教义学命题，在被害人教义学理论的指引下，通过运用同类解释规则，最终将被害人合意确立为具体的侵财犯罪阻却事由，并对该主张的法理依据进行了论证，且结合"套路贷"案件对该阻却事由的司法适用边界进行了讨论。本文的这种研究进路旨在彰显刑法教义学的研究特色，即其并不满足于将原理逐个阐述，逐个加以讨论，而是试图对构成罪行理论的全部知识进行分类，以形成一个"有序的整体"，从而使各个教义之间的内在联系变得清晰可见。② 可以说，就本文研究的催收非法债务罪中侵财犯罪的出罪事由而言，经由被害人合意理论，刑法总论的理论主张在各论研究中得以贯彻，相关罪名之间的关系也得以澄清，以此实现了教义学研究的体系化整合，增强了本文主张在教义学上的可交流性与可检验性，为将来可能的教义学探讨提供了素材，也为研究结论的进一步优化奠定了基础，并最终为司法实践提供成熟可靠的理论知识创造了可能。

（审校：孙扬笑）

---

① 陈兴良：《刑法知识的教义学化》，《法学研究》2011年第6期。
② Vgl. Claus Roxin/Luís Greco, Strafrecht AT I, 5. Aufl. , 2020, § 7 Rn. 3.

差额选举原则的规范内涵与制度再推进

李 响 周 默*

摘要： 经过历史上曲折的发展过程，差额选举的理念逐渐被接受，并成为党内和国家的一项选举制度。1980 年代中后期起，差额选举作为制度得到有效推进，近期又被提升和确立为我国的一项选举原则。差额选举原则要求选举原则上采用差额方式，并且本身有与其相衔接、相配套的一系列具体原则和有其权利侧面。然而，当前阶段的差额选举制度实践与差额选举原则规范内涵的要求之间仍然存在明显差距，在坚持以党内民主带动人民民主发展和发展全过程人民民主过程中，有必要进一步把握推进差额选举的时代意义，实质扩大差额选举的范围，适当优化差额选举的比例，健全差额选举的配套机制，以使差额选举制度得到再推进。

关键词： 差额选举；规范内涵；全过程人民民主

引 言

党的二十大报告指出，"全过程人民民主是社会主义民主政治的本质属性，是最广泛、最真实、最管用的民主"，我们要"扩大人民有序政治参与，保证人民依法实行民主选举、民主协商、民主决策、民主管理、民主监督，发挥人民群众积极性、主动性、创造性，巩固和发展生动活泼、安定团结的政治局面"。[①] 习近平总书记指出："保证和支持人民当家作主，通过依法选举、让人民的代表来参与国家生活和社会生活的管理是十分重

---

* 李响，暨南大学法学院/知识产权学院副教授、硕士生导师；周默，暨南大学法学硕士，广东省惠州市人事考试事务中心职员。

① 习近平：《高举中国特色社会主义伟大旗帜 为全面建设社会主义现代化国家而团结奋斗——在中国共产党第二十次全国代表大会上的报告（2022 年 10 月 16 日）》，《人民日报》2022 年 10 月 26 日，第 1~5 版。

要的，通过选举以外的制度和方式让人民参与国家生活和社会生活的管理也是十分重要的。人民只有投票的权利而没有广泛参与的权利，人民只有在投票时被唤醒、投票后就进入休眠期，这样的民主是形式主义的。"① 由此，发展全过程人民民主，绝不意味着民主选举的重要性有所下降，相反，我们要进一步深化认识和加以完善，并使之与其他民主环节更好地结合起来，达到环环相扣、彼此贯通的效果。

事实是，在建党百年之际发表的《中国共产党尊重和保障人权的伟大实践》之中，民主选举作为全过程人民民主的重要方面，其原则首次以中国政府白皮书的形式被全面概括，内容为"普遍、平等、直接选举和间接选举相结合以及差额选举、秘密投票"②。这标志着，在党规国法均已规定差额选举制度并推行四十余载后，差额选举也与普遍、平等、秘密投票/无记名投票等一道，被确立为我国的选举原则。③在此背景下，本文将扼要回顾"差额选举"作为选举制度的形成与推进过程，进而探讨其作为选举原则的规范内涵和当前阶段实践与之相较存在的差距，以及如何在发展全过程人民民主过程中将这一制度予以再推进。

一　差额选举制度的曲折形成与有效推进

（一）　差额选举制度的曲折形成

"普遍、平等、直接和无记名投票"是通行的民主选举原则，曾得到

---

① 习近平：《在庆祝中国人民政治协商会议成立 65 周年大会上的讲话》，《人民日报》2014年 9 月 22 日，第 2 版。

② 参见《中国共产党尊重和保障人权的伟大实践（2021 年 6 月）》；《中国的全面小康（2021 年 9 月）》则表述为"普遍、平等、直接选举和间接选举相结合以及差额选举、无记名投票的原则"。

③ 此前，论者所称（我国）选举（制度）的（基本）原则，往往不含差额选举原则。如陈庆立编著《中国选举制度》，中国民主法制出版社，2017，第 43 页以下；屠振宇《选举制度》，江苏人民出版社，2019，第 26 页以下。

列宁的明确肯定①并被写入 1936 年《苏维埃社会主义共和国联盟宪法》。②早在新中国成立以前，我们就据此衡量各国（包括民国政府）选举的民主程度③，此后也重点介绍苏联、朝鲜、民主德国等社会主义阵营国家对此的实现情况。④ 1951 年 2 月，刘少奇在北京市第三届人民代表会议上关于民主选举问题的讲话，即围绕这四项选举原则来谈。⑤ 1953 年 2 月，邓小平对当时的《选举法（草案）》所作说明亦表示："苏联完善地实行了普遍的、平等的、直接的与不记名的选举制度。这是世界上最好的选举制度。"而"我们［目前阶段］的选举还不是完全直接的，投票的方法也还不是完全无记名的"，不过"随着我国政治、经济、文化的发展，我们将来也一定要采用像苏联那样的更为完备的选举制度"⑥。再往后，刘少奇所做的制宪说明，同样延续了这种思路。⑦

然而，尽管中国共产党在土地革命战争时期以来，特别是抗日战争时期的各种选举中就曾广泛实行差额选举⑧，但直至新中国成立之初，对其评价依然褒贬不一。因此，前述北京市人民代表会议实行的选举"新办法"，主张的是在"慎重协商，并在群众中加以讨论，直到候选人名单酝

---

① 《列宁选集》第 1 卷，人民出版社，2012，第 533、535 页。

② 《苏维埃社会主义共和国联盟宪法》第 134 条："一切劳动者代表苏维埃……苏维埃的代表，都由选民按照普遍、平等、直接选举制，采用无记名投票方法选举。"

③ 如《时事问答》，《人民日报》1947 年 2 月 9 日，第 4 版；燕凌：《大独裁者的护身符——蒋记伪宪介绍》，《人民日报》1947 年 3 月 25 日，第 2 版。

④ 张仲实：《苏联的社会制度和国家制度》，《人民日报》1949 年 10 月 3 日，第 7 版；金日成：《朝鲜劳动党的政治路线和组织路线》，青燕译，《人民日报》1950 年 7 月 27 日，第 6 版；《为德国的统一与自由而奋斗 德国定十月十五日举行大选 临时人民议会一致通过选举法》，《人民日报》1950 年 8 月 18 日，第 4 版。

⑤ 《刘少奇选集》下卷，人民出版社，1985，第 54～56 页。

⑥ 邓小平：《关于"中华人民共和国全国人民代表大会及地方各级人民代表大会选举法"草案的说明》，《人民日报》1953 年 3 月 3 日，第 1 版。

⑦ 他当时表示："我国的选举制度是要逐步地加以改进的，并在条件具备以后就要实行完全的普遍、平等、直接和秘密投票的制度。"见《刘少奇选集》下卷，人民出版社，1985，第 156 页。

⑧ 鲁航生、华贤冲：《脚踏实地加强社会主义民主建设》，《人民日报》1987 年 10 月 16 日，第 5 版；焦洪昌、叶强：《民主政治的常识与共识——论差额选举制度的重大现实意义》，《人民论坛·学术前沿》2012 年第 15 期；周昕兰：《当代中国选举制度的历史演进与建设成就》，《学习与探索》2018 年第 6 期。

酿成熟、为大多数群众所接受"的基础上，"提出来的候选人的名额以与代表的名额相等为宜，而不必采取候选名额一定多于代表名额的形式主义的办法。因为候选人名额如果多于代表名额，容易使少数的但有代表性的人物选不出来"①。1953年启动全国普选时，中央也明确指示"选举委员会提到选举大会上的代表候选人的名额，一般应与当选代表人数相等，即这个选举区域应选几个代表，就提出几个代表候选人"②。

1957年6月至7月召开的一届全国人大四次会议，据说是"共产党的代表……提出候选人数应当多于当选名额的具体建议。可是有些代表却不同意这个建议，他们认为这样做会使许多党外人士落选"③。而同期，却有党外人士针对等额选举提出批评，认为"这样'对代表候选人就无所选择，也无从选择'"，导致了"选举是'形式主义'，是'变相的任命'……'群众在选举中都是盲从'"。反驳者则表示：一方面，"候选人数和当选名额相等，这是各方面协商的结果，并不是共产党单独决定的……由于在选举前经过这样充分的酝酿和讨论，选民意见已经大体趋于一致，所以［一般而言，］代表候选人名单上的人也正是选民所同意的人，这正是我们的选举方法比资本主义国家的选举方法高明得不可比拟的地方……［而］对于公布的代表候选人正式名单仍有不同意见的选民，在选举的时候，［还］可以另选自己愿意选的其他任何选民"。另一方面，"即使在选举前进行了充分的酝酿和讨论，［不排除］当联合提出的候选人名单中，候选人数也还可以多于当选名额，以便选民在投票时有更大的选择余地"④。可以看到，等额选举和差额选举恰恰都曾被认为是形式主义，这种截然相反的认识，源于如何评价选举前物色、协商、酝酿等活动的效果：若是认为这

---

① 《北京市人民代表选举的新办法》，《人民日报》1951年2月4日，第1版。
② 《关于基层选举工作的指示 一九五三年四月三日》，《人民日报》1953年4月6日，第1版。
③ 另有说法是：刘少奇在主持一届全国人大常委会第七十五次会议时谈到来年全国人大代表换届选举问题，表示候选人可以多于应选人数，例如选10个代表可以提20个乃至25个候选人，但在提出名单时，还是要经过协商。随后，在一届全国人大四次会议上，许多代表赞成实行差额选举，但对差额比例有不同意见。参见刘政《第一任全国人大常委会委员长刘少奇促进民主法制建设二三事》，《中国人大》2006年第11期。
④ 李由义：《论我国的选举制度》，《人民日报》1957年11月29日，第7版。

些活动大体已经足以达到让候选人名单之外"无遗贤"，差额选举就显得比较形式主义，只需要保证选举人拥有非常例外情形下的"另选他人"权利即可；然若持相反的观点，差额选举对于充分保证选举人与参选人的权利就相当重要，等额选举则确实在有变相任命之嫌的意义上显得形式主义。①

20多年后，随着拨乱反正和改革开放，我们重新认识到"1953年制定的选举法，没有规定差额选举，实行的是等额选举。这是照抄苏联的办法，弊端很多"。而此后的事实也证明，"在选举制度改革进程中，影响最大、争论也最激烈的［正］是差额选举"②。先是学者在1979年5月提出："资产阶级国家在管理'各种公共事务'方面积累了一些有益的经验，创造了一些有效的形式，我们为什么不能有选择地拿来为社会主义服务呢……［比如，］候选人名额多于代表名额，让选民有选择余地，不是比候选人名额和代表名额相等的办法更民主吗？"③　不久，在五届全国人大二次会议上，彭真对《全国人民代表大会和地方各级人民代表大会选举法》所作说明明确提出"将候选人和应选人等额选举的办法改为候选人的名额多于应选人的名额"④；《选举法》通过后，程子华进一步解释称：这个规定"总结了多年来选举中正反两个方面的经验……好处是：可以使选举人在选举中有所选择，选出自己最满意的人当代表；选举结果，在代表候选人中势必出现当选和落选两种情况，这又可以激励代表加强群众观点，把对上负责和对群众负责更好地结合起来，自觉地同原选区选民或原选举单位

---

① 此前，国内曾经报道波兰议会选举从等额方式变为差额方式，"民主范围已经扩大"，"比如一个区应选五个议员，而候选名单上则有七八个候选人"，于是人民的政治积极性进一步提高；不过，随之出现"一些反动分子利用……［这一］选举规定，煽动人们在投票时把统一工人党党员的名字勾去""企图使共产党人在未来的议会中居于少数的地位"的情况。参见《波兰举行社会和政治积极分子会议　各地正在紧张地进行议会选举筹备工作》，《人民日报》1956年12月2日，第5版；胡思升《一月二十日的华沙》，《人民日报》1957年1月23日，第5版。

② 刘政：《实行差额选举：选举制度改革迈出重要步伐》，《中国人大》2002年第19期；王汉斌：《王汉斌访谈录——亲历新时期社会主义民主法治建设》，中国民主法制出版社，2012，第145页。

③ 吴家麟：《关于社会主义民主的几个问题》，《人民日报》1979年5月22日，第3版。

④ 《彭真文选（一九四一——一九九〇年）》，人民出版社，1991，第371页。

保持经常的联系，全心全意为人民服务"①。

事实上，五届全国人大二次会议不仅在《选举法》第 27 条规定了全国和地方各级人大代表候选人的名额应多于应选代表的名额（由选民直接选举的，应多于应选代表名额的 1/2～1 倍；由地方各级人大间接选举的，应多于应选代表名额的 1/5～1/2），同时在《地方各级人民代表大会和地方各级人民政府组织法》（以下简称《地方组织法》）第 16 条也规定了地方各级人民政府的正副职领导人员、人大常委会组成人员、法院院长、检察院检察长的候选人名额一般应多于应选人名额（如果所提候选人名额过多，可以进行预选，根据较多数人的意见，确定正式候选人名单）。紧接着，1980 年 2 月，党的十一届五中全会通过的《关于党内政治生活的若干准则》亦在第八点"选举要充分体现选举人的意志"之中明确规定：除了"党员数量少的单位"之外，"选举应实行候选人多于应选人的差额选举办法，或者先采用差额选举办法产生候选人作为预选，然后进行正式选举"。至此，经历一段曲折过程，差额选举终被"定为一条法律"②，即作为制度在党内和国家机构范围内③都初步形成。

（二） 差额选举制度的有效推进

差额选举制度形成后，接下来的推进更为关键，需要理论上的进一步宣传、解释和实践中的勇敢探索、及时纠偏。

就理论方面而言，先是《人民日报》于 1979 年 9 月发表题为《差额选举好》的评论员文章，指出差额选举一是有利于更好体现选举人意志，保障选举权。过去搞的等额选举，在实行中容易产生"上面定框子，工作人员发票子，到会代表画圈子"的弊病，甚至形式上搞选举、实际上走过场，严重破坏民主和践踏选举权利。而实行差额选举，能使选举人充分发表意见并自由行使选举权。二是有利于选拔优秀人才。候选人多于当选

---

① 程子华：《保障人民行使管理国家权利的重要法律》，《人民日报》1979 年 7 月 10 日，第 3 版。
② 彭真：《论新时期的社会主义民主与法制建设》，中央文献出版社，1989，第 42 页。
③ 后来《村民委员会组织法》也规定了差额选举制度。

人，人们就可以好中择优，上级组织也可以正确集中多数人意见，减少或避免考察、任免干部工作中的失误。三是有利于加强群众监督，增强当选人的群众观念。在实行差额选举过程中，能促使一些毛病较多的人认真倾听群众的意见，克服缺点错误，改进思想作风，提高水平；也能防止当选人从人民公仆变成"骑在人民头上的老爷"，并防止个别品质不好、靠玩弄"登龙术"往上爬的人钻进领导班子。① 1980 年 8 月，《人民日报》社论重申：《选举法》和《地方组织法》把过去实行的等额选举改为差额选举，是我国选举制度的一项重大改革。这样，选举人有了更多的挑选余地，能够"花中选花，好中挑好"，把最能为大家办事的人选为代表，把思想路线端正、坚持社会主义道路、具有一定专业知识和工作能力的年富力强的人选进各级领导班子；也能使干部置身于群众监督之下，增强其群众观念，努力当好人民公仆。实践证明，广大干部和群众对差额选举是非常拥护的。②

就实践方面而言，除了全国人大常委会后来在《关于加强法制教育维护安定团结的决定》之中重申"必须加以改变"的"领导勉强群众选举或者不选举这个人那个人""拒绝将选民依法提出的候选人列入候选人名单"等现象之外，各地在差额选举试点中纠正的不当做法还包括：一是在规定范围之内具体确定的差额比例过小，以至于接近等额；二是通过候选人介绍有所偏重、名单上排序带有倾向等方式搞"陪衬式"差额选举，被群众批评为"差额宣传，等额选举"；三是对于按照规定"一般应"采用差额选举的领导班子成员特别是正职领导人员，恰恰一般不采用差额选举。而当时的试点即已证明，差额选举能够让大家真切感受到"这样的选举是实实在在的民主，是真民主"，并达到了推动干部革命化、知识化、年轻化等效果，部分地方和单位还出现了受到拥护的"陪选者"乃至非候选人当选的情况，"既使干部受到了教育，又得到了群众的热烈欢迎"。经此过程，人们普遍有了"为人民服务的思想少不得，

① 本报评论员：《差额选举好》，《人民日报》1979 年 9 月 7 日，第 3 版。
② 《加强地方政权建设的一件大事》，《人民日报》1980 年 8 月 10 日，第 1 版。

政策偏不得，个人说了算要不得"的正确认识，并且，即使是落选者也大多表现出"人落选了，劲上来了"的积极态度。① 正是在此意义上，推行差额选举与直接选举范围扩大到县一级、县级以上各级人大设立常委会，后来被并称为新时期恢复和发展人民代表大会制度过程中的三个主要标志性事件②，其本身构成了发展社会主义民主、推进政治体制改革的重要举措与步骤。③

　　1986 年 12 月后，在差额选举"有利于选出群众满意的人选，对激励当选人做好工作有积极作用"与"打乱了干部安排格局，不利于党的领导"的利弊之间权衡，党中央冲破阻力，对差额选举制度作出完善并在全国范围内推开。④ 经过修改的《选举法》第 27 条第 2 款规定，"由选民直接选举的代表候选人名额，应多于应选代表名额三分之一至一倍"；第 42 条第 4 款规定"补选出缺的代表时，代表候选人的名额可以多于应选代表的名额，也可以同应选代表的名额相等"。同时修改后的《地方组织法》第 20 条亦规定：选举地方人大常委会主任、秘书长，政府正职领导人员，法院院长、检察院检察长，"候选人数一般应多一人，进行差额选举；如果提名的候选人只有一人，也可以等额选举"；而选举地方人大常委会副主任，政府副职领导人员，"候选人数应比应选人数多一人至三人"，选举人大常委会委员，"候选人数应比应选人数多十分之一至五分之一"；唯有地方人大补选上述职务之时，"候选人数可以多于

---

① 童明：《等额选举与差额选举》，《人民日报》1980 年 2 月 21 日，第 5 版；《保障广大人民群众真正行使民主权利》，《人民日报》1980 年 8 月 4 日，第 1 版；《人大代表在小组讨论会上发言摘登》，《人民日报》1980 年 9 月 8 日，第 2 版；程子华：《关于全国县级直接选举工作情况的报告》，《人民日报》1981 年 3 月 10 日，第 4 版；程子华：《关于全国县级直接选举工作的总结报告》，《人民日报》1981 年 9 月 12 日，第 1 版。

② 黄火青、刘澜涛、伍修权等：《追念敬爱的老领导彭真同志》，《人民日报》1997 年 10 月 11 日，第 3 版；中共中央党史和文献研究院：《永远站在党和人民事业的最前线——纪念彭真同志诞辰 120 周年》，《人民日报》2022 年 10 月 12 日，第 6 版。

③ 王汉斌：《党的基本路线在宪法中的体现》，《人民日报》1992 年 12 月 3 日，第 3 版；《乔石接受〈欧洲时报〉采访》，《人民日报》1997 年 4 月 1 日，第 6 版。

④ 王汉斌：《王汉斌访谈录——亲历新时期社会主义民主法治建设》，中国民主法制出版社，2012，第 146～147 页。

应选人数，也可以同应选人数相等"①。这些关于差额选举的规定，此后长期得到沿用。②

1987 年 11 月，党的十三大通过的《关于〈中国共产党党章部分条文修正案〉的决议》进一步规定："党的各级代表大会的代表和委员会的产生，要体现选举人的意志……候选人名单要由党组织和选举人充分酝酿讨论。可以直接采用候选人数多于应选人数的差额选举办法进行正式选举。也可以先采用差额选举办法进行预选，产生候选人名单，然后进行正式选举。选举人有了解候选人情况、要求改变候选人、不选任何一个候选人和另选他人的权利。任何组织和个人不得以任何方式强迫选举人选举或不选举某个人。"《中国共产党地方组织选举工作条例》规定：地方各级党代会代表，党委委员和候补委员、常委，纪委委员、常委均实行差额选举（其中，党代表候选人的差额比例不少于 20%，党委委员、候补委员和纪委委员候选人的差额比例不少于 10%，党委及纪委的常委候选人数多于应选人数 1 至 2 人），但党委及纪委的书记、副书记仍实行等额选举。③

在中央层面，以近三届党和国家领导机构为例。党的十八大时，代表候选人差额比例由此前的"不少于 15%"实际提高到 15.7%；"两委"预选中，中央委员、候补中央委员和中央纪委委员的差额比例分别为 9.3%、11.1%、8.5%。④ 紧接着，十二届全国人大一次会议选举全

---

① 据回忆，1986 年的省级换届选举，人大代表联名提出候选人达到 509 人，经过酝酿讨论，主席团将其中的 133 人列入正式候选人（其中正职候选人 46 人，涉及 12 个人大常委会主任、8 个政府正职领导人员、15 个法院院长、11 个检察院检察长）；此外，福建一半以上的县、乡两级正职领导人员实行差额选举，湖南这两级正职领导人员实行差额选举比例更高达 82%。参见张媛《屹立于新中国民主法制史上的丰碑——杨景宇、胡康生、张春生谈彭真及其民主法制思想（下）》，《法制日报》2013 年 11 月 6 日，第 3 版。

② 参见《选举法》（2020 年修订）第 31 条、第 57 条第 4 款和《地方组织法》（2022 年修正）第 27、30 条。

③ 参见《中国共产党地方组织选举工作条例》第 4、7、13、18、21 条。

④ 徐京跃、李亚杰、周英峰等：《凝聚全党意志　承载人民期望——党的十八大代表诞生记》，《人民日报》2012 年 8 月 17 日，第 1 版；张宿堂、秦杰、霍小光等：《肩负人民重托　开创美好未来——新一届中共中央委员会和中共中央纪律检查委员会诞生记》，《人民日报》2012 年 11 月 15 日，第 3 版。

国人大常委会委员，差额比例为 8%，也"比上届高一个百分点"①。党的十九大代表候选人差额比例维持在 15% 以上；"两委"预选中，中央委员、候补中央委员和中央纪委委员差额比例分别为 8.8%、9.9%、8.3%。② 十三届全国人大一次会议选举全国人大常委会委员，差额比例亦有 8.2%。③ 党的二十大的代表候选人差额比例也超过了 15%；"两委"预选中，中央委员、候补中央委员和中央纪委委员的差额比例亦有 8.3%、9.9%、8.3%。④ "实践证明，差额选举的方向是正确的，应该肯定。"⑤ 整体而言，如果将选举职务分为成员类职务（党代表，党委委员和候补委员、常委，纪委委员、常委，人大代表，人大常委会委员等）和领导类职务（党委及纪委的正副书记，人大常委会正副主任，政府正副职领导人员，监委主任，法院院长，检察院检察长等），经过长期实践形成的当前制度下，前一类职务从中央到地方基本上均须实行差额选举⑥，而后一类职务是对于地方国家机构副职实行差额选举、正职采用差额选举或者等额选举（以下简称为"可差可等"），对于中央国家机构和党内则无论正副职，均实行等额选举，乃至采用决定任命的方式。⑦

---

① 《十二届全国人大一次会议选举产生新一届国家领导人》，《人民日报》2013 年 3 月 15 日，第 1 版；侯露露、何聪、朱磊等：《民主进步，追寻中国梦——两会回眸之一》，《人民日报》2013 年 3 月 19 日，第 4 版。

② 《中组部负责人就党的十九大代表选举工作情况答记者问》，《人民日报》2017 年 10 月 1 日，第 4 版；赵承、霍小光、张晓松等：《肩负历史重任　开创复兴伟业——新一届中共中央委员会和中共中央纪律检查委员会诞生记》，《人民日报》2017 年 10 月 25 日，第 4 版。

③ 《第十三届全国人民代表大会第一次会议选举和决定任命的办法》。

④ 《中央组织部负责人就党的二十大代表选举工作情况答记者问》，《人民日报》2022 年 9 月 27 日，第 2 版；赵承、霍小光、张晓松：《高举伟大旗帜　谱写崭新篇章——新一届中共中央委员会和中共中央纪律检查委员会诞生记》，《人民日报》2022 年 10 月 23 日，第 5~6 版。

⑤ 《万里文选》，人民出版社，1995，第 585 页；并见中共中央文献研究室编《十三大以来重要文献选编》上册，中央文献出版社，2011，第 199 页。

⑥ 仅中共中央政治局委员及常务委员会委员和中央纪委常委会委员实行等额选举。

⑦ 如根据《第十三届全国人民代表大会第一次会议选举和决定任命的办法》，国务院总理、副总理、国务委员和中央军委副主席等人选依法实行"决定任命"，使用的是"不能另提人选"的表决票。

二 差额选举原则的规范内涵与实践差距

（一） 差额选举原则的规范内涵

虽然 1980 年代中后期即已全面开始推行差额选举制度，然而如前所述，差额选举近期才与普遍、平等、秘密投票等共同被确立成为选举的原则，并且，其单独作为一项选举原则获得正式提出的历史也比较短。直至 2005 年，一篇权威介绍性文章的说法仍是，我国选举制度具有平等性、广泛性、真实性、直接选举与间接选举相结合的特点，其中的"广泛性"相当于普遍性，差额选举只是真实性的内涵之一。[①] 翌年，全国人大法律委员会相关负责人转而明确提出，我国选举制度有"五大基本原则"，依次是普遍、平等、"直接选举为基础，与间接选举相结合"、差额选举、秘密投票[②]，这一说法不仅是将差额选举归为选举原则，还一下提升至"基本原则"地位。[③] 不过，2011 年 10 月发表的《中国特色社会主义法律体系》白皮书，使用的表述是"普遍、平等、直接选举和间接选举相结合以及差额选举的原则"[④]，此后 2018 年 12 月、2019 年 9 月发表的两份白皮书[⑤]，亦是如此。结合前已述及的两份最新白皮书的表述，可以看到：一方面，秘密投票作为原初的四项选举原则之一，却曾在过去不短的一段时期未获提及；另一方面，普遍、平等、直接选举和间接选举相结合与差额选举、秘密投票之间，一般使用的连接词都是"以及"，这表明，在严格意义上，前三者与后二者存在主次关系，应当认为在地位上构成"基本原则"与其他"原则"之别。也就是说，之所以差额选举、秘密投票是选举的原则而又不是基本原则，正在于与那三者不同，这二者是"原则

---

① 《我国的选举制度有什么特点》，《人民日报》2005 年 8 月 5 日，第 9 版。

② 张春生：《五大原则说选举（法谈）》，《人民日报》2006 年 7 月 26 日，第 13 版。

③ 另可见许安标主编《宪法及宪法相关法解读》，中国法制出版社，2019，第 364 ~ 366 页。

④ 中华人民共和国国务院新闻办公室：《中国特色社会主义法律体系（2011 年 10 月）》。

⑤ 中华人民共和国国务院新闻办公室：《改革开放 40 年中国人权事业的发展进步（2018 年 12 月）》《为人民谋幸福：新中国人权事业发展 70 年（2019 年 9 月）》。

上应实行"意义上的原则，存在法定例外情形：记名投票在一定情况下允许，等额选举更是仍用于一些职务。可是，当差额选举制度作为一项选举的原则获得确立，本身就应具有特定的规范内涵和时代意义，而这些尚待诠释。

在笔者看来，就差额选举原则的规范内涵而言，至少包括以下三点。第一，选举原则上采用差额方式。作为一项选举的基本原则，"直接选举和间接选举相结合"完整涵括了两种选举方式；与此不同，前已述及，差额选举作为选举的原则而非基本原则，是且只是"原则上应实行"，因为除此之外依然有不少可以采用等额选举的例外情形。然而，这一原则却也并未表述为"差额选举和等额选举相结合"①，恰恰又表明，有别于直接选举和间接选举分别用于不同的选举，差额选举原则上应在所有选举之中实行，等额选举则始终应是例外。② 像前引 2015 年《地方组织法》第 22 条规定了地方人大常委会主任、政府正职领导人员、法院院长、检察院检察长等职务的选举，"候选人数一般应多一人，进行差额选举；如果提名的候选人只有一人，也可以等额选举"，即指这些职务亦应优先采用差额选举，唯有在"提名的候选人只有一人"的条件下方能退而求其次，采用等额选举。③ 正因如此，长期以来依照法律，相关选举办法总是会出现这些职务的"候选人，大会主席团……提名一人，经全体代表酝酿、讨论，如果没有提出新的候选人，则进行等额选举，如果提出新的候选人，则按相关法定程序进行差额选举"之类的规定。④ 而晚近的《地方组织法》第 27 条尽管"根据有关部门的意见和多年来的实际做法，将地方国家机构正职领导人员的候选人数'一般应多一人，进行差额选举'的规定，修改为

---

① 曾有学者使用"等额、差额相结合，以差额选举为主"的表述，但从具体分析内容来看，也是"以差额选举为一般，等额选举为例外"之意。参见翟国强、周婧《对我国选举制度原则的思考》，《人大研究》2003 年第 1 期。

② 即彭真所言"候选人一般要坚持不等额的原则"。参见彭真《论新时期的社会主义民主与法制建设》，中央文献出版社，1989，第 42 页。

③ 蔡定剑：《让选民和代表成为选举主体》，《学习时报》2006 年 9 月 25 日。

④ 参见《湖南省第十三届人民代表大会第一次会议选举办法》。

'可以多一人，进行差额选举'"①，仍意味着这些正职领导人员的选举应以差额方式为原则②，并继续坚持副职领导人员等必须实行差额选举。

第二，差额选举有其原则。差额选举绝不只是要求候选人数量多于应选名额，还需要有相衔接、相配套的一系列具体原则，从而有效地避免差额比例过低或者过高、突击提名以及酝酿时间不足、"组织上把［差额］候选人［也］提［名］满"、候选人名单排序有所暗示等诸多问题③，确保差额选举的科学性、真实性，真正达到发扬民主的效果。正如邓小平在党的八大即已指出的，"选举的时候，候选人的名单……应该在选举人中间进行必要的酝酿和讨论。只有这样……民主生活才能获得真实的保证"④。所以，法律及其他相关规定不仅对于差额比例等有着直接要求，并且，还有间接选举中"提名、酝酿候选人的时间不得少于两天"⑤、主席团或者每一代表与其他代表联合提出的候选人数量"均不得超过应选名额"⑥，以及各种选举中的选票上所列候选人名单一般按照姓氏笔画顺序排列等要求。

第三，差额选举原则有其权利侧面。当法律要求选举均应留出必要的提名、酝酿候选人时间和间接选举中主要针对主席团设置"提名只能提应选名额，不能提出差额"的要求，实际上，差额选举原则就郑重赋予了相对非组织化的普通选民、人大代表等通过自主联合提名候选人来主张采用差额选举乃至将其加以实现的权利。一定程度上，就像"平等"有着对于

---

① 王晨：《关于〈中华人民共和国地方各级人民代表大会和地方各级人民政府组织法（修正草案）〉的说明——2022年3月5日在第十三届全国人民代表大会第五次会议上》，《人民日报》2022年3月6日，第7版。

② 与此相关，主流观点认为，地方人大的选举办法依然不宜直接规定国家机关正职领导人员实行等额选举。参见王晓、滕修福《选举办法不宜直接规定正职等额选举——准确理解"可以多一人"与"一般应多一人"之语意语境》，《人大研究》2022年第6期；崔厚元《准确理解"一般应"和"可以"法律含义》，《人大研究》2022年第10期。

③ 蔡定剑：《中国选举状况的报告》，《党政干部文摘》2003年第4期。

④ 《邓小平文选》第1卷，人民出版社，1994，第231页。

⑤ 《选举法》第32条第2款和《地方组织法》第27条第2款。

⑥ 《地方组织法》第26条第3款。

国家的"原则"与对于个人的"权利"两个侧面①，差额选举作为一项选举原则获得确立，不只是对选举机构施加了采用差额选举的责任，也让选举人拥有了主张或实现差额选举的权利。因此，如王汉斌记述，差额选举推行之初，当某省级人大选举之时出现主席团将人大代表提名的候选人"全部勾掉"，名单上只保留主席团所提出人选的情况，习仲勋、杨尚昆、彭冲等同志立即指示纠正。

（二）差额选举原则的实践差距

对照上述三点差额选举原则的规范内涵，现阶段差额选举实践在不同程度上存在差距。第一，"选举原则上采用差额方式"实践中变成了以"等额方式"为主，"差额方式"为辅。如地方人大常委会副主任、委员和政府副职领导人员在内职务的补选，法律规定是"可差可等"，但实践中普遍直接采用了较为"便捷"的等额选举方式。② 另外，只能实行差额选举的情况下，个别地区也存在专门"安排"若干名用于被差额的候选人，其综合素质、资历、能力等与被选举职务的实际要求、其他候选人的情况等存在比较明显差距，以致大多数选举人都能一望可知的情况。③ 有鉴于此，《人民日报》亦曾多次刊文明确指出，差额选举不应刻意"配'差'"，公开区分"正式候选人"和"差额候选人"更属违法④，还曝光并评析某地差额选举竟然出现候选人得票为零的现象所反映出的"三不投"（领导不让投、代表不能投、自己不敢投）问题。⑤

第二，"差额选举有其原则"不应满足于仅仅守住"底线"，可以在差

---

① 林来梵：《从宪法规范到规范宪法——规范宪法学的一种前言》，商务印书馆，2017，第120页。

② 如《北京市第十五届人民代表大会第四次会议选举办法》第2条规定："补选北京市第十五届人民代表大会常务委员会副主任2人、委员4人……实行等额选举。"

③ 强世功、蔡定剑：《选举发展中的矛盾与选举制度改革的探索》，《战略与管理》2004年第1期。

④ 代明：《候选人分"正式"和"差额"此种选举为违法》，《人民日报》2001年9月5日，第12版；杜光松：《差额选举莫配"差"》，《人民日报》2011年11月29日，第18版。

⑤ 田必耀：《得零票的思考》，《人民日报》1999年12月15日，第9版；邱家军：《竞争性选举：中国式选举民主之路——兼与虞崇胜教授商榷》，《探索与争鸣》2013年第2期。

额比例上做进一步探索。如今总体而言，差额比例及提名与酝酿时间、各方等额提名、候选人名单排列等方面的原则性要求都会得到遵守。以全国各省级地方上一届人大一次会议对于依法应当实行差额选举的职务的选举为例，据不完全统计①：应选出人大常委会委员 51 至 74 人（平均为 56 人），差额为 6 至 8 人（平均为 6 人），差额比例在 10.8% 至 11.8%（平均为 11.1%）；应选出人大常委会副主任大多为 6 人（少数为 7 人），差额均为 1 人，即差额比例为 16.7% 或者 14.3%；应选出政府副职领导人员 7 至 9 人（平均为 8 人），差额数也均为 1 人，即差额比例为 11.1%、12.5% 或者 14.3%（平均为 12.8%）。事实是，纳入统计的所有选举办法，全部选择以人大常委会委员差额比例"十分之一"这个下限作为前提去确定差额数，所以，从应选出 51 名委员的天津、安徽、甘肃到应选出 57 名委员的北京、上海、湖南等十余个省级地方，差额均为 6 人；类似的，人大常委会副主任、政府副职领导人员差额也全部选择"一人"这个下限要求，故相互实际差额比例也有 3% 以上的差距。

第三，"差额选举原则有其权利侧面"缺乏相应保障机制。近年，虽然部分基层地方人大偶尔还会出现在选举办法中直接规定"镇人民代表大会主席 1 人、镇长 1 人等额选举"这样的违规情形，但绝大多数地方不会再犯这种明显的错误。然而，毋庸讳言，这种不犯错主要源于套用相对统一和标准化的选举办法范本，而非选举机构组成人员及工作人员本身都清楚地认识到选举人拥有通过提名来主张或者实现差额选举的权利、被提名人也拥有被选举的权利，并均应得到切实保障。首先，要保障人选能够"提得出"，不能通过安上"非法串联""搞非组织活动"等"罪名"或者阻挠领取提名表格、挤压提名与酝酿时间②、对被提名人"附加条件、定下框框"③

---

① 统计不完全的原因是部分省级地方未在公开网络或者其人大常委会公报中公布本届人大一次会议的选举办法。

② 崔厚元：《地方国家机关领导人选举中的"四个普遍化"现象不容忽视》，《人大研究》2015 年第 12 期。

③ 杜渺：《走出代表产生的三大误区》，《人民日报》2003 年 10 月 8 日，第 13 版。

等手段，造成提名人无法自主实现联合提名。① 其次，要保障人选有可能"进名单"，不能有意无意地堵塞选区、选举单位相互之间对人选提名情况及被提名人情况的信息交流渠道，或者妨碍、忽略跨选区、选举单位之间联合提名，造成被提名人实际上无法满足成为候选人的要求，从而选举也无法转变为差额选举。② 最后，还要保障人选有可能"选得上"，不能通过介绍的内容刻意精简、时间刻意压缩等其他各种或明或暗的差别对待方式，造成其从一开始就被差别对待。

三　差额选举上升为原则后的制度再推进

1933 年，毛泽东在中央苏区乡村的调查报告中就写到下才溪的代表选举，候选人 160 余人，应选 91 人③，并在此过程中发动群众对候选人名单进行"批评"（对各候选人提意见），堪称"苏区选举运动的模范"；而长冈的代表选举，"候选人名单人数恰如应选人数，没有比应选人数增加一倍，因此 [，] 群众对于选举名单 [也就] 没有批评"，构成"此次选举的 [一个] 缺点"④。这不仅鲜明表达了他对于差额选举的赞成态度⑤，并能看出，他认为当时基层代表选举的差额比例可以达到约八成甚至一倍。后来，尽管如前所述，在新中国成立后的前 30 年，我们都没有推行差额选举，但 1980 年代实行后，仍是迅速搅动春水、掀起波澜，给政治生活注入强大的新鲜空气与活力⑥，使人感受到"真正实行和逐步推广差额选举是我国选举制度民主化的关键"。

如今又经过 40 多年，一方面，从干部民主推荐、民主测评等工作的经

---

① 蔡定剑：《中国选举状况的报告》，《党政干部文摘》2003 年第 4 期；强世功、蔡定剑：《选举发展中的矛盾与选举制度改革的探索》，《战略与管理》2004 年第 1 期。

② 赵斐斐、彭帆：《党内选举制度变迁的政治生态分析——以差额选举为例》，《党政研究》2014 年第 6 期。

③ 这意味着差额比例超过 76%。

④ 《毛泽东文集》第 1 卷，人民出版社，1993，第 286、326~327 页。

⑤ 刘政：《实行差额选举：选举制度改革迈出重要步伐》，《中国人大》2002 年第 19 期。

⑥ 官伟勋：《话说"算总账"》，《人民日报》1988 年 5 月 21 日，第 8 版。

验教训引申开来，我们愈益清醒地认识到，不能"简单以票取人"① 甚至"唯票取人"，造成拉票行为、好人主义等不良风气滋长②；另一方面，面对个别破坏选举等案件中暴露的贿选行为，我们也始终客观地认识到，这不是差额选举带来的问题，而恰是差额选举制度运行"走偏"、竞争"无效"产生的问题③，是前述当前阶段差额选举实践所存在那些差距的佐证。由此，在发展全过程人民民主的过程中，当差额选举从选举制度上升为选举原则，需要研究的绝非它"要不要""好不好"，而是如何更好地予以再推进。应做到如下几点。

第一，把握推进差额选举的时代意义。党内和国家（包括国家机构及作为基层群众自治组织的村民委员会）均已推行差额选举制度多年，差额选举是党内民主和人民民主的重要标志之一。着眼于在全过程人民民主中发展社会主义民主政治，依然要坚持以党内民主带动人民民主发展，发挥党内民主的重要示范和引导作用，深刻认识差额之于民主选举的重要性。

一般而言，选举具有培养选拔政治人才、形成及传播民意、解决民意冲突和赋予当选者合法性等功能；而我国的选举在相当长时期内都相对欠缺外界所谓的"竞争性"，客观原因在于党作为中国特色社会主义事业的领导核心，总揽全局、协调各方，通过党日常的组织、宣传、统战、政法等各方面工作和对国家的领导，已经在较大程度上有效承担和实现了上述功能。全过程人民民主观的提出，正以这种现实为基础，表达了民主包括选举但选举并不是民主的全部、我们重视民主选举但不唯选举论民主的态度。与此同时要看到，又正因为党的领导地位高度稳固而且"不是自封的"，党内更是既讲究团结统一亦追求"个人心情舒畅生动活泼"，就尤其需要以推进差额选举为一大抓手，适当提升选举的竞争性并保证竞争的优

---

① 《建设一支宏大高素质干部队伍 确保党始终成为坚强领导核心》，《人民日报》2013 年 6 月 30 日，第 1 版。

② 盛若蔚：《选人用人不可唯票取人》、郭俊奎：《选票"优秀"未必真优秀》，均载《人民日报》2013 年 7 月 30 日，第 17 版。

③ 张卓明：《民主机制完善之道：湖南衡阳人大贿选案的启示》，《中国法律评论》2015 年第 1 期。

质性，在党的领导下选出群众接受度更高、履职能力等更强的人选①，以强化选举所具有的正面功能（尤其是培养选拔人才②和赋予合法性的功能），进一步发展党内民主和成为人民民主发展的积极先导。进言之，考虑到我们已经进入21世纪中叶全面建成富强民主文明和谐美丽的社会主义现代化强国、实现第二个百年奋斗目标的历史阶段，其中的"民主"包括全面实现直接选举的目标③，则在21世纪初《深化干部人事制度改革纲要》即已要求的"积极探索在差额选举的条件下坚持党管干部原则、充分发扬民主的方式方法"无疑愈显重要与迫切。

第二，实质扩大差额选举的范围。前已述及，目前地方各级党委及纪委的正副书记仍然实行等额选举，地方的人大常委会主任、政府正职领导人员、法院院长、检察院检察长这些"正职"，亦在"可差可等"条件下几乎无一例外选择采用等额选举。诚然，一方面，"实行差额选举的层次和范围，要从实际情况出发作出规定"④，特别是对于成员类职务和领导类职务的产生方式宜有所区别⑤；另一方面，大前提是"差额选举的方向应当坚持"，并应在上升为原则后有所推进。因此，在地方层面，建议党委书记、纪委书记（含监委主任）亦应与其他国家机构的"正职"一道，逐步改为均实行"可差可等"⑥。并且，还要减少换届与补选之间的选举方式差异，规定副职领导人员只有根据上级安排进行届中调整的方可采用等额选举，而正职领导人员补选也可选择采用差额选举。从而，整体上处理好

---

① 陆强：《人大代表间接选举治理结构的实践逻辑及制度优化》，《时代法学》2022年第6期。

② 事实上，彭真曾经直言：采取差额选举的办法进行选拔，"要比只由领导指定、选拔可靠得多"。参见彭真《论新时期的社会主义民主与法制建设》，中央文献出版社，1989，第43页。

③ 《邓小平文选》第3卷，人民出版社，1993，第220～221、242页。

④ 《万里文选》，人民出版社，1995，第585页；并见中共中央文献研究室编《十三大以来重要文献选编》上册，中央文献出版社，2011，第200页。

⑤ 例如，陈云在党的十一届五中全会研究重设中央书记处之时建议"选举书记处成员时，不要搞差额选举"（参见中共中央文献研究室编《陈云年谱（修订本）》下卷，中央文献出版社，2015，第290页）；党的十三大起，《中国共产党章程》明确规定"中央书记处……成员由中央政治局常务委员会提名，中央委员会全体会议通过"。

⑥ 当然，也有论者主张对国家机关正职领导人员一律实行差额选举。参见蔡定剑《论人民代表大会制度的改革和完善》，《政法论坛》2004年第6期。

所谓"确认型选举"与"竞争性选举"①之间的关系，避免选举与任命完全混为一谈。

第三，适当优化差额选举的比例。前已述及，目前在依法只能实行差额选举的情况下，地方往往仅会选择"底线"的差额比例。这种态度固然相对消极，不过确实也无可厚非，而应对之策，首先自然是考虑提高差额比例的下限。一方面，人大代表选举，直接选举的差额比例现为"1/2～1倍"、间接选举现为"1/5～1倍"，上下限之间的差距较大；类似的，地方人大常委会委员选举的差额比例现为"1/10～1/5"，建议将下限提高至1/8。另一方面，国家机构副职领导人员选举的差额数一般执行"一人"标准，于是，前已述及全国各省级地方的上届人大一次会议选举，人大常委会副主任的实际差额比例约为1/7～1/6，政府副职领导人员的约为1/8；这对于省级机关总体尚可，但对于下级国家机构就偏低。其次，也要考虑提高差额比例的上限。建议我国全国人大代表的间接选举差额比例上限提高至3/5，相应的，地方人大常委会委员选举的差额比例上限提高至1/4、全国人大常委会委员选举的差额比例上限提高至1/8。最后，差额比例（包括差额人数）不仅应区分中央与地方，在地方各级之间亦应作出区分，故建议法律及相关规定按照"越往下，差额比例越高"原则，分级确定各类选举的差额比例上下限（如要求市级政府副职领导人员选举的差额数原则上为2人，县级和乡级为2～3人）。

第四，健全差额选举的配套机制。为了合理地保证差额人选能够"提得出"和有可能"进名单""选得上"，防范"陪选"及拉票、贿选等问题，健全两方面的机制尤其重要。一是在保证提名与酝酿时间的基础上，探索建立专门用于提名与酝酿的大会或者联团、联组会议，提供在较大范围内进行公开推荐或者自荐机会，促进选区、选举单位相互之间对于人选提名情况及被提名人情况的信息交流，以顺利完成联合提名，并且激励更多有志者自荐或者被推荐参选；这一过程也正是民主选举与民主协商有机

---

① 牟言波、赵宬斐：《论党内确认型选举和竞争性选举的对接与兼容》，《云南社会科学》2014年第4期。

结合的一种体现。二是加强候选人的宣传和有组织的情况介绍，从而既减少有志参选者担心被批评、自感无希望等消极心态，转而积极正确地把握机会争取进入名单和当选；同时，通过信息公开，让更大范围的选举人和舆论、群众等进行监督，让民主选举与民主监督实现有机结合。总结起来，这些措施的目标可以说就是要允许开展"合法的竞选"，在坚持党的领导和禁止恶性攻讦的前提下，使选举的竞争性得到实质提升，使选举人的意志得到充分反映，使差额选举作为制度得到再推进。①

四　结　语

发展全过程人民民主，旨在使民主选举与民主协商、民主决策、民主管理、民主监督等环节更好地相连贯通，在此过程中，民主选举的水平只能提升、不能降低，民主选举的作用只能加强、不能削弱。因而，将差额选举提升为选举原则，就是要抓住这个提升民主选举水平、加强民主选举作用的关键，通过差额选举制度再推进，让政治生活增加"灵气"与"活力"，也让民主选举与民主决策、民主监督等环节更加相互促进、相得益彰。②

发展新时代中国特色社会主义的差额选举理论与实践，虽然经历曲折，但中国过去数十年，已经走过了从接受差额选举理念到推进差额选举制度的道路，如今确立差额选举原则，正可在发展全过程人民民主的过程中廓清差额选举作为原则的规范内涵，迈上将差额选举制度再推进的新征程，真正让差额选举成为中国式民主发展的应然之路③和必然之路。

我们自信从差额选举制度的再推进到中国特色社会主义民主政治持续发展，都将始终在中国共产党的坚强领导下进行。党的领导，既是这一切

---

① 浦兴祖：《论差额选举制度价值之实现》；唐晓阳、陈家刚：《中国语境下的差额选举制度分析——发展历程与科学化方向》，均载《人民论坛·学术前沿》2013 年第 5 期。

② 引申而言，差额现已不仅用于选举，也广泛用于推荐、考察、决定等其他环节，参见《中组部负责人就党的十九大代表选举工作情况答记者问》，《人民日报》2017 年 10 月 1 日，第 4 版。

③ 虞崇胜：《差额选举：中国式民主的应然之路》，《探索与争鸣》2012 年第 5 期。

顺利实现的保证，也是这一切富有特色的原因——仅就差额选举而言，"积极探索在差额选举的条件下坚持党管干部原则、充分发扬民主的方式方法"的要求早已提出，现在方向明确、道路清晰，就是要从中国实际出发理解和贯彻差额选举原则，在党的领导下实现差额选举制度再推进，使之成为党的主张与人民意志相结合①和党内民主带动人民民主的有效抓手。

（审校：郭亦辰）

---

① 刘红凛：《"对上负责"与"对下负责"何以兼得——论差额选举与民主政治有序发展》，《人民论坛·学术前沿》2013 年第 2 期。

《民法典》背景下商事代理法律适用的解释论与立法论

席 斌[*]

摘要：《民法典》是我国民商事立法的集大成者，恪守了民商合一的立法体例。在市场经济的发展过程中，商事代理发挥了重要的作用。商事代理包括商主体内部的职务代理与商主体外部的代理商代理两种。通过体系梳理和整合，《民法典》已就商事代理制度形成了部分制度安排，并为其法律适用提供了一定的规范依据，但商事代理在适用法典代理规范形成契合关系的同时，由于其本身较之一般民事代理的诸多特性，难免会在法律适用过程中发生特殊性与法典规范普遍性之扞格，导致法典代理规范效能减弱。这种扞格的具体表征既包括因条文概括性和抽象性所导致的法律规则不明，又包括因职务代理类型化不足与代理商代理规则立法空白而形成法律适用无据。有鉴于此，为保证《民法典》代理规则的法律适用性与法的安定性，应首要通过解释论的方式对调整商事代理的既有规则进行合理解释，重点解决职务代理与间接代理规则的适用性问题，再于法典之外，通过商事单行法的立法模式进一步补足职务代理与代理商代理的规范性缺失。

关键词：民法典；职务代理；代理商代理；解释论；立法论

引 言

编纂《民法典》既是对过往民事法律规范的整理、修订，也是对我国既有民商事法律规范的体系重构。在坚持民商合一体例的基础之上，法典涉及了诸多商事法律规范。作为商事法律制度之一种，商事代理制度亦要在《民法典》中寻求适用依据。

商事代理主要包括两类，一是隶属于商主体内部的职务代理，另一种

---

* 席斌，法学博士，山西师范大学社会学与法学学院讲师。

是独立于商主体的代理商代理。鉴于我国立法体系一以贯之地坚持了民商合一的传统，在《民法典》已成为实定法的背景之下，如何准确地认识商事代理制度的法律特征并发挥制度的特殊功能尤为重要。随着商事交易活动的日益丰富与频繁，商事法律体系及其规范需要在民法中实现适当的立法表达，特别是商事代理制度需要在民法典编纂背景下寻求可适用的空间。为适应商事活动发展的需要，商事代理在与法典代理规则发生契合的同时，仍需及时处理由于商事代理特殊性与代理规则一般性所产生的扞格问题，由此便产生了解释论与立法论的工作空间。前者系由于条文的概括性和抽象性而需利用适当的解释方法进一步对相关规则内容进行解释，相关解释对象主要包括职务代理中"法人与非法人组织"的主体范围界定（第 170 条）、隐名代理规则中代理归属效果发生时第三人主观状态的判断（第 925 条）以及不公开本人身份代理中介入权与选择权的行权范围和条件厘清（第 926 条），对这些内容的合理解释关系到《民法典》既定法律规则的可适用性及法的安定性。后者系考虑到职务代理类型化与代理商代理规则（代理商代理的内部法律关系）的规范性缺失，如此立法漏洞将导致特定代理行为无法可依，故需借助一定的立法技术与方式填补立法空白。

针对以上问题，本文立足于《民法典》的实定法状态，兼从法典内规则解释论及法典外规则立法论的角度就商事代理制度法律适用的方式方法与具体内容予以阐明，以为建立健全民商合一体例下的商事代理规则提供可行建议。

一 《民法典》中商事代理的制度安排

（一）商事代理的基本概说与实践类型

关于商事代理的界定，学界看法不一，现有研究基本上可分为狭义、中义及广义三类。狭义的商事代理仅指独立于商主体从事经营活动的代理商代理，认为商事代理是代理商以营利为目的，接受被代理人委托，与第三人为法律行为，行为后果由自己或被代理人对第三人承担。① 而对于职务代理人的保护可以借助意定代理规则加以规制或借助劳动法实现，故商事代理应限于以代理为业所实施之代理。② 中义的商事代理概念在当前形成了较大的共识，但具体表达略有不同。有人认为包括三类：一是隶属于其所代理之企业经营者的代理形态；二是受任为管理层的经理；三是独立的企业经营者，但受其他企业委托，持续性处理后者事务的一部或全部。③ 也有人认为，以代理人的独立性为标准可将商事代理划分为独立于商人的商事代理和不独立于商人的商事代理。④ 还有人认为，商事代理已经形成了比较稳定的内容结构，包括商业辅助人和代理商两种类型⑤：前者系代理人在商事主体内部依据职务、职位任职而形成的代理，后者系借由市场经营主体的形式通过契约展开服务而形成的外部代理。⑥ 可见，中义的商事代理不管作何具体细分，一般主要包括两类：隶属于商主体的职务代理与独立于商主体从事经营活动的代理商代理。广义的商事代理又衍生出两类不同的认识。一是认为商事代理还应当包括行纪，例如，施米托夫就认为《德国民法典》中的商事代理人分为四类，即雇佣代理人、独立代理人、行纪商和经纪人。⑦ 二是在集合狭义和中义商事代理范围的基础之上，考虑到日渐精细化的社会分工以及社会化、多样化和复杂化的经营和交易活动，需拓展商事代理中代理商行为之内涵，将诸如专利、保险等十五类各专业（职业）型商事代理活动纳入商事代理体系⑧，并认为应当考虑当前商事代理实践活动的广泛发展态势，商事代理的建构应当超越现有代理制度理论框架，确认商事代理人不仅可以代为民事法律行为，还可以代为

---

① 江帆：《论商事代理的本质》，《经济法论坛》2005 年第 1 期。
② 王琦：《民法典编纂背景下商事代理理论范畴之厘定》，《法治研究》2019 年第 4 期。
③ 陈自强：《代理权与经理权之间——民商合一与民商分立》，北京大学出版社，2008，第 106 页。
④ 刘文科：《商事代理法律制度论》，法律出版社，2013，第 97 页。
⑤ 王保树：《商法总论》，清华大学出版社，2007，第 200 页。
⑥ 冉克平：《论商事职务代理及其体系构造》，《法商研究》2021 年第 1 期。
⑦ 〔英〕施米托夫：《国际贸易法文选》，赵秀文选译，中国大百科全书出版社，1993，第 365 ~ 459 页。
⑧ 郭富青：《论我国民法典编纂对代理立法例及体系的重构》，《学术论坛》2020 年第 2 期。

处理公法框架下的事务。① 可见，广义的商事代理最大的特殊性在于，或要将与典型商事代理制度相似的民法行纪制度纳入为其中，抑或要将本质上已非法理上代他人为法律行为之代办具体事务（如专利代理、代办企业登记、代办纳税）一并纳入进来。

笔者认为，我国在界定商事代理制度时应当采广义理解，即包括职务代理与代理商代理两种类型。而后者又应当包括行纪与处理其他非私法事务的代理，理由如下。一方面，商事代理既包括职务代理又包括代理商代理在比较法中有比较成熟的经验，且我国理论界基于这种经验已达成了共识。例如，《德国民法典》《日本民法典》一方面规定了经理代理权、代办权、店铺雇员代理权的商事代理类型，又设有专门条款来界定代理商的代理。② 国内学者基于比较法上的研究借鉴在理论上抽象出相同的界分类型也就不难理解了。另一方面，针对职务代理属于商事代理并无争议，而就处理其他非私法事务的代理或行纪是否可以归入代理商代理的范畴存在不同认识。考虑到当前的商事代理活动日渐丰富，专业性也不断增强，一些实力雄厚的代理商逐渐转化为具有管理职能的渠道维护者，除日常业务管理外，还兼具品牌经营、促销服务、财务管理等各项职能，拥有这种核心竞争力的代理商已经成为生产企业渠道竞争的关键。③ 况且，很难说代理商只单一性地代为法律行为（缔约）而不代为处理其他事务，反之亦然。此外，《民法典》第 11 条规定的特别法优先的转介条款可以很好地协调并包容一般商事代理与在其他法律中处理非私法事务之商事代理间的关系。故此，即便广义的商事代理突破了传统的代理法理论，但务实之考虑且结合法典的规则设计应可更广义地覆盖各类商事代理。

至于行纪应否属于商事代理之一部分，笔者持肯定态度。一是从大陆法承继下来的行纪合同制度与由英美法舶来的间接代理制度尽管在制度设

---

① 王建文：《我国商事代理制度的内涵阐释及立法构想》，《南京社会科学》2019 年第 2 期。

② 《德国商法典》第 84 条规定："商事代理人是指作为独立的营利事业经营者持续性受托为另一个经营者媒介交易或看以其名义订立交易的人。"《日本商法典》第 27 条："代理商指经常性地为商人就其营业部类的交易从事交易代理或媒介的非从属于该商人的人。"

③ 王建文：《我国商事代理制度的内涵阐释及立法构想》，《南京社会科学》2019 年第 2 期。

计上有差异，例如，除非通过行纪合同和交易合同实现合同项下的权利转让，行纪委托人是无权对行纪人与第三人所缔契约行使介入权的。而在间接代理中，不公开身份的本人可通过介入权的行使，直接向第三人主张相关权利。对应的，第三人亦可行使选择权来向本人主张权利。但总的来看，取经于两大法系的制度除了立法理念和规则设计有别外，基本功能都是一样的，即扩展商事主体的意思能力，广泛地从事日益丰富的商业活动，提高商事经营的效率和便捷度。二是尽管在一些典型的立法例中，像《德国民法典》那样对代理和行纪作了严格的区分，只承认公开的直接代理，并不承认行纪为代理①，但这种有意区分并不能满足日益丰富的商事交易实践，而后者在本质上对前者却有拾遗补缺之功能，堪称代理衍生品。②

（二）《民法典》中商事代理制度的立法理念与规则设计

1. 民事领域坚守显名代理为核心原则

《民法典》总则编沿袭了《民法通则》的规定，严格贯彻了显名原则和直接代理制度，并适用于民事领域。受大陆法系显名主义影响，《民法典》第 162 条沿袭了《民法通则》关于代理制度的一般规定，强调代理人须在代理权限内以本人名义对外实施法律行为。依代理之法理，代理作为私法中重要制度势必要贯彻意思自治原则。显名代理一般要求代理人须"以本人名义为意思表示"，该要件将直接发生约束被代理人和相对人的法律效果。只有显名主义，才能让代理行为之相对人完全了解真实的交易相对方以及代理效果的实际归属者，以便行使交易选择的自由。对代理人而言，其也可以基于意思自治的原则自主决定是否要以本人名义实施相应法律行为。故此，王泽鉴教授认为，民法中的代理应仅限于直接代理，"间接代理"虽类似于代理，但并非真正代理。③

---

① 〔德〕汉斯·布洛克斯、沃尔夫·迪特里希·瓦尔克：《德国民法总论》（第 33 版），张艳译，中国人民大学出版社，2012，第 311 页。
② 冷奇奇：《商事行纪制度比较研究》，《理论观察》2015 年第 2 期。
③ 王泽鉴：《民法总则》，北京大学出版社，2014，第 419 页。

2. 商事领域区分"代表行为"与"职务代理行为"

《民法典》总则编改变了《民法通则》统一概括规定法定代表行为和职务代理行为的内容，区分了代表与代理，分别独立设置了法定代表人的代表行为（第61条第3款以及105条）和执行工作任务的职务代理行为（第170条）之规则，这一规则设计源于《民法通则》和《合同法》兼采"代表说"与"代理说"的两套理论，并认为代表行为系法人或者非法人组织自身的行为，其他工作人员的职务行为系为法人或者非法人组织利益而为的代理行为。

实际上，代表行为与职务代理行为均源于本人所授予的职权，二者不论从结构上还是功能上均相同。特别是在制度设计上，基于商事外观主义，二者的效力均不得对抗善意第三人。若再从法律规制的目的来看，代表行为与职务代理行为均旨在解决两大问题：一是本人对职务代理人的控管与代理（代表）人的自由裁量权之间生成的内在矛盾；二是代理（代表）人的内部权限范围与交易第三人信赖利益保护之间形成的外在冲突。也正基于类似的理由，福尔克·博伊庭对这种区分表达了疑惑："法人一方面是通过其机构自己从事行为，但另一方面，法人的这一自我行为同时又是由机构或者机构里面的人从事代理行为，这种看法在概念上就无法自圆其说了。"① 故此，在解释上可以职务代理统合法定代表人的代表行为和执行工作任务的代理行为。

除此之外，在规则的位置安排上，《民法典》总则编将职务代理置于"委托代理"之下，一方面说明职务代理本质上属于意定代理②；另一方面也坚持了大陆法代理制度代理权授予与基础法律关系的"区分论"要求。

3. 商事领域兼容两大法系各具特点的间接代理制度

尽管显名主义彰显了透明与可预判之优点，但难免忽视市场经济多元商业模式的实践需要，在不同于英美立法哲学的基础上，大陆法通过行纪

---

① 〔德〕福尔克·博伊庭：《德国公司法中的代表理论》，邵建东译，载梁慧星主编《民商法论丛》（第13卷），法律出版社，2000，第528页。

② 张谷：《从民商关系角度谈〈民法总则〉的理解与适用》，《中国应用法学》2017年第4期。

合同制度满足当事人隐姓埋名的制度需求。① 我国《民法典》合同编第二十五章也采用了同样的立法设计，这种规则设计常被称为大陆法上的"间接代理"。例如，梅迪库斯就认为，间接代理法律效果由行为人取得后，再经由债权债务转让或债务免除等方式让渡于他人。② 梁慧星教授也同样认为行纪制度就是间接代理，即间接代理效果先对代理人发生，再依内部关系转移于本人。③ 与此同时，为因应全球化贸易的发展，改革外贸体制，克服《民法通则》的不足，20世纪90年代我国在制定《合同法》时充分吸收《国际货物销售代理公约》（以下简称《货代公约》）的规定引入了隐名代理和不公开本人身份的代理（《民法典》第925、926条）等制度，以提高代理制度的韧性、充分尊重本人意思自治以及兼顾交易安全。④ 这两项制度也逐渐被我国学者接纳为间接代理制度。可见，《民法典》合同编上的代理规则设计充分反映了我国立法对两大法系代理理论与规则的兼容。

需提及的是，这样的制度设计在一定程度上会产生不同的评价。"冲突论"者认为，兼容间接代理和行纪合同的规则设计忽略了两大法系在代理制度法理基础上的不同，必然会带来代理制度的矛盾和冲突。⑤ 其表现为，在商事活动中，代理人为本人利益开展由本人支付报酬的活动时，究竟是适用《民法典》合同编第二十五章抑或适用第925条及第926条？或认为，自《合同法》引入的隐名代理和不公开本人身份的代理，其功效上已完全覆盖了行纪合同的功能，为避免理论不协调和适用混乱，应删除行纪合同制度，以隐名代理和不公开本人身份的代理为一般适用。⑥ "妥适论"者则认为，现行法在吸收英美法代理制度规则的同时，继续保留大陆法的直接代理和行纪合同制度，体现了商事代理发挥多样化商事中介灵活

① 冉克平：《论商事职务代理及其体系构造》，《法商研究》2021年第1期。
② 〔德〕迪特尔·梅迪库斯：《德国民法总论》，邵建东译，法律出版社，2013，第672页。
③ 梁慧星：《民法总论》（第五版），法律出版社，2017，第226页。
④ 徐海燕：《间接代理制度法理阐释与规则解释》，《社会科学》2021年第4期。
⑤ 郑曙光、胡新建：《论我国代理商制度的立法构造》，《宁波大学学报》（人文科学版）2009年第6期。
⑥ 韩慈莹：《商事代理》，载王保树主编《商事法论集》（第14卷），法律出版社，2008，第251页。

性的功能。① 鉴于本文界定的商事代理属于广义范畴，行纪可以被归类为代理商代理之一种。从广义的角度上来讲，在《民法典》规则既定的状态下，应在重点把握行纪与不公开本人身份之各自特点基础上，将行纪作为间接代理的一种特例，而与其他间接代理有所区别。行纪特征主要有：受他人之托而为他人利益从事动产之交易、行纪人须为常业者、行纪人与第三人为行为之效果只归属于行纪人。② 换言之，《民法典》第 926 条不公开本人身份的代理应解释为非行纪间接代理之一种，凡属于行纪营业的适用《民法典》第二十五章的规定，不适用《民法典》第 926 条。在这一观点之上，捋清二者关系也有助于商事主体选择利于自己的间接代理之模式。

代理商在从事相关代理营业活动中，选择直接代理还是间接代理应当保有自主性和灵活性，即需要考虑经济利益、责任承担、风险控制和商誉积累等因素。③ 直接代理往往为避免交易成本超支而成为小本代理商的最佳选择方式，但是这种代理模式一旦为本人积累足够的商誉后便会被终止以节省佣金开支。间接代理尽管需要在特定情形下行使介入权和选择权方能建立本人与第三人之间的权利义务关系，但因其对保守本人商业秘密，防止客户关系网、进货低价、服务成本等信息泄露具有实益。笔者认为，针对多元化市场经济需求，当前《民法典》提供了多元化的代理需求，有助于提高社会生活便利程度，活化市场经济。

4. 通过立法技术链接民商事代理不同的法律秩序

通过一定立法技术的设计，为不同法秩序特别是商事法律中的特殊规则之适用预留接口是《民法典》调和民商事规则的一项功能。民商法在价值理念、立法技术和规范内容上存有不同，但《民法典》特别是其总则编并未完成提取民法和商法"公因式"的任务。在民事立法技术上，实现对商法统摄的条款类型可以归类为通用型条款、融合型条款和转引条款三种。④ 而

---

① 吴前煜：《从两大法系间的冲突与融合构建商事代理制度——以商事代理授权行为之无因性为契机》，载王保树主编《商事法论集》，法律出版社，2009，第 53、67 页。

② 尹田：《民事代理之显名主义及其发展》，《清华法学》2010 年第 4 期。

③ 郭富青：《论我国民法典编纂对代理立法例及体系的重构》，《学术论坛》2020 年第 2 期。

④ 郑泰安、钟凯：《民法总则与商事立法：共识、问题及选项——以商事代理为例》，《现代法学》2018 年第 2 期。

转引条款的最大功能在于简化法典编纂，以免重复繁琐的立法表达，同时亦可为不同的法秩序预留接口，以形成新的法秩序。该类条款又进一步由限制性法条、参照性法条和转介条款构成。限制性法条系考虑到其他领域特别是商事领域的特殊规则，因其很难也不宜进入《民法典》，故排除了民法一般条款的适用而优先适用商事特别法之规定。参照性法条的功能在于避免立法上的重复，故其设计条文具有不完全性，需参照另一条文予以补充。① 转介条款是指一些条款本身并无规范内涵，仅单纯引致到某具体规范，裁判者需从所引致的条款找寻法律效果。一般认为，转介条款的功能也有助于民法规范向商法规范转化。② 尽管《民法典》并未专门就商事代理设定完整规则，但其第11条规定的特别法优先之转介条款实际上已然与商事特别规范形成了链接关系。故在保证《民法典》体系协调、篇章精炼的前提下，商事立法中对商事代理的特别规定可以借由转引条款进入《民法典》而实现限制、补充以及改造民事条款的规范功能，这亦应属于《民法典》对商事代理的重要规则设计之一项。

二　《民法典》背景下商事代理法律适用的契合与扞格

（一）　商事代理适用《民法典》所形成之契合

1. 契合的法理分析

在民法对商事基本法律制度的统摄以及民商合一的立法体例下，商事代理制度必须最大限度地在《民法典》中寻找可以适用的空间，由此也就形成了其适用《民法典》之契合。

首先，私法视域下民法对商事基本法律制度的统摄。在私法的视域下，民法是普通私法，商法是特别私法，民法是私法的核心。私法有其内在的一致性，不论是民法，抑或商法，它们作为私法的核心规范，在性

① 〔德〕卡尔·拉伦茨：《法学方法论》，陈爱娥译，商务印书馆，2003，第141~142页。
② 郑泰安、钟凯：《民法总则与商事立法：共识、问题及选项——以商事代理为例》，《现代法学》2018年第2期。

质、特点等方面不存在根本差异，都是调整与规范市场经济活动的法律规则。① 当然相似性亦具有相通的调整手段和价值取向。② 《民法典》作为私法的基本法律制度实现对商事基本法律制度的统摄主要经由两个方面。一方面，民法的基本法理直接实现了对商法的统摄。商法直接产生于市场经济的发展要求，属于民法对经济关系调整需求所衍生的产物，其寄生于基本私法理念的温床上生长出门类庞杂的极具实践性和技术性的行为规范。③ 一般认为，民法是私法的基本法，同时也是商法的"法哲学"，商法的理论基础、商事法律关系的基本架构都来源于民法基础理论的衍生。周林彬教授曾专门就商法规范作了类型划分，包括替代型规范、补充型规范以及冲突型规范，前两类规范的民商融合程度较深：第一类规范为民商法共同适用的原则，如诚实信用、公序良俗等；第二类规范是旨在补充民法规范的商法规范，民商区分程度较低，如商法营业原则补充意思自治原则。④ 这些规范现实存在的基础就是以民法基础理论为本的民商法共通法理，然而这些法理生成的理由为何？如果从历史的维度来看，德国著名学者戈德·施密特曾就民商法关系作了经典的表述，他认为商法是新的法律规范的褓褓，然后犹如冰川融化，源源不断地进入民法之中，私法体系对商法的需求取决于民法的交易友好性。⑤ 法理共通性反映在商事代理领域的典型表现就是，商事代理兼具交易面与管制面的双重结构。站在交易面上看，商事代理的基础关系成立、生效均需依赖民法关于委托合同、雇佣合同的相关规定方能确立，商事代理运行的效力也需要通过《民法典》总则编规定的一般民事代理规范才得以确认。⑥ 另一方面，民法商法化的趋势间接实现了民法对商法的统摄。市场经济的盛行，来自商法的一些制度正

---

① 赵万一：《商法基本问题研究》，法律出版社，2002，第113~116页。

② 马特主编《民法总则讨论教学教程》，对外经济贸易大学出版社，2000，第20页。

③ 彭真明：《论现代民商合一体例下民法典对商事规范的统摄》，《社会科学》2017年第3期。

④ 周林彬：《商法入典标准与民法典的立法选择——以三类商法规范如何配置为视角》，《现代法学》2019年第6期。

⑤ 施鸿鹏：《民法与商法二元格局的演变与形成》，《法学研究》2017年第2期。

⑥ 徐深澄：《商事代理制度的合理性与立法路径选择——以"职务行为"的司法困境为分析起点》，《浙江学刊》2017年第5期。

在变成普遍的规则，所以也产生了商事化的趋势。一是对信赖利益及交易安全的保护。对信赖利益的保护，本来系商法中典型的传统价值理念，现在也已经升华为民法的重要价值理念，反映在制度层面就是善意第三人之保护规则。二是现代民法已经融入商法中对效率价值的追求，而且将其置于重要的位置。一方面，既然市民生活与市场经济越来越强调经济效益的重要性，那么现代民法必然会将降低交易成本、提升交易速率作为其重要价值导向，故我国合同法严格限定了合同无效的事由、合同解除程序和条件，等等。另一方面，资源的稀缺性开始成为社会之常态，故对资源的有效利用成为民法的重要任务。《物权法》第1条所规定的"发挥物的效用"就体现了效率价值。①

其次，传统立法体例下的民法对商事基本法律制度的统摄。全国人大常委会副委员长王晨在第十三届全国人民代表大会第三次会议上所做的《关于〈中华人民共和国民法典（草案）〉的说明》中明确："我国民事法律制度建设一直秉持民商合一的传统，把许多商事法律规范纳入民法之中。"② 民商合一体例的核心在于强调以《民法典》总则编统一适用于所有民商事关系，统辖商事特别法。"以民统商"的目的和功能在于，通过《民法典》特别是其总则编的指导，使各商事特别法与《民法典》共同构成统一的民商法体系，有利于实现民商事立法的体系化。同时，通过《民法典》统一调整民商事活动可以节约立法成本，无须另行制定独立的商法总则。总而言之，商法规范应当加入《民法典》，商法入典成为《民法典》编纂背景下中国市场经济立法的一个显著特征。③

2. 契合下的适用逻辑

《民法典》民商合一之立法体例为商事活动提供了基本遵循。商事代理法律制度适用《民法典》可以分为几个具体方面。

首先，在《民法典》与商事单行法之间，仰赖《民法典》第11条特

---

① 王利明：《民商合一体例下我国民法典总则的制定》，《法商研究》2015年第4期。
② 王晨：《关于〈中华人民共和国民法典（草案）〉的说明（2020年5月22日），在第十三届全国人民代表大会第三次会议上〉，《人民日报》2020年5月23日，第6版。
③ 王建文：《我国商事代理制度的内涵阐释及立法构想》，《南京社会科学》2019年第2期。

别法优先之转介条款的功能，其他商事单行法有特别规定的，该特别规定予以法律适用。

其次，在《民法典》内部，总则编第七章专章规定了直接（显名）代理制度，分则合同编的隐名代理（第 925 条）、不公开本人身份的代理（第 926 条）以及行纪合同（合同编第二十五章）等间接代理制度均属于对总则代理制度的特别规定，后者应当予以优先适用。

再次，《民法典》总则编第七章第一节规定的一般规则，除显名代理之效力规定（第 162 条）外，其他诸如禁止代理之例外（第 161 条）、不当代理的民事责任（第 164 条）等规定应同时适用于直接代理及间接代理。

最后，在以职务代理统合法定代表人之代表行为和执行工作任务之代理行为的情形下，由于《民法典》和《公司法》均未规定法定代表人无权代表的法律效果，故法定代表人无权代表可以准用《民法典》第 171 条规定之无权代理的法律效果。

（二） 商事代理适用《民法典》所发生之扞格

1. 扞格之法理分析

商事代理法律制度在适用《民法典》相关规则而发生契合之时，难免因为《民法典》的普遍性与商事代理的特殊性之间的差异而发生扞格，故有必要认真检视商事代理的基本特征。

首先，商事代理兼备多重特有商业属性。商事代理的理论基础和规则设计多与普通民事代理存在不同之处，其本质就在于"商"的特有属性，笔者结合具体实践又将这种属性归结为持续性、有偿性、授权概括性、非显名性、法定性等具体特征。持续性是指与民事代理系个别的、一次性的代理不同，商事代理发生在商事营业过程中，其往往是经常、反复与持续性的。[①] 此外，在商事代理中，代理商代理的目的即在于通过代理行为获取佣金（报酬），职务代理的有偿性体现在通过工作任务的执行换取相应

---

① 汪渊智：《代理法立法研究》，知识产权出版社，2020，第 36 页。

的工资或者奖励，故有偿性亦属于商事代理的显著特征。而民事代理中的法定代理和意定代理并不以有偿为必要。① 同时，民事代理中的授权表现出典型的个别性，但是商事代理中的职务代理和代理商代理分别通过授予执行工作任务之人职权的行为（选某人任某职）和直接将授权蕴含于基础法律关系之中的方式来实现代理权授予，具有明显的概括性特点。至于法定性特征，为便于商事活动开展，两类商事代理的权限范围均由法律直接规定。故此，商事代理展现出的以上属性归根结底在于商事主体追本逐利的核心目的，而提升商事交易的便捷度、商业运作效率无疑是实现这一目的最佳途径。

其次，传统民法对商事行为出现规整危机。德国著名法学家卡纳里斯曾指出，商法规范中的特点体现了人们对商人在交易熟练程度和交易经验方面的较高要求，同时说明商人之间的交易灵活性、快捷性、简易性和保障性的较高要求。② 包含商事代理行为在内的商行为具有多重特殊属性，传统民法规则关于商行为的规制会出现两大规整危机：其一，民法未能一般性地考量商行为之安排，导致商事疑难案件之处理缺乏一般原则，往往出现裁判不公的现象，直接影响商事交易对"确定预期"的需求；其二，民法对商行为的一些具体安排尚存在明显缺陷，未能充分考虑商法和商事交易的特殊性，须予以立法修正和补位。③ 举例而言，民事代理规则赋予委托人自由解约的权利，在司法实务中，因委托人行使任意解约权，法院一般倾向于仅保护直接损失而不包含预期利益。④ 如果将此民事代理规则直接套用于商事代理，将严重背离商事代理的营利属性之本质并阻碍商事代理功能的发挥，因为商事代理涉及"商事定价"问题，代理费用一般会依据其资格、提供之信息、专业服务及控制的市场等因素来决定且

---

① 汪渊智：《代理法立法研究》，知识产权出版社，2020，第 36 页。
② 〔德〕C. W. 卡纳里斯：《德国商法》，杨继译，法律出版社，2006，第 8 ~ 11 页。
③ 蒋大兴：《论民法典（民法总则）对商行为之调整——透视法观念、法技术与商行为之特殊性》，《比较法研究》2015 年第 4 期。
④ 最高人民法院 2005 民二终字第 143 号民事判决书。

会表现出更灵活、更复杂的情形，这明显与民事代理按劳报酬的属性不同。①

再次，商事代理负载特殊化的社会功能。如果从结构主义功能范式的角度来看，"协作型"法律制度属于当代法律的基本特征，即法律的功能在于恢复被破坏的法律关系，以维系社会各部分的有效联结和有机团结能够实现，保证日益精细化的社会分工实现。② 再从实现恢复功能的视角来看，著名社会学家涂尔干认为法律又可以区分为"积极的恢复性法律"与"消极的恢复性法律"两种样态。前者的功能旨在积极构建某种协作关系以促成社会协作以实现社会功能的有机团结。③ 后者的功能旨在明确权利界限，保持社会的各有机组成部分之间互不冲突，互不纷扰。④ 民法上的规则多属于后者，因为民法仅提供市场关系的基础条件，而非调整市场关系本身。而商法中的规则多反映前者，即商法的结构除包含"交易面"之外还兼具"管制面"，以实现经济、贸易、交易安排以及金融秩序之调整。⑤

最后，商事代理具备特定法律关系构造。从商事代理的理论和实践来看，商事代理的特征及其与民事代理的差异主要体现在内部构造和外部表征两个方面。就商事代理的内部构造而言，其代理主体、代理内容、权利义务配置上均有特殊性并与民事代理有本质不同。在代理主体上，民事代理的被代理人主要是自然人、法人；而商事代理的被代理人往往是商事主体，包括商法人和商个人。在代理内容上，民事代理的适用范围限于民事法律行为，既可以是财产关系，也可以是人身关系；既可以是有偿代理，也可以是无偿代理。在权利义务配置上，结合比较法及商事代理实践来看，商事代理人享有特殊权利并履行特殊义务：在权利配置上，商事代理

---

① 蒋大兴：《论民法典（民法总则）对商行为之调整——透视法观念、法技术与商行为之特殊性》，《比较法研究》2015 年第 4 期。
② 文军主编《西方社会学理论：经典传统与当代转向》，上海人民出版社，2006，第 76 页。
③ 〔法〕埃米尔·涂尔干：《社会分工论》，渠东译，三联书店，2000，第 77~99 页。
④ 〔法〕埃米尔·涂尔干：《社会分工论》，渠东译，三联书店，2000，第 86 页。
⑤ 王文宇：《从商法特色论民法典编纂——兼论台湾地区民商合一法制》，《清华法学》2015 年第 6 期。

人往往享有佣金请求权①、商事留置权②；在义务配置上，商事代理人亦须履行尽力促成交易并维护本人利益的义务③、及时报告的义务④、竞业禁止的义务。⑤

2. 扞格表征之职务代理法律适用中的问题

首先，职务代理的主体范围界定不清。《民法典》总则编第170条规定的"法人和非法人组织"似乎在文义上涵盖了所有的组织：商事组织和非商事组织。职务代理属于商事代理的一类，具备商事代理的基本特征，在这种情形下，非商事组织是否有职务代理规则适用的空间，不无疑问。职务代理制度的基本功能就在于立法者意图借此扩展商事组织的对外意思表示渠道，以促进商业交易效率的提升⑥，组织体是否能够适用职务代理规则须契合这一立法目标。在《民法典》调整的法人组织中，机关、农村集体经济组织以及基层群众性自治组织等法人承担的主要是行政管理职

---

① 《德国商法典》第637条："代办商对于由其促成之合同及他方与代办商招揽之顾客订立之合同，享有佣金权，但以该等合同系于代办关系终止前所订立者为限。"《日本民法典》第418条（T）："代理人在代理关系期间取得的顾客订单，除非另有约定或者有不同的习惯，订单在代理合同终止之前接收到，代理人有权要求支付佣金。"《法国商法典》第L134~5条："根据交易数量或交易价值而变动的报酬的任何组成部分，均构成本法意义上的佣金……"第L134~6条："对于在商业代理合同存续期间缔结的所有商业交易，在其是由于代理人的参与而得以签约时，或者是与代理人原先因同类业务已赢得的顾客的第三人进行交易时，商业代理人均有权获得第L134~5条规定的佣金……"

② 《德国商法典》第88a条："（1）商事代理人不得预先抛弃法定的留置权。（2）在合同关系终结之后，对于提供给自己的文件（第86a条第1款），商事代理人仅因自己届期的佣金请求权和费用偿还请求权，享有依一般规定存在的留置权。"《日本商法典》第31条："代理商从事交易代理或媒介所生债权的清偿期到来时，在该债权得到清偿以前，可以留置其为商人占有的物或有价证券。但当事人间有特别意思表示时，不在此限。"

③ 《德国商法典》第86条第1款规定："商事代理人应当努力于交易的媒介或者订立；于此，其应当维护经营者的利益。"

④ 《德国商法典》第86条第2款："商事代理人应当向经营者予以必要的告知，特别是应当不迟延地向其告知任何的交易媒介和任何的交易订立。"《埃塞俄比亚民法典》第2213条："（1）经本人请求，代理人应随时向本人报告其事务的管理。（2）他得毫不迟延地通知本人他已完成代理事务。"

⑤ 我国台湾地区"民法"第562条："经理人或代办商，非得其商号之允许，不得为自己或第三人经营与其所办理之同类事业，亦不得为同类事业公司无限责任之股东。"《日本商法典》第48条第1款规定："商事代理人非应本人许诺，不得为自己或第三人进行属于本人营业部类的交易，不得成为以经营同种营业为目的的公司的无限责任股东或董事。"

⑥ 尹飞：《体系化视角下的意定代理权来源》，《法学研究》2015年第6期。

责，不具备商业属性，也不以追求商业交易效率为目标，也就无须为其配置职务代理制度。换言之，组织的非商事目标限制了其对外表意的机制设置①，对于非营利的组织，代表人和意定代理制度即可满足其开展私法活动的需要。

与此同时，条文将职务代理人定位为"工作人员"。与大陆法系国家（地区）立法例相较，《民法典》并未从代理人主体的角度上对职务代理予以类型化。在其他大陆法系国家（地区）之制度设计，不论采行民商合一抑或民商分立的模式，基本上主要规定了经理代理权、代办权以及店员代理权三类职务代理类型。② 从这些域外的立法例来看，职务代理的类型化是一种被学者称为"叙述性类型化"所归纳集合而来的概念。③ 笔者认为，应当从两个维度来分析职务代理类型化的重要意义。一方面，类型化是促进交易安全的重要方式。商事组织是一个高度科层制的结构④，不同层级的工作人员所拥有的代理权限必定不同。通过法定类型化，具体化出权利的外观事实，可以解决交易双方信息不对称的问题，减少相应的交易成本。通过类型化的制度安排，保护交易相对人对权利外观事实的合理信赖，是利于促进市场交易效率的。另一方面，类型化也是组织实现内部自治的必然需要。在典型的商事代理中，经理权往往承载了团体的意志（董事会决议）且受团体民主和程序正义的制约。而代办权的权力往往源于经理与人事部门的任命，其相较于经理权承载团体的意志较弱，这也就决定了代办权的权限范围较小、授权行为的程序弱化（无须登记）。⑤ 故此，类型化能够反映不同商事代理设置的强弱差异，经理权相较于代办权更为重要，权限范围也更广，程序要求也更严；而代办权通过简化、灵活的授权

---

① 聂卫锋：《职权代理的规范理路与法律表达——〈民法总则〉第170条评析》，《北方法学》2018年第2期。

② 汪渊智：《论职务表见代理》，《山西大学学报》（哲学社会科学版）2020年第6期。

③ 徐深澄：《〈民法总则〉职务代理规则的体系化阐释——以契合团体自治兼顾交易安全为轴心》，《法学家》2019年第2期。

④ 邓峰：《普通公司法》，中国人民大学出版社，2009，第133页。

⑤ 徐深澄：《〈民法总则〉职务代理规则的体系化阐释——以契合团体自治兼顾交易安全为轴心》，《法学家》2019年第2期。

方式有助于公司经营效率的提升，总体体现了组织内部自治的必然需要。

其次，职务代理权限范围的载体不明。权限范围的载体是指商事行为对外表征商事外观的具体方式。在职务代理人类型化的基础上，域外各国立法均会以商事登记或法律规定的方式来限定职务代理的权限范围，以显现商事外观并保护交易相对人合理信赖。例如，德国法上，经理权的授权与消灭须依《德国商法典》第 53 条的规定以商事登记的方式为之①；至于代办权、订约代理权、店铺销售权则直接依据《德国民法典》第 54、55、56 条的规定展现权利外观，无商事登记的必要。② 既然《民法典》总则编并未进行职务代理类型化的区分，相应的权限范围载体也就不甚明确了。

最后，职务代理权限行使的限制不当。如前所述，不同于民事代理的特定授权，商事代理一般是概括授权，而《民法典》第 170 条将职务代理限制于"职权范围"内可能会出现一个逻辑问题。以经理权为例，既然经理权获得了概括授权，其所开展的一切行为之效果就应归属于商事组织来承担，除法定限制外，不会存在超出职权范围的问题。③ 换言之，《民法典》对职权范围的限定与概括授权的本质属性可能产生逻辑矛盾。反观《德国商法典》对经理权的限制，其第 49 条将经理权限制于营利行为产生的一切诉讼上和诉讼外的行为和法律行为以及在土地出让和设定负担时的特定授权要求，其第 50 条进一步明确规定了对经理权所进行的限制不会对第三人发生效力。由此规则上的设计在避免了逻辑问题的同时，也反映出经理权的权限只能受法律的限制而非"职权范围"。

---

① 《德国商法典》第 53 条："（1）经理权的授予应当由营业的所有人申请登入商事登记簿。经理权是作为共同经理权被授予的，也必须将此申请登记。（2）经理权的消灭应当以与消灭同样的方式申请登记。"

② 《德国商法典》第 54 条（1）款："某人不经授予经理权而被授权经营一项商事营利事业，或者实施属于一项商事营利事业的一定种类的行为，或者实施属于一项商事营利事业的个别行为的，代理权（代办权）扩及于由经营此种类的商事营利事业或者实施此种类的行为通常所产生的一切行为和法律行为。"第 55 条（1）款："对于身为商事代理人的代办商，或者对于作为商事辅助人受托在业主的经营之外以业主名义订立行为的代办商，也适用第 54 条的规定。"第 56 条（1）款："在店铺或者公共仓库被任用的人，视为有权进行在此种店铺或者仓库通常所发生的出卖和受领。"

③ 杨秋宇：《融贯民商：职务代理的构造逻辑与规范表达——〈民法总则〉第 170 条释评》，《法律科学（西北政法大学学报）》2020 年第 1 期。

3. 扦格表征之代理商代理法律适用中的问题

首先，间接代理制度存在解释空间。在代理商规范结构性缺失前提下，舶来的间接代理规则是代理商适用《民法典》的直接依据，但这些规则在法律适用上仍存在一些解释空间，亟待释明和厘清。

一方面，依《民法典》第925条，隐名代理中，受托人以自己的名义，在委托人的授权范围内与第三人订立合同，第三人在订立合同时知道受托人与委托人之间的代理关系的，该合同直接约束委托人和第三人。有学者认为，第三人明知或应知的主观心态均可阻却善意要件而发生代理效果归属的状态，如果在隐名代理中将第三人"知道"限缩为明知，似不合理限制了隐名代理制度的作用。① 故依此逻辑，《民法典》第925条关于"知道"理应包含"明知"与"应知"。然而，对于该限缩解释是否合理仍需进行合理检视。

另一方面，不公开本人身份代理中，介入权和选择权可能产生法律适用的问题仍需通过解释论予以廓清。一是存在介入权行权事由过窄以及介入权行权范围过窄的问题。依《民法典》第926条关于不公开本人身份的代理的规则，仅当代理人因第三人原因对本人不履行义务时，本人方可行使介入权。于此将产生的疑问就是，如果代理人因其他原因无法对本人履行义务，本人是否可以行使介入权？就目前条文文义来看，答案是否定的。介入权的规范功能在于，在特定情形下本人可尽快行权止损，如果权利行使事由窄、难度大、门槛高，无疑会减损立法制度设计的预期效果。此外，《民法典》第926条进一步规定了介入权行使后，本人可以行使代理人对第三人的权利，那问题在于本人行使的权限是代理人对第三人的所有权限抑或某一类权限？如果行权范围不清，介入权的行使也会使不公开本人身份代理的制度效果大打折扣。二是存在选择权行权条件过度受限的问题。依《民法典》第926条关于不公开本人身份的代理的规则，仅当代理人因本人原因违约时且代理人向第三人披露本人信息后，第三人才可行使选择权。需要明确的是，选择权在英美法系的规则设计系出于第三人友好型的态度，在普通法上，只

① 徐海燕：《间接代理制度法理阐释与规则解释》，《社会科学》2021年第4期。

要代理人拒绝或拒绝履约，第三人便可行使选择权而不必纠缠于代理人违约的原因为何。① 故此，当前的条文规则设计过度限缩了第三人选择权的行权可能，限制了该项制度法律效果的最大限度发挥。

其次，代理商合同具体规则存在明显缺失。一般认为，我国并无关于代理商代理的规范，只是将作为代理权基础契约的委托合同规范于《合同法》（《民法典》合同编）中，分别位于一般委托、隐名代理、不公开本人身份的代理、行纪。② 代理商制度的核心在于内部关系的规制，即代理商与委托商人之间的代理商合同关系，尽管这种合同关系可以参照适用最相类似的委托合同等规范，但是基于代理商法律地位的独立性与代理商合同的长期性，避免代理商的经营利益不当受损，而且随着代理商职业阶层与商事实践的不断发展，借鉴域外立法例全面规定独立的代理商合同应为必要。③ 代理商合同规制的内容应当涉及代理商合同的概念、代理商权利义务的规则、代理商合同的终止及后果等内容。在《民法典》已经定型且未将代理商作为有名合同予以规制的前提下，需要考虑通过一定的立法技术，明确代理商合同中的相关内容以保障处于相对弱势地位的代理商利益，并维护长期的关系性契约。

三 《民法典》背景下商事代理法律适用的解释论

（一） 解释论的指导原则

商事代理在适用《民法典》时需要对部分扞格的问题表征进行解释论的阐述，这一阐述需要遵循两方面原则。一方面，应当尊重商事代理制度的价值与作用。不论私法的体例与结构采民商合一抑或民商分立，民商事法律的相对区分无疑是现代社会对法制的客观要求。民商事的生活实践决定了民商事法制的本质差异，而这种差异性根源就在于商事代理制度的特

---

① 徐海燕：《间接代理制度法理阐释与规则解释》，《社会科学》2021 年第 4 期。
② 吴京辉、金恩雨：《〈民法总则〉背景下商事表见代理的制度回应》，《社会科学》2017 年第 9 期。
③ 汪渊智：《代理法立法研究》，知识产权出版社，2020，第 44～46 页。

殊性以及商事法律制度对效率优先、兼顾公平的价值追求，同时也反映了其增强交易结果确定性、可预见性，促进交易秩序和信用的社会作用。[①]另一方面，应当灵活运用多种解释方法以应对法典商事代理规则的概括性与抽象性。在《民法典》规则既定且短期内无法进行完善与修订的情况下，要灵活运用整体解释、目的解释与比较法解释的方法对简化、抽象、规制不足的条文进行可行解释。前述职务代理的主体范围以及代理商在进行隐名、不公开本人身份代理过程中的行权范围过窄和条件受限等问题均可在立法完善之前先行通过解释方法予以补足。当然，若未来立法条件成熟，解释论的理论成果与实践经验可进一步上升为立法，以满足法律的确定性要求。

（二） 商事代理法律适用的解释论内容

1. 适当限缩职务代理中的代理主体范围

实际上，当前《民法典》第 170 条 "法人和非法人组织" 的文义过宽。职务代理应当主要适用于商事组织（营利法人和营利性的非法人组织），理由如下。首先，从规范的意旨和功能出发，职务代理规则创设的一个目的在于立法者希望通过增加商事组织对外的意思表示渠道，提升商业交易效率。组织体是否可适用职务代理规则还需符合这一立法旨意。[②]商事组织自当有配置此功能的需要，而其他类型的法人或非法人组织受制于其非商业化的目标，也无须额外的意思表示渠道，例如，机关、农村集体经济组织等法人因其以承担行政职能为主，不以开展商事交易活动为业务，为其设置职务代理规则并无实益。其次，商事组织需要开展一些民事活动，但这些活动并非主要业务，并不具有常态性、规模性，开展此类活动基本上可以通过一般委托代理制度来处理，并不需要为其配置职务代理规则。如果允许法定代表人以外的工作人员都享有职务代理权，其行为后果都归属于所在组织，不仅与这些组织的治理结构和运行模式相冲突，而

---

① 刘静波：《以职务代理完善我国代理制度——以公司交易实践为视角》，《新疆大学学报》（哲学·人文社会科学版）2012 年第 2 期。

② 杨秋宇：《融贯民商：职务代理的构造逻辑与规范表达——〈民法总则〉第 170 条释评》，《法律科学（西北政法大学学报）》2020 年第 1 期。

且会为所在组织带来不测之损害。① 故此，基于规范意旨、功能与现实效用，《民法典》第170条"法人和非法人组织"宜解释为商事组织（营利法人和营利性的非法人组织）。

2. 合理解释间接代理中关于隐名代理的规则

如前文所述，因为明知或应知的主观心态均可阻却善意之要件，《民法典》第925条关于"知道"应当进行扩张解释，宜应包含"明知"与"应知"的说法值得商榷。笔者认为，使用自己的名义发生代理效果非交易之行为常态。按通常之情理，代理人若意欲使民商事行为效果归属于本人，合理的做法便是使用本人的名义开展活动。相应的，若代理人仅使用自己名义，其基本上具有自己承担法律后果的意思。相对人即便应知代理关系，考虑到其主观上存有疏忽，若仍要发生隐名代理效果有可能损及相对人的合同自由及利益。若将隐名代理规则中的相对人知道扩大解释包含"应知"，恐在便利本人的同时徒增交易相对人过重的注意义务。此外，从《民法典》的行文来看，文义上的"知道"与"应当知道"是有明显界分的，例如《民法典》第149条、第152条、第167条、第171条、第199条均直接表述为"知道或者应当知道"，故此，《民法典》第925条规定的"知道"应当仅限于"已知"，而不包含"应知"。

3. 合理解释间接代理中关于不公开本人身份代理的规则

就本人行使介入权的条件来看，对《民法典》第926条规定的行使条件是否应当限制为"代理人因第三人原因而对本人不履行义务"，笔者持否定态度。查看《货代公约》第13条第2项的规定，只要代理人失信于本人，本人即可行使介入权，至于代理人因第三人原因或其他原因在所不问。② 另

---

① 汪渊智：《论职务表见代理》，《山西大学学报》（哲学社会科学版）2020年第6期。

② 《国际货物销售代理公约》第13条："（1）代理人于其权限范围内代理本人实施行为，在下列情形，其行为只拘束代理人和第三人：（a）第三人不知道、亦无从知道代理人是以代理人身份实施行为；或者（b）代理人实施该行为只对自己发生拘束力（例如所涉及的是行纪合同）。（2）但是：（a）当代理人无论是因第三人不履行义务或是因其他理由而未履行或无法履行其对本人的义务时，本人可以对第三人行使代理人代理本人所取得的权利，但应受到第三人可能对代理人提出的任何抗辩的限制。（b）当代理人未履行或无法履行其对第三人的义务时，第三人可对本人行使该第三人对代理人所有的权利，但应受到代理人可能对第三人提出的任何抗辩以及本人可能对代理人提出的任何抗辩的限制。"

参看《欧洲合同法原则》第 3：302 条，只要中介人丧失偿债能力、构成根本不履行，本人即可行使介入权。[①] 故此，为了充分发挥介入权的规范功能，便于本人在商事代理中尽快止损，应当运用目的解释和扩张解释技术，对代理人本人不履行义务的原因进行扩张并包含其他可能之原因。

就本人行使的介入权范围来看，介入权行使的法律效果就是行使代理人对第三人的权利。代理人针对第三人所享权利应细分为三类：一是代理人为自己利益而取得；二是代理人为隐名客户利益而取得；三是为未披露身份的客户利益而取得。[②] 仍然参看《货代公约》第 13 条第 2 项和《欧洲合同法原则》第 3：302 条，二者均反映中介人为自己利益而从第三人取得的权利是排除于本人介入权行权范围之外的。从这些立法例的本旨来看，本人因行使介入权而代行代理人对第三人的权利范围不宜扩大，否则可能会形成介入权滥用继而引发代理人自身权益受侵害之结果。质言之，应对《民法典》第 926 条作限缩解释，禁止本人行使代理人为自己或者他人利益之计算而从第三人处取得的权利。

就第三人行使选择权的条件来看，《民法典》第 926 条同时不当限缩了第三人选择权的行使条件，即只有在代理人因本人原因对第三人不履约且代理人向第三人披露本人信息后。前述《货代公约》第 13 条第 2 项同时规定，只要代理人未履约或无法履约，第三人即可启动选择权行使程序。依《欧洲合同法原则》第 3：303 条，只要中介人丧失偿债能力、构成根本性违约或出现预期违约，第三人即可行使选择权。为降低第三人选择权的行使成本、方便第三人及早行权止损，理应对《民法典》第 926 条规定的选择权启动条件作扩张解释，选择权的行权原因应当涵盖因本人之外的其他原因对第三人不履约的情形。

[①] 《欧洲合同法原则》（PECL）第 3：302 条规定，如果中间人破产，或者对委托人根本性不履行，或者在履行期到来之前情况表明将会发生根本性不履行时：（1）基于委托人的请求，中间人应将第三人的名字和地址告知委托人；而且（2）委托人可以行使中间人为委托人的利益而对第三人取得的权利，但应承受第三人可得对中间人提出的抗辩。

[②] 徐海燕：《间接代理制度法理阐释与规则解释》，《社会科学》2021 年第 4 期。

四 《民法典》背景下商事代理法律适用的立法论

（一） 立法论的实践方式

针对职务代理类型化及权限载体、代理商代理主体资格以及代理商合同等规范缺失，《民法典》在规则设计层面无法处理商事代理法律适用所产生的问题，借鉴比较法上的成熟法制以补充《民法典》之不足基本上已经形成共识，但如何完善商事代理的特殊规则，理论上存在两种后续方案：一是寄希望在《民法典》之外制定一部《商法通则》统一解决商事代理的缺漏问题；二是试图通过特定的商事单行法来补救《民法典》在商事代理制度规制上的不足。

对于"《民法典》＋《商法通则》"的立法方式，商法学者普遍认为，从立法需求来看，应发挥这一立法方式"通、统、补"三方面功能，即创设民法与商法的通用规范、统率商事单行法规则以及填补民法与商事单行法之间的空白。[①] 进一步而言，《商法通则》的生命力就在于商业实践本身的客观需求，因为这些实践亟须形成独立的商法思维，《商法通则》可以填补商事交易制度、应对商事行为的复杂性、形成商事审判思维。[②] 对于"《民法典》＋商事单行法"的立法方式，学者主要站在民商合一传统体例下持《民法典》维系民商法制体系性和统一性的基本认识，认为特殊性的商事代理规范保留在法典之外，由单行法进行调整可以避免体系的不合理与不协调。[③]

笔者认为，时下制定一部《商法通则》相较于制定一部规制商事代理的商事单行法难度要更大。首先，《民法典》之外制定《商事通则》必然会面临技术上的困难。《商事通则》实质上是类似于《民法典》总则编的一套规范，它需要反映商事规范的体系性和完整性，技术上立法者需要对

---

① 王保树：《商事通则：超越民商合一与民商分立》，《法学研究》2005 年第 1 期。
② 蒋大兴：《〈商法通则〉/〈商法典〉的可能空间？——再论商法与民法规范内容的差异性》，《比较法研究》2018 年第 5 期。
③ 郭富青：《论我国民法典编纂对代理立法例及体系的重构》，《学术论坛》2020 年第 2 期。

既有各商事规范进行高度的抽象和概括。实际上，商法本身实难抽象出共同规则，特别是在市场经济日益活跃的背景下，社会分工只会越分越细、专业化越来越强，商事规则内部各方向的特性也必然会越来越突出。这种特性日趋大于共性的直接反映就是，整个商法领域能够进行理论抽象、形成通则性规定的内容将变得少之又少，很难有足够的总则性规定可以普遍适用于公司、合伙、破产、证券、票据、海商等各个商事部门法领域。①举例而言，就目前可以考虑到的共性规则包括商主体、商事登记、商行为等内容，未来的《商事通则》不免要规定商事主体的设立规则和运行制度，但是不同的商事主体的设立条件和运作模式必定存在很大差异，这取决于市场经济运行的水平以及国家对商业交易的管制态度，想要抽象出统一的规则不太现实也有难度。其次，民商合一体例下准确区分民商事规范存在一定困难。民法与商法似乎在理论上可以抽象出不同的标准和特点予以界分，但如果考察社会实践，考虑到现代社会中每个人均可以参与市场活动与交易，要想界分商人与非商人、商事行为与民事行为、商事代理与民事代理、商法上的时效与民法上的时效恐愈来愈难。② 何况《民法典》已经大量融合商事规范，商事规范中也贯穿着民法基本理念，两者融贯的态势只会更加深化。若要提炼出通用的商事规则，就必须要厘清其与民法上相关制度的关系，其中有些问题目前仍无定论，若要解决这些问题，需要在前期投入大量的工作。再次，《民法典》既有的立法技术配合商事单行法已足以调整特定商事关系。民商合一的立法体例在我国民商事法制建设中一以贯之。通过以民统商，在《民法典》总则编的指导下，使商事特别法与《民法典》构成统一的民商法体系将有利于共同构成统一的民商法体系，更有利于实现民商事立法的体系化。前述《民法典》的立法技术已为商事秩序进入民法典预留了通道，通过法典统一调整民商事活动可以节约立法成本，配合立法技术，并无制定独立的商法通则的必要。最后，商业活动需不断创新，商法规则也会随着这种创新而有所发展和变化，商法

---

① 孟强：《经由编纂民法典实现民商合一——兼评〈民法总则专家建议稿〉与〈商事通则立法建议稿〉》，《社会科学战线》2015 年第 12 期。
② 王利明：《民商合一体例下我国民法典总则的制定》，《法商研究》2015 年第 4 期。

通则本质上是对商事活动规则的提炼并进行抽象性规定，可能难以适应灵活的商业交易规则。[①] 商事通则的稳定性与商事单行法的灵活性两相比较，制定一部相当于商事单行法的《商事代理法》，在节约立法成本的基础上，可以随时应对市场经济与商事交易秩序的灵活多变，似乎更为妥适。

（二） 商事代理法律适用的立法论内容

1. 据实确定职务代理的基本类型

为解决类型化不足的问题，商事代理单行法中的职务代理规则应当借鉴域外立法经验并结合我国商事活动的实际进行类型化的总结。如前所述，各国立法例中，作为商事代理的职务代理一般包括经理代理权、代办权以及店员代理权，相关立法也同时对几种类型的职务代理在权限类型和载体方面作了规定。在对我国《民法典》中的职务代理进行类型化时，不必完全照搬域外的称谓，而宜结合我国的商事实践和习惯，对第170条的职务代理具体类型化为组织负责人的代理、部门负责人的代理以及对外营业员工的代理，其中负责人的代理又可细分为主要负责人的代理和分管负责人的代理。

一是组织负责人的职务代理。尽管在公司法上，主要负责企业具体运营管理的责任人在法人组织中被称为经理，在非法人组织中则被称为负责人，但在与法人相关的文书以及商事活动交易实践中，经理亦常以法人组织的主要负责人身份出现。法人组织同时又需要设置若干副总经理以协同配合总经理完成具体工作，故本文将法人组织与非法人组织的总经理或主要负责人统称为主要负责人，副总经理或其他负责人统称为分管负责人。依此，组织负责人的代理可以细分为主要负责人的代理与分管负责人的代理。就主要负责人的代理而言，总的来看，大陆法系国家商事立法多单独承认经理的代理权，但我国的经理权与域外经理权有很大的不同，比如，早期有学者认为后者具有管理权能和代表权能，而前者不同。[②] 此外，按

---

① 王利明：《民商合一体例下我国民法典总则的制定》，《法商研究》2015年第4期。
② 范健、蒋大兴：《公司经理权法律问题比较研究——兼及我国公司立法之检讨》，《南京大学学报》（哲学·人文·社会科学）1998年第3期。

德国法规定，经理能够实施由营利事业经营产生的一切种类的诉讼上和诉讼外的行为和法律行为①，同时需要在公司登记机关进行登记。笔者认为，从比较法的角度承认域内外经理权的差异是正当的，但这些差异不应成为否认经理代理权独立的依据，理由如下。其一，尽管广义的经理权包含管理权，也包含对外的代理权，而狭义的概念仅指后者，但按照当前的学术观点，德国与日本商法中的经理权仅指狭义的概念。② 其二，虽然我国的经理权无法直接实施由营利事业经营产生的一切种类的诉讼内外的行为，但我国《公司法》第74条规定，经理根据公司章程规定或者董事会的授权行使职权。其三，尽管我国经理权并无登记之强制规定，但经理权已经在商事单行法中予以法定化，这种法定化不仅有利于划定经理权范围，而且在一定程度上起到了代理权公示的作用。只是如果存在"董事会另行授予"以及"章程另行规定"的权限时，这种公示效果会比较有限，但这样的条文设计也会提示交易相对人在进行具体商事活动时要特别注意与其进行交易的经理有无除《公司法》直接规定之外的其他权限。其四，承认经理代理权的独立性也比较符合我国企业活动的常态。其五，下文肯认分管负责人作为一类独立的代理类型，而分管负责人一般就是分管经理（副总经理）。站在企业管理的角度，分管负责人协助主要负责人分管各归口管理业务，后者居于领导前者的地位，暂且不论该主要负责人是否为法定代表人，若前者具有一定的代理权限，而后者并无此权限，必定不符合一般商业活动规律和商业常识，故法人或非法人组织中的主要负责人的代理权是具有独立性的。就分管负责人而言，在主要负责人之下，法人组织中分管业务的领导有权利能够代理法人对外进行民商事活动，具体称谓可能在不同的企业中有所不同，如副总经理、分管领导，等等。考虑到"副总经理"无法直接显现职责分工的含义，"领导"一词非法律或文书上的表达，应在体现分工负责的同时与"主要负责人"形成对应，以"分管负责人"

---

① 《德国商法典》第49条：（1）经理权授权实施由营利事业经营产生的一切种类的诉讼上的和诉讼外的行为和法律行为；（2）对于土地的出让和负担的设定，仅在向经理人特别授予此项权限时，其始享有实施此种行为的权利。

② 刘文科：《商事代理法律制度论》，法律出版社，2013，第49～50页。

描述之。依《公司法》第 67 条，董事会根据经理的提名决定聘任或者解聘公司副经理，故分管负责人的权限来自本人授权。至于职责划分，在实践中，其往往和提名一并按上述程序完成，换言之，分管负责人的职务代理权限系由本人内部组织授予，在职责分工的范围内具体行使。

二是部门负责人的代理。德国法中的代办人，在我国相对应的是分支机构的负责人、分店或支店负责人、办事处负责人以及商事组织内设机构等负责人，这些职员或负责人在职务范围内均可行使代理权。[①] 部门负责人代理的权限可能既来源于法律授权，也可能来源于本人授权，抑或兼有。[②]

三是对外营业员工的代理。大陆法系国家的店员代理权，主要是指在店铺、仓库、商店、售票处等特定场所营业的雇员，具有与此营业相关的一切代理权，这些雇员一旦根据工作安排被指派到某一营业岗位，按法律规定就当然具有从事该项交易活动的代理权限。相应的，我国商事活动中亦存在同样的情形，例如包括商品和门票销售人员、酒店或银行的大堂经理、饭店的服务与收费人员等营业人员均有权利代理所在法人或非法人组织与消费者进行交易并签订合同，或者实施其他法律行为，其后果由该法人或非法人组织承受，这些代理情形，可以统称为对外营业员工的代理权。[③] 亦同时说明，对外营业员工代理的权限，可能来源于本人授权，亦可是习惯授权。对于后者，由于观察通常的交易习惯，当当值营业员工在营业时间、营业场所并以特定的方式出现在消费者能够自由进入并且以物品出售为目的的商铺时，到店之消费者必然认为该营业员对店铺中的商品有销售权，于此情形之下，营业员已按照该营业场所中的营业惯例被推定拥有代理权。[④] 当然，在比较法上，对外营业员的权限应仅限于销售而非买入。[⑤]

[①] 汪渊智：《论职务表见代理》，《山西大学学报》（哲学社会科学版）2020 年第 6 期。

[②] 《日本商法典》第 25 条："被委任处理与商人营业相关的某类或者特定事项的雇员，有权实施与该事项相关的一切裁判外行为。对前款雇员代理权的限制，不得对抗善意第三人。"

[③] 汪渊智：《论职务表见代理》，《山西大学学报》（哲学社会科学版）2020 年第 6 期。

[④] 汪渊智：《代理法论》，北京大学出版社，2015，第 125～126 页。

[⑤] 《日本商法典》第 26 条明确规定："以出售物品等（指出售、出租与此类似的行为，本条中下同）为目的之店铺的雇员，视为其有权对店铺中的物品实施出售等行为。但对方基于恶意时，不在此限。"

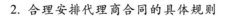

2. 合理安排代理商合同的具体规则

一是合理界定代理商合同的概念。在比较法上，代理商合同有不同的称谓，有谓"代理商契约"，亦有"代办商合同"的表述。厘定代理商合同的概念，关键在于突出代理商的独立性与职业性，故此代理商合同可定义为"代理商在持续性代理权限范围内固定为委托人利益与第三人缔结交易，委托人支付报酬的合同"①。

二是适当明晰代理商的权利义务内容。商事代理制度适用《民法典》之所以会产生扞格效果，主要原因之一便是商事代理中的代理商代理在法律体系中于"典"无据。当然，合同应当严守契约自由原则，在法律缺位而不能形成有名合同的前提下，当事人可以通过合意设置双方的权利义务内容。但考虑到比较法上对代理商合同内容的规定已经趋于稳定，为最大限度减少缔约成本，也为寻求约定缺位时的裁判准据，宜将普遍形成共识的合同权利义务的内容立法化。② 权利义务内容的具体规则配置可参照前文关于各国（地区）的立法例，围绕佣金请求权、商事留置权、尽力促成交易并维护本人利益的义务、及时报告的义务、竞业禁止的义务等内容予以明确。

三是具体述明代理商合同的终止情形。由于代理商合同的长期性特征，关于代理商合同的终止，比较法之立法例主要规定了四类事由③：（1）如果代理商合同为不定期合同，则任意一方均可终止该合同，但是须遵守法律所明确规定的预先通知期间；（2）如果代理商合同为定期合同，代理关系于合同期限届满时终止，若双方继续实施则转化为不定期合同；（3）无论代理契约是否有解约期限，若有特殊重大事由或正当理由，均可解约；（4）商事代理契约亦可以依照民法等相关规定终止，例如当事人可以通过双方合意终止代理商合同。故此，在对代理合同终止条件以及程序进行立法设计时，域外立法规定之以上事由及相关程序性条件可作为重要参考。

四是据实指明代理商合同的终止后果。域外立法例主要规定了合同终止后的补偿请求权，明确了其成立要件与阻碍要件。欲要成立补偿请求

---

① 汪渊智：《代理法立法研究》，知识产权出版社，2020，第47页。
② 汪渊智：《代理法立法研究》，知识产权出版社，2020，第47页。
③ 汪渊智：《代理法立法研究》，知识产权出版社，2020，第48页。

权，一般而言需要满足如下条件：① （1）在代理商合同关系终止后，委托人仍因与代理商争取到的新客户的业务联系而获得重大利益；（2）代理商在代理商合同关系结束后失去报酬请求权。在代理商合同关系存续的情形下，代理商本可以因其终止前的代理行为获得佣金，因此若委托人依代理商的先前行为取得显著的营业利益，自应给予与报酬相当的补偿。

五　结　语

作为我国市场经济发展以来的重大立法智慧结晶，《民法典》不仅调整基础性的民事活动及其形成的法律关系，也规范活跃的商事交易与商法关系。市场经济环境下，商事活动日趋丰富，商事代理制度需要在《民法典》的体系中寻找适用的空间和依据，但其固有的特殊性难免会在法律适用的契合关系中形成扞格之问题。故此，应当认真梳理《民法典》既有与商事代理相关之规则并对其不明确之处予以解释，同时期待未来合理的立法实践方式可以通过规则设计就商事代理中出现的规范性缺失予以补足，以进一步在民商合一的背景下协调好民商事不同的法律关系，不断促进商事代理和市场经济的发展。

（审校：汪义双）

---

① 汪渊智：《代理法立法研究》，知识产权出版社，2020，第49页。

新《公司法》视野下董事合规义务的
制度构建

孟　盛[*]

摘要：《公司法》第177条新增了国家出资公司的合规管理职责，该条使合规在我国各类公司中的构建成为可能。董事会是公司重要事务的决策者，近年众多合规丑闻的层出不穷表明，构建公司合规，董事会责无旁贷。随着董事会功能的演化，监控职能已逐渐成为董事会职责的重要面向，而合规义务是监控职能的重要组成部分，所以公司法应在董事传统二元论信义务的基础上，重视董事的新兴义务——监控职能和其项下的合规义务。然而，目前我国学界对董事合规义务的体系定位和具体行为标准、审查标准的讨论还较为混乱。根据境外经验并结合我国实际，我国应将董事合规义务归入忠实义务，在裁判中区分不同的董事合规失败情形，并打通公司法和刑法在公司合规问题上的制度衔接。

关键词：信义务；合规义务；公司治理；《公司法》修订

一　问题的提出

公司合规（Corporate Compliance）源自 20 世纪 60 年代的美国，旨在确保公司遵守其内部合规管理框架以及相关法律法规。[①] 公司合规与公司治理（Governance）、风险管理（Risk Management）一起合称为"GRC"，被世界各地的股东、机构投资者和法规制定者用作提高商业道德水准、加强对法律规范的遵守以及阻止公司从事不法行为的重要手段。[②] 从实务层

---

[*]　孟盛，浙江大学光华法学院经济法学硕士研究生，浙江大学破产法中心研究人员。

[①]　刘斌：《公司合规的组织法定位与入法路径》，《荆楚法学》2022 年第 3 期。

[②]　Geoffrey P. Miller, *The Law of Governance, Risk Management and Compliance*, 3rd ed. , Wolters Kluwer, 2020, p. 1.

面看，2020年瑞幸咖啡自曝财务造假后，在美国上市的中国概念股（以下简称中概股）公司面临集体"被"强制退市的风险。① 中概股正遭遇严重的信任危机，众多中概股公司在美国上市后被爆出大量信息披露违规、不符合交易规则、财务造假问题，表明目前中国公司法未能在公司合规方面提供与国际监管规则相适应的制度供给。②

2023年12月公布的新《公司法》第20条要求公司充分考虑公司职工、消费者等利益相关者的利益及生态环境保护等社会公共利益，承担社会责任，是"公司社会责任"（Corporate Social Responsibility，CSR）这一概念在我国法上的直接体现。第177条明确规定了国家出资公司应当依法建立健全内部监督管理和风险控制制度，加强内部合规管理。该条为公司合规义务从国家出资公司扩展到其他类型的公司做了一定铺垫，但合规义务的责任主体是谁、公司内合规制度如何构建却语焉不详。

董事会是公司治理的根本内生机制，是公司问责的关键所在③，也理应是公司合规职责的义务承担者。随着公司的组织形式为回应经济现实而不断演变，董事会的功能也有所变革，这体现在董事会的监控职能日益逐渐占据主导地位上。④ 美国、日本等国家经董事监控职能路径，以董事会的监督模式规范合规义务，在此基础上，逐渐分化出了董事合规义务（duty of compliance），并衍生出合规义务是不是一项独立的信义义务的讨论。⑤

企业合规起源于美国，并快速扩展至法国、英国、意大利、澳大利亚等国，已成为全球法律现象。⑥ 作为企业合规自我监管的一个组成部分，

---

① 沈伟、陈睿毅：《中美金融"脱钩"和"再挂钩"的逻辑与应对——一个反制裁的视角》，《东南大学学报》（哲学社会科学版）2022年第3期。

② 余波：《境外中概股危机：背景、成因与影响》，《证券市场导报》2013年第1期。

③ Eric A. Chiappinelli, *Cases and Materials on Business Entities*, Wolters Kluwer, 2018, p. 370.

④ Stephen M. Bainbridge, "The Board of Directors", in Jeffrey N. Gordon & Wolf‐Georg Ringe eds., *The Oxford Handbook of Corporate Law and Governance*, Oxford University Press, 2018, pp. 276‐282.

⑤ 陈景善：《董事合规义务体系——以董事会监督机制为路径依赖》，《中国法律评论》2022年第3期。

⑥ 梁涛：《美国企业合规制度的构建：国家监管、强制性自我监管与刑事激励》，《政治与法律》2022年第7期。

董事合规义务在域外的探讨方兴未艾，这股"董事合规风暴"正在席卷全球，也已日渐成为我国学界和实务的热烈讨论话题，但我国目前没有法律法规明确规定董事具有合规义务。新《公司法》第20条与原《公司法》第5条相比没有实质性区别，这种道德意义上的宣示性条款仍不能被司法判决所引用，说明传统的守法义务有陷入适用僵局的趋势。笔者主张，为激活企业的社会责任面向，在现有的董事信义义务中考虑纳入董事的合规义务面向。我国众多学者也认为应在《公司法》修订之际把董事合规管理的要求嵌入其中[①]，但董事合规义务的体系定位和具体行为标准、审查标准的讨论还较为混乱。笔者尝试在梳理国内和境外立法规范和司法裁判的基础上，对董事合规义务在新《公司法》的引入路径作理性探讨，并期待公司法和刑法在公司合规问题上达成制度衔接。

二 中国现行法上董事合规义务的缺失

（一） 董事合规义务的规范供给不足

根据 Berle – Means 的两权分离学说，股东缺乏专业知识和时间精力亲自经营公司，公司的经营决策权由董事会和经理层等管理层掌控，而管理层可能会有自利动机，损害公司和股东利益。[②] 为了避免这种道德风险，英美公司法赋予了董事和高管勤勉义务（duty of care）、忠实义务（duty of loyalty），我国现行《公司法》也引入了这两项义务以构建出董事信义义务的基本框架，但直接规定仅限于第180、181条，这两条规定了董事行为的总体标准框架，但具体的行为标准没有清晰的界定，显得过于简略。证监

---

① 汪青松、宋朗：《合规义务进入董事义务体系的公司法路径》，《北方法学》2021年第4期；刘斌：《公司合规的组织法定位与入法路径》，《荆楚法学》2022年第3期；梁爽：《美、日公司法上的董事合规、内控义务及其对我国的启示》，《中外法学》2022年第2期；朱羿锟：《论董事问责的诚信路径》，《中国法学》2008年第3期。

② Adolf Berle & Gardiner Means, *Modern Corporation and Private Property*, The Macmillan Company, 1933, p. 5.

会在其执法实践中，逐渐在前述两项信义义务中发展出了"监督义务"的概念并将其作为责任认定的重要依据。但是，这项新兴义务的含义、适用范围、行为标准和审查标准、免责事由均未有法律明文规定。① 规范供给的缺失，造成了诸如长生生物、康美药业、瑞幸咖啡、滴滴出行等公司董事积极主导公司不法行为的案例出现，也警示着我们应该洞察到法律规范设计的不足。

近年来，合规在刑事方面的大热使其成为律所业务的重要增长点。我国《刑法》第 166 条规定了为亲友非法牟利罪，第 168 条规定了国有公司、企业、事业单位人员失职罪、滥用职权罪，第 169 条规定了徇私舞弊低价折股、出售国有资产罪、背信损害上市公司利益罪，但刑法上对公司犯罪的保护主要限于国有企业，忽视了对私营企业的平等保护。比如，公司、企业的董事高管违法以公司财产作担保，极大损害了公司法人的财产性和股东的利益，这种行为造成的损失和其后果的严重程度，未必比现行《刑法》中明文规定的背信类犯罪要轻。② 此时，《公司法》若能提供公司董事违法行为的制度规范，将为实践中多样复杂的公司涉刑案件提供私法救济，实现刑事诉讼和民事诉讼的双重保障。

（二） 合规实务中法院和行政机构的裁量困境

在合规责任的执行方面，我国尚存在行政压力有余、法律激励机制不足的弊病。③ 在对既有法条的解释中，很难直接得出公司合规义务的责任主体就是董事会的结论，也无法明确不同类型公司的合规机制应如何差异化构建。遇到董事合规责任的案件时，不能在《公司法》上直接找到相应的制裁规范，而只能转引其他行政规定或对《公司法》第 180、181 条进行扩张解释来裁判，《公司法》难以和刑事合规相互配套，形成打击公司高层不法行为的"组合拳"，也就产生了对严重失职董事的问责空隙。相较于传统忠实义务与勤勉义务，合规义务是对董事的长期性评价标尺，它

---

① 吕成龙：《上市公司董事监督义务的制度构建》，《环球法律评论》2021 年第 2 期。
② 郑泽善：《背信罪新探》，《政法论丛》2015 年第 1 期。
③ 陈瑞华：《论企业合规的中国化问题》，《法律科学（西北政法大学学报）》2020 年第 3 期。

把董事行为的评价范围大大拓宽，评价时间也进行了提前。股东以《公司法》第 180、181 条起诉合规失败的董事的困境在于，勤勉义务着眼于某次商业交易中董事决策的合理性判断，忠实义务主要规制一次性交易中的利益冲突问题，但合规失败案件通常持续时间较长，早期不易被察觉，若以传统信义义务来规制合规失败问题，股东难以证明董事未进行合规建设的消极行为与公司受损害之间具有直接因果关系，董事也可以其不知情为由进行抗辩，此时董事会能否脱罪的关键就在于其是否对下属负有监控责任。若法律肯定其负有合规义务，则符合起诉条件的股东起诉并达到证明标准，董事就应承担责任。[①]

以滴滴被罚的案件为例，公司法人被罚 80.26 亿元，董事长、总裁各被罚 100 万元，目前国家互联网信息办公室尚未公布行政处罚决定书，但从其负责人在新闻采访中的回答来看[②]，网信办的裁判依据主要是《网络安全法》《数据安全法》《个人信息保护法》《行政处罚法》等有关规定，上述法律在"法律责任"一章中有关于直接负责的主管人员和其他直接责任人员的处罚依据。可见，在此案中，网信办是从公法的行政权上找到处罚的规范依据，而作为组织法的公司法却因缺少董事高管的合规义务规范，不能从董事义务的受托人责任出发，在类案中提供私法救济和处罚依据。

康美药业案中，涉及董事信息披露不实、未尽勤勉监督义务、违法关联交易等不法行为，简言之，康美集团的公司治理存在较大合规风险。法院判决独立董事承担连带赔偿之责的主要理由是独立董事"未勤勉尽责，存在较大过失"[③]，并主要根据《证券法》的规范进行说理，这是以勤勉义务对董事监控失职进行惩处。但公司法中始终缺乏明确完整的董事合规义务规范，在某些不能被解释为勤勉义务或忠实义务的董事不法行为情形

---

① 王真真：《我国董事监督义务的制度构建：中国问题与美国经验》，载蒋锋等主编《证券法苑》（第 25 卷），法律出版社，2018。

② 《网信办依法对滴滴处 80 亿元罚款，对程维柳青各处 100 万元罚款》，三溪新闻网，http://ljab. lxnews. cn/pc/content/202207/22/content_251876. html，最后访问日期：2022 年 9 月 19 日访问。

③ （2020）粤 01 民初 2171 号民事判决书。

下，便难以对公司不法行为进行精准打击；并且，实践中多数公司并非上市公司，《证券法》上关于董事责任的规定不能掩盖住《公司法》有关董事责任规定的疏漏。如在"三鹿奶粉案""上海福喜案"等董事经济犯罪的案件中，公司董事、高管等管理层都事前知情公司即将从事的违法行为，但他们纵容公司违法并非出于使自身得利的动机，而是企盼通过公司的违法行为增加公司产品销量、降低成本、增加利润。若在类案中法院想要通过《公司法》第180、181条下忠实义务的董事问责传统路径，将会在对董事主观动机的说理方面产生滞碍。[1]

三　美国法上董事合规义务的演进与启示

合规与公司治理一直是美国学界的热门话题。合规是公司内控机制（internal mechanism）的重要手段，也是企业风险管理（risk management）的核心组成部分。[2] 合规亦是公司治理的有益补充，它们的最终目标都是建立有效的公司内控机制。合规是企业使行为适应法律法规和社会规范的手段。从前合规被认为是董事会自由裁量权范围内的治理问题。然而，合规实际上并不符合传统公司治理模式，它并非来自董事会、州公司法或联邦证券法。相反，合规是外部强加给公司的内部治理结构。这一见解对公司法和公司治理具有重要的现实和理论意义。[3]

合规义务对信义义务提出了更高的新要求，美国法上关于合规义务是否应该成为信义义务的内容也已经过数十年的争论，已经演化出了大量判例法经验和较为清晰的裁判标准。但美国经验亦有其激进的一面，值得我国进行改造后适当借鉴学习。

---

[1] 梁爽：《董事信义义务结构重组及对中国模式的反思：以美、日商业判断规则的运用为借镜》，《中外法学》2016年第1期。

[2] Geoffrey P. Miller, *The Law of Governance, Risk Management and Compliance*, Wolters Kluwer, 2020, p. 2.

[3] Sean J. Griffith, "Corporate Governance in An Era of Compliance", *William & Mary Law Review*, 57, 2016.

（一） 美国董事合规义务的演进

1. 滥觞：Graham v. Allis – Chalmers Manufacturing Co. ①

Graham v. Allis – Chalmers Manufacturing Co. 一案（以下简称 Graham 案）是特拉华州首个以董事信义义务为由追究董事合规监控失败的案件。Allis – Chalmers 公司的股东起诉董事会未能阻止员工违反联邦反垄断法，而特拉华州最高法院驳回了原告的诉讼请求，认为董事会可以信赖员工的"诚实与正直"。不过法院在裁判中承认了董事负有监控义务，并提出三个要点：（1）监控义务隶属于注意义务；（2）法院认为监控义务属于消极义务，董事会仅在"发生了让他们怀疑出了问题的事情"——即出现"红旗警告"（red flags）时才有责任制止不当行为，从而拒绝赋予董事"构建和运作公司情报系统以侦察不法行为"的义务；（3）董事会的义务只是试图制止公司违法行为，未必要成功阻止违法行为的发生。可见，Graham 案非常有限地对董事监控与合规义务展开讨论，几乎没有给予董事会监督合规状况的激励，而是对董事合规义务采取了被动应对（reactive）的方法。②

2. 分水岭：In re Caremark Intern. Inc. Deriv. Lit. ③

1970 年代的"水门事件"后，公司管理以及内控机制的充分性受到了公众、监管和立法的严格审查。美国证券交易委员会（SEC）通过开展广泛调查，对美国公司一系列违法行为进行了跟踪。1977 年《反海外腐败法》（Foreign Corrupt Practice Act of 1977）首次确立了发行人需保存会计账簿和以"合理保证"（reasonable assurance）之标准建立内控机制，而遵守这些规定的职责在于董事会。④ 1984 年，美国国会通过了《量刑改革法案》（the Sentencing Reform Act of 1984），嗣后又颁布了《组织判刑准则》

---

① Del. Supr. , 188 A. 2d 125 (1963).

② Robert C. Clark, *Corporate Law*, Little, Brown and Company, 1986, p. 130.

③ 698 A. 2d 959 (Del. Ch. 1996).

④ Gerald D. Ferrera, "Corporate Board Responsibility under the Foreign Corrupt Practices Act of 1977", *American Business Law Journal*, 18, 1980.

（The Organizational Sentencing Guideline），为拥有"有效预防和发现违法行为的计划"的公司设计了减刑条款，将合规历史的弧线从回应性转向预防性（preventive），公司有了充足的动机来设计实施和持续运行合规计划。①几乎同时，美国法律协会（American Law Institute，ALI）对公司治理进行了详尽的研究，并出版了《公司治理原则：分析与建议》（*The Principles of Corporate Governance：Analysis and Recommendations*），认为作为董事注意义务的一部分，董事有"肯定的义务"建立实施合规监控程序。②

在上述国会立法和 ALI 的影响下，特拉华州衡平法院在 In re Caremark Intern. Inc. Deriv. Lit. 一案（以下简称 Caremark 案）中重新考虑了董事的监控职责。Allen 法官在承认 Graham 案判决法理的基础上，对董事监控义务的含义进行了扩张解释。在批准和解时，Allen 讨论了董事会是否因允许违法行为的发生而违反监控义务。"只有董事会持续或系统地未能行使监督，例如完全未能设法确保合理的信息和报告制度（information and reporting system）的存在，才会确定缺乏善意，而善意是承担责任的必要条件。这种检验缺乏善意的标准是相当高的，其证据是董事持续或系统地未能行使合理监督。"可见，与 Graham 案认为董事只需要在违法行为的"红旗警告"出现时才需采取行动不同，Caremark 案确立无论董事会是否得到预警，都有义务"确保公司中存在合理设计的信息和报告系统，以提供及时、准确的信息，以使管理层和董事会在各自的职权范围内，就公司的守法情况与经营业绩达成知情判断"③。董事监控与合规案件中原告的主张从而也被称为"Caremark 诉因"（Caremark claim）。

3. 深水区：Stone v. Ritter④ 及其继承者

在 Caremark 案的基础上，特拉华州法院进一步发展了董事监控与合规

---

① Maurice E. Stucke, "In Search of Effective Ethics & Compliance Programs", *Journal of Corporation Law*, 39, 2014.

② H. Lowell Brown, "The Corporate Director's Compliance Oversight Responsibility in the Post-Caremark Era", *Delaware Journal of Corporate Law*, 26, 2001.

③ Martin Petrin, "Assessing Delaware's Oversight Jurisprudence: A Policy and Theory Perspective", *Virginia Law and Business Review*, 5, 2011.

④ 6911 A. 2d 362, 370 Del. 2006 (2006).

义务。后续又一个重要的判例是 Stone v. Ritter 案（以下简称 Stone 案），其贡献主要有二：第一，鉴于 Caremark 案是特拉华州衡平法院作出的判决，且案情较特殊，因此由特拉华州最高法院裁判的 Stone 案在认可与解释 Caremark 案观点的同时，也增强了判例适用的权威与普遍性；第二，Stone 案将监控与合规义务解释为董事善意义务（duty of good faith）的一部分，而善意义务又归属于忠实义务，从而回应了学者争论的监控义务的体系归属问题。由于董事的监控与合规义务属于忠实义务，因而不再受到商事判断规则的保护，董事的责任风险进一步增强。[①]

基于 Stone 案从严认定合规案件中董事责任的立场，在 2019 年的 Marchand v. Barnhill[②] 一案（以下简称 Marchand 案）与 In re Clovis Oncology, Inc. Derivative Litig[③] 一案（以下简称 Clovis 案）中，"Caremark 诉因"都得到了特拉华州法院的支持。在 Marchand 案中，特拉华州最高法院表示，原告的指控已提供了足够的事实来证明董事会未能实施任何合规系统来监督公司的食品安全。尽管管理层知道问题的存在，公司内却缺乏必要的信息机制使信息能够传到董事会。在 Clovis 案中，原告指出被告公司"尽管设置了监控系统，但是董事会未能监管该系统的实施"。法院认为被告董事会对公司面临的问题了如指掌，且有一个适当的系统来接收相关信息。这个专家组成的董事会多次收到令人不安的报告，严重危及公司产品未来市场竞争力，但董事会拒绝采取行动，即"用手捂住耳朵来掩盖警报"，因而支持了原告的诉求。[④]

（二）美国董事合规义务制度的经验评述

1. 合规义务的诞生适应了董事会职能的变化

董事会在现实中的职能基本归为三类：管理（management）、监控

---

① Geoffrey P. Miller, *The Law of Governance, Risk Management and Compliance*, Wolters Kluwer, 2020, pp. 67 – 68.

② 212 A. 3d 805 (Del. 2019).

③ Consolidated CA No. 2017 – 0222 – JRS (Del. Ch. Oct. 1, 2019).

④ Robert C. Bird, "Caremark Compliance for the Next Twenty – Five Years", *American Business Law Journal*, 58, 2021.

（monitor）与服务（service）。随着时间的推移，董事会职能之间的相对平衡发生了变化，监控职能逐渐占据主导地位。① Melvin Eisenberg 在 1976 年出版的《公司结构的法律分析》（*The Structure of the Corporation：A Legal Analysis*）中提出了"监控型董事会"（monitoring board）的理论模型②，其核心思想就是将公司管理与监控分离，董事会的主要职能是选任与监督高管。③ 在前文所述的判例法推动下，传统信义义务已不再能适应公司违法案件和董事会代理权下沉到经理层的现状，特拉华州率先从董事的监控职能中发展出了合规义务。虽然后者建立在前者的基石之上，但二者内容的侧重点却有所不同。监控职能的内涵由 Caremark 案、Stone 案逐渐确立下来，主要指董事应建立完善的信息报告系统、内部控制体系并监督其有效运行，或因不负责而缺乏对下属的监督时，对下属的行为承担责任。④ 合规义务体现在董事的受托责任上，除了及时防范管理层的非法活动外，还包括董事要引导公司遵守实质性的监管法规、刑法、行政机构的指导、最佳实践准则、内部公司规则和其他管理规范。⑤ 从广义层面来说，合规义务涵盖了内控体系、合规高管、风险管理、外部审计、员工培训以及与监管、司法部门的合作等。⑥

2. 合规义务与董事的忠实义务、善意义务密切相关

Strine 法官在 Stone 案中谈道，善意是忠诚义务的一个基本要素，即董事不可能在非善意的情况下仍被视为对公司忠诚；尽管 Caremark 案的意图是鼓励董事更谨慎，但事实上它"要求证明董事因未能善意地履行职责是

① Stephen M. Bainbridge, "The Board of Directors", *in The Oxford Handbook of Corporate Law and Governance* (Jeffrey N. Gordon & Wolf‐Georg Ringe eds. , 2018), pp. 276–282.

② Melvin A. Eisenberg, *The Structure of the Corporation*, Little, Brown and Company, 1976, pp. 139, 165.

③ James D. Cox & Melvin A. Eisenberg, *Business Organizations: Cases and Materials*, West Academic, 2019, pp. 388–389.

④ 王真真：《我国董事监督义务的制度构建：中国问题与美国经验》，载蒋锋等主编《证券法苑》（第 25 卷），法律出版社，2018，第 284 页。

⑤ Geoffrey P. Miller, "The Compliance Function: An Overview", in Jeffrey N. Gordon & Wolf‐Georg Ringe eds. , *The Oxford Handbook of Corporate Law and Governance*, Oxford University Press, 2018, p. 981.

⑥ 刘斌：《公司合规的组织法定位与入法路径》，《荆楚法学》2022 年第 3 期。

违反了忠诚义务"。据此，Stone 案将 Caremark 案的标准重新表述为两部分，即董事责任承担需满足：（1）完全没有实施任何报告或信息系统；（2）有意识地没有监控其运作，从而把"恶意"明确为有意或明知地不为公司服务，而非无意地未进行合理监控。①

3. 对董事合规义务的审查标准不断严格化

特拉华州法院最初的 Graham 案为董事提供了"鸵鸟式"的激励，即仅当董事知晓存在红旗警报时，才负有采取行动的义务。② John C. Coffee，Jr. 锐评道，若坚持 Graham 案的裁判逻辑，则董事会将日益成为"睡着的哨兵"③。Graham 案背后的政策考量可能是，让董事为因疏忽或不作为而遭受的损害承担责任，可能会导致董事变得"风险厌恶"（risk averse）。Caremark 案增强了董事的合规职责，却在审查标准上仍适用商业判断规则，给予了董事较大的保护。然而，在 Stone 案后，与合规监控有关的董事会决定难以被商业判断规则保护，这极大地削弱了董事的自由裁量权。Stone 案后的 Marchand 案和 Clovis 案都显示出法院越来越倾向于支持"Caremark 诉因"。如此，董事会必须根据政府合规的要求主动作出改变，而无法以防御性回应来逃避责任，也无法以商事判断规则作为脱罪的盔甲。④

4. 合规义务改写了股董关系的传统范式

Robert Clark 认为，如单纯从股东保护的视角来看，公司合规系统的设计实际上是一个商业问题，一个专门为促进合规而设计的监控系统并不符合通常理解的公司法体系。⑤ 而合规作为 CSR 的一部分，体现了公司法不再要求董事仅向股东负责，而是要求董事在决策时必须考虑公司的长期利益，或考虑利益攸关者。可见，董事合规义务一方面是对董事决策的约

---

① Eric J. Pan, "A Board's Duty to Monitor", *New York Law School Law Review*, 54, 2009.

② 任自力：《美国公司董事诚信义务研究》，《比较法研究》2007 年第 2 期。

③ John C. Coffee, Jr. , "Beyond the Shut – Eyed Sentry: Toward a Theoretical View of Corporate Misconduct and Effective Legal Response", *Virginia Law Review*, 63, 1977.

④ Martin Petrin, "Assessing Delaware's Oversight Jurisprudence: A Policy and Theory Perspective", *Virginia Law and Business Review* , 5, 2011.

⑤ Robert C. Clark, *Corporate Law*, Brown and Company, 1986, pp. 132 – 133.

束，另一方面也是对董事会权力的进一步增强。后者体现在：第一，董事会作为公司的最高权力机关得到强化，利益攸关者条款保证了董事会拥有自行判断公司长期利益而对抗股东尤其是反收购的权力；第二，管理层趋向于集权，董事会趋向于监控职能，传统的经营管理功能交由管理层决策，董事会则通过下属委员会日趋授权和放权。[①]

四　董事合规义务向我国法律体系的嵌入方案

根据前文已探讨过的较为先进完善的美国董事合规经验，结合我国控股股东或管理层掌控公司决策权的治理现状，笔者主张公司法改革的基本方向应是向董事会扩权，且其职能应分化成积极的经营管理职能与消极的选任监控职能。合规义务适当拓展了信义义务的内涵，是实现董事会选任监控职能的重要手段。信义义务作为一种依赖私人执行和司法审查的责任规则（liability rule）[②]，需要设立行为标准和司法审查标准。

（一）　合规义务在我国应属于忠实义务

1. 合规义务区别于勤勉义务的法理与功能分析

我国学界当前大多数观点认为，应将合规义务归入勤勉义务。如邓峰认为领导责任类似公司法之督导系统责任，包括红旗警告和警察巡逻的事前义务，以及作为免责事由的商事判断规则[③]；梁爽在承认可以适当扩张忠实义务内核以涵盖合规义务的同时，也赞扬了日本模式，认为可将缺乏good faith 的董事行为与包括恶意放弃履职的董事行为概括为违反注意义务[④]；王真真认为知情和参与义务、监督义务、合规义务共同组成了勤勉

---

① 邓峰：《公司合规的源流及中国的制度局限》，《比较法研究》2020 年第 1 期。
② Guido Calabresi & A. Douglas Melamed, "Property Rules, Liability Rules, and Inalienability: One View of the Cathedral", *Harvard Law Review*, 85, 1972.
③ 邓峰：《领导责任的法律分析——基于董事注意义务的视角》，《中国社会科学》2006 年第 3 期。
④ 梁爽：《董事信义义务结构重组及对中国模式的反思：以美、日商业判断规则的运用为借镜》，《中外法学》2016 年第 1 期。

义务的主干内容①；《上市公司章程指引》第98条第1项也将"保证公司
的商业行为符合国家法律、行政法规以及国家各项经济政策的要求"作为
勤勉义务的重要方面。但笔者认为，将合规义务划入我国的勤勉义务，既
不符合公司法的法理，也难以使该制度在现实中充分发挥功能。

首先，通过对现行《公司法》文本的分析，可以发现，不同于第181
条对忠实义务做了"列举+兜底"的规定，我国《公司法》并未对勤勉义
务进行界定。把合规义务纳入勤勉义务，将使合规义务的行为模式、构成
要件模糊化，导致法官在遇到类似案件时难以用公司法判案，而呈现从民
法一般规定中"找法"的倾向。这种由公司法向民法的逃逸，难以为商事
主体设立合理预期和行为规范以约束自身行为。

其次，董事勤勉义务传统上源自侵权法上的注意义务，但两者仍具有
显著差异性。目前我国部分法院在审查勤勉义务案件时却以侵权法的标准
为依据，主要包括：违法行为、主观过错、损害存在、因果关系。然而，
由于董事合规责任是一种间接的领导责任，不具备直接因果关系②，这种
新兴责任形式也与侵权法"填补损害"的立法主旨截然不同，原告难以证
明董事会疏于进行合规建设项目与公司受有损害之间存在相当因果关系，
法院也未明确董事的过失标准。若坚持勤勉义务的问责路径，将把过重的
举证负担加之于原告。目前有关于我国董事勤勉义务的实证研究表明，由
于审查标准的不明确，法院大都采取了职责违反与否的宽口径标准，法官
运用勤勉义务规范来裁断案件的比例很低，仅有的数例案件也论理简单，
逻辑粗疏。③

最后，勤勉义务会为商事判断规则留下适用空间，导致原告难以向董
事追责。虽然我国尚未正式确立该规则，但在我国审判实践中却存在适用
该规则的案例，以对董事勤勉义务责任进行衡平。如在本文前述"三鹿奶

---

① 王真真：《董事勤勉义务制度的利益衡量与内涵阐释》，《财经法学》2022年第3期。
② 邓峰：《领导责任的法律分析——基于董事注意义务的视角》，《中国社会科学》2006年
第3期。
③ 张红、石一峰：《上市公司董事勤勉义务的司法裁判标准》，《东方法学》2013年第1期；
罗培新、李剑、赵颖洁：《我国公司高管勤勉义务之司法裁量的实证分析》，载张育军、
徐明主编《证券法苑》（第三卷），法律出版社，2010，第372页。

粉案""上海福喜案"等董事非为自身利益操纵公司从事违法行为之情形，使旨在保护董事商业决策的勤勉义务无所适从，难以打击董事违法行为，从而与公众要求加强董事责任的呼声背道而驰。

2. 合规义务属于忠实义务的理论证成与制度表达

还有学者认为合规义务应独立成为信义义务的第三元，如朱羿锟认为通过忠实、注意与诚信义务的各司其职，可以涵摄董事的各种不当行为，填补问责空隙，也有利于尊重董事决策，鼓励创新①；汪青松、宋朗认为合规义务独立于信义义务有助于发挥合规的回应性特征和守法内化功能，并为问责机制预留灵活空间。② 但笔者认为，合规义务应作为我国忠实义务的一项子义务，而不应被独立对待。

首先，若对忠实义务的内核进行适度扩张，会发现合规义务与忠实义务具有本质共通性，都具有防止董事进行利益冲突交易、为委托人最佳利益行事的功能，因而应属同类信义义务。对于忠实义务，除了不能将个人利益置于公司利益之前，特拉华州判例法表明董事应以受托人应有的方式行事：诚实、体面地对待公司内部人和外部人。这使忠诚的概念跨越了股董关系，也强调了董事对社会的责任。③ Lyman Johnson 指出，公司法中的忠诚有两个不同的方面：忠实的最低条件是董事应拒绝诱惑，不背叛自己所忠诚的对象；而忠实的最高要求则是肯定的奉献义务（affirmative duties of devotion）。然而，正如 Johnson 强调的，忠诚的概念并没有穷尽所有可能。肯定的奉献义务打开了一个更广泛和更苛刻的忠诚观，比公司法当前范围内的忠诚观要广泛得多。④ 在传统的忠实义务中解释出合规的新含义，也加深了我们对忠实义务的理解，拓展了信义义务的内涵。

---

① 朱羿锟：《论董事问责的诚信路径》，《中国法学》2008 年第 3 期。
② 汪青松、宋朗：《合规义务进入董事义务体系的公司法路径》，《北方法学》2021 年第 4 期。
③ David Rosenberg, "Delaware's Expanding Duty of Loyalty and Illegal Conduct: A Step Towards Corporate Social Responsibility", *Santa Clara Law Review*, 52, 2012.
④ Lyman Johnson, "After Enron: Remembering Loyalty Discourse in Corporate Law", *Delaware Journal of Corporate Law*, 28, 2003.

其次，董事遵法义务的忠诚含义与董事故意不履职的忠诚含义密切相关。[①] 从董事获得授权的范围出发，公司章程只允许公司依法行事，董事有义务遵守公司章程。若董事在进行商业决策时未进行法律风险研判，未建立内控合规机制，任由公司违法行为持续从而致使公司陷入合规责任，除了相应的民事行政刑事责任外，市场声誉机制亦会对公司的长远发展产生负面影响。正如 Chandler 法官在 Desimone v. Barrows 一案中谈道："通过有意识地使公司违反法律，董事将对公司不忠，并可能被迫为他所造成的损害负责。虽然董事有广泛的权力代表公司采取合法行动，但他们没有权力故意使公司成为流氓，使公司受到刑事和民事监管机构的处罚。"[②]

最后，从司法审查的角度来说，不同于勤勉义务的商事判断规则，忠实义务案件一般采取完全公平标准审查（entire fairness standard）。公司法的首要规范约束是，董事应以造福股东而非自身为目的行使职权。若董事将个人利益置于股东利益之上，要求董事对其行为负责的必要性必然会超过服从董事会决定的原则，因此，法院会以最严格的标准审查董事忠诚度。在忠诚义务案件中，法院可以施加任何形式的衡平法或金钱救济，包括撤销性损害赔偿金。[③] 习惯性地放弃履职、视经营风险于不顾及积极违法的行为，其背信程度远高于传统忠实义务的辐射范围。将合规义务纳入忠实义务亦无须再探讨主观过错和因果关系问题，让董事责任认定更易于操作，并以更高的责任风险激励董事更尽职地履行监控与合规职责。[④]

基于上述分析，可以发现主张合规义务独立化的观点缩小了传统忠实义务的可适用范围，为另一项单纯以忠实之精神状态定义的义务让路，会让信义义务理论更加混乱。[⑤]

---

① Thomas A. Uebler, "Shareholder Police Power: Shareholders' Ability to Hold Directors Accountable for Intentional Violations of Law", *Delaware Journal of Corporate Law*, 33, 2008.

② *Desimone v. Barrows*, 924 A. 2d 908, 934 (Del. Ch. 2007).

③ Stephen M. Bainbridge, Star Lopez & Benjamin Oklan, "The Convergence of Good Faith and Oversight", *UCLA Law Review*, 55, 2008.

④ 梁爽：《董事信义义务结构重组及对中国模式的反思：以美、日商业判断规则的运用为借镜》，《中外法学》2016 年第 1 期。

⑤ Leo E. Strine Jr. et al., "Loyalty's Core Demand: The Defining Role of Good Faith in Corporation Law", *Georgetown Law Journal*, 98, 2010.

笔者建议，应当通过立法与司法解释相结合的方式对董事合规义务加以规定，同时辅以《最高人民法院公报》案例对董事合规责任的构成要件、派生诉讼提起方式、行权条件等合规义务中实体法与程序法的交叉问题予以回应。在新《公司法》出台之际，须明确将"恶意放任公司违法，或有意不建立公司合规内控系统"归入董事违反忠实义务的情形之一。在实践层面，法院应允许股东提起派生诉讼指控批准非法行为的董事不忠，而无论该违法行为是否使公司获利。即要求从事违法行为的董事对公司被处以的罚款承担责任，而不以通过非法行为获得的收益来抵销董事的损失。如此，以扩充后的忠诚概念追究董事合规失败的责任，与 Eisenberg "守法的公司是公民社会的必要组成部分"的愿景相一致①，也利于把遵纪守法的社会主义核心价值观融入企业合规文化建设。

（二） 董事合规义务与我国合规监管应形成有效衔接

企业合规的动力主要来自两方面：市场驱动下的合规与监管驱动下的合规。② 在美国，董事合规的监管动力主要来自 FCPA、COSO 与 PCAOB 制定的相应会计条款，以及 SEC 和 DOJ 联合执法下的"胡萝卜加大棒"（Carrot and Stick）政策。不过，若要实现董事合规义务和当前合规监管体制相衔接的合规一体化机制，考虑到我国法律体系的特殊性，我国除需像美国一样在公司证券金融法律领域明确董事建立合规系统的行为标准，还需要在《刑法》中明确单位负责人的合规责任。

我国《刑法》第 31 条规定了单位犯罪的处罚原则为双罚制，对单位判处罚金的同时，要对直接负责的主管人员和其他直接责任人员判处刑罚。但无论采取法人实在说抑或是法人拟制说，均无法否认单位自身无法产生独立意志，单位的意志本质上都是自然人作出的，这种特点使得所有单位犯罪都难以避免地要讨论单位中的自然人犯罪。但我国的立法与实务中尚未摸清单位犯罪的认定问题，单位犯罪的意志很大程度上等同于单

---

① Melvin A. Eisenberg, "The Duty of Good Faith in Corporate Law", *Delaware Journal of Corporate Law* , 31, 2006.

② 尹云霞、李晓霞：《中国企业合规的动力及实现路径》，《中国法律评论》2020 年第 3 期。

位法定代表人或单位有权决策机关的意志（即同一视原理），使单位沦为自然人犯罪的共犯。但随着现代化企业组织的扩大化、国际化，单位犯罪的认定逻辑应该实现从人到单位的逆向归责进化到从单位到人的正向归责。[①]

在组织责任理论的思路下，单位负责人的刑事合规责任的认定，应以单位自身是否履行犯罪控制义务为中心，考察单位是否存在以不允许的管理缺陷为根据的组织过失。[②] 若单位没有建立合规机制，或在有刑事风险时没有及时排查风险、阻遏单位继续进行违法行为，则可以从单位的消极态度中推导单位本身独立的犯意。公司董事会、控股股东等内部人是公司意思形成或表示机关中最重要的一环，当单位疏于建立合规机制致使单位犯罪时，公司控制人应属单位犯罪中的主管人员，他们的作为义务应是采取积极的预防犯罪措施[③]，如设计合规委员会、任命公司合规官等，他们疏于构建合规机制的行为属于不纯正不作为犯，应在刑法相关司法解释中明确公司控制人的刑事合规责任，并在追究公司犯罪后单独追究其不作为犯罪责任。

（三）董事合规义务的行为标准与审查标准

1. 公司法中行为标准与审查标准的分离

Eisenberg 指出，董事信义义务法律体系的标志性特征之一，是行为规则（standard of conduct）与审查规则（standard of review）的分离，即随着董事行为模式的变化应运而生的多种审查标准。其中，行为标准指董事应如何从事特定活动或扮演特定角色，主要包括注意义务、忠实义务，意在为董事确立行为准则；审查标准规定了法院在审查董事行为以确定是否施加责任或给予救济时应适用的测试标准，主要包括商事判断规则、完全公平审查、强化审查标准（enhanced scrutiny）、浪费标准（waste），意在为

---

① 黎宏：《组织体刑事责任论及其应用》，《法学研究》2020 年第 2 期。
② 耿佳宁：《单位固有刑事责任的提倡及其教义学形塑》，《中外法学》2020 年第 6 期。
③ 敬力嘉：《单位犯罪刑事归责中数据合规师的作为义务》，《北方法学》2021 年第 6 期。

法院提供事后审查的裁判标准。①

美国得益于判例法的灵活性，从董事行为标准到法院审查标准的全流程都有大量判例可供总结参考。反观我国，一方面，现行《公司法》第180、181条并未提及董事履行注意义务、忠实义务时的行为模式、主观要件、免责事由等行为标准，遑论审查标准；另一方面，我国学界目前对合规义务制度构建提供的建议，也少有注意到行为标准与审查标准的分离问题。而公司法的可诉性决定了董事合规义务的规范应当同时具备行为标准与审查标准的双重功能。对于我国董事合规义务构建的讨论，宜从行为标准与审查标准两个层面分别展开，方能提供一个比较理想的方案。

2. 董事合规义务的行为标准

根据前文谈及的董事会功能的变化，董事会的职责主要在于政策的制定及监督公司的运行，而非日常管理。在履行这一义务时，董事必须表现出应有的谨慎，并以董事认为符合公司最佳利益的方式行事。董事也可以向下属授权监控职能与合规义务，此时董事应确保公司内有一个有效的信息报告系统，可以使经理层定期和及时地向董事会报告。当出现红旗警告时，董事有义务开展调查，以使公司作出及时反应。具体的合规项目如何设计是董事自由裁量的事项，具体而言，可以分为有限公司和股份公司来进行行为模式的设计。

首先，由于有限公司的所有权与经营权几乎相一致、公司人事关系和业务内容较为简单，合规项目的重点不是在保护董事利益和公司利益上，而是要强调公司经营全流程合法合规，避免自身陷入民事侵权或行政刑事纠纷。小规模的有限公司甚至可以考虑由股东会承担合规监控职责。企业合规所面临的复杂问题，不只是对公司高管和员工的合规管理，同样重要的还有对公司合作方的合规管理。如果公司的子公司、合作方违法违规，公司也要承担其后果。有限公司在与第三方进行交易时，董事应组织充分

---

① Melvin A. Eisenberg, "The Divergence of Standards of Conduct and Standards of Review in Corporate Law", *Fordham Law Review*, 62, 1993.

的尽职调查，并对调查方案进行评估。董事设计出合规方案后，要通过培训让员工知晓合规计划内容，确保员工明白自身权利义务，以及工作内容合法合规操作的边界，对可能涉及的违规风险进行预警培训。[①]

其次，股份有限公司的资合性特征非常明显，其所有权结构分散，大型企业一旦发生合规风险可能会波及整个市场秩序，因此股份公司中的合规风险主要是因公司治理不完善而引发的财务丑闻或行政、刑事纠纷。董事会在公司治理中的作用主要是向 CEO 咨询或提供建议。在 SEC 的公司财务部发表的《关于公司责任的工作人员报告》中，SEC 认为为使董事会充分履行这项职能，应在现管理层机构中加入一定数量的独立董事，以增强董事会独立判断和有效监控的能力；在董事会中增设审计委员会、提名委员会、薪酬委员会也是增强董事独立履职能力的保障[②]；董事还可以聘请自己的财务顾问、法律顾问和会计公司来予以协助。[③]

笔者建议可以按照《中央企业合规管理指引（试行）》的规定，将合规委员会、合规管理负责人、合规管理牵头部门等具体的合规设计铺开适用到所有股份公司中，再根据各公司规模自治选择适用。由于在我国的上市公司中，对公司内控进行监督与评价的职能由审计委员会承担，针对大型上市公司，可以将审计委员会的合规职能进行重述并明文写入公司章程，或新设合规委员会，隶属于董事会；针对中型股份公司，可以增加合规管理牵头部门，专门负责单位内合规风险评估及员工合规教育等事项，并定期向董事会请示；针对小型股份公司，这类公司甚至与有限公司高度类似，具有一定程度的人合性，但毕竟由于其公开发行了股票，其经营过程中必然存在负外部性风险，还是有必要区别于有限公司，专门任职合规管理负责人来管理合规事项。以上三类具体合规设计中，董事不能将合规义务简单分配出去，仍要对公司合规失败承担最终责任。董事

---

① 解志勇、那扬：《有效企业合规计划之构建研究》，《法学评论》2022 年第 5 期。

② H. Lowell Brown, "The Corporate Director's Compliance Oversight Responsibility in the Post – Caremark Era", *Delaware Journal of Corporate Law*, 26, 2001.

③ Eric J. Pan, "Rethinking the Board's Duty to Monitor: A Critical Assessment of the Delaware Doctrine", *Florida State University Law Review*, 38, 2011.

的最终责任人属性决定了其在合规设计上拥有最大决策权。① 董事需要督促公司建立完整的财会合规系统并进行日常核查维护，定期就公司财报内容和风险内控系统信息向社会披露，确保公司财务合规信息的真实、完整、准确。

3. 董事合规义务的审查标准

司法审查制度的关键要素是审查标准，即法院"用以决定是否施加责任或者给予救济的标准"②。司法审查标准是一种反映基本政策判断的价值分析工具，它代表了法院审查行为人是否违反其义务时的严苛程度，也将反过来决定行为人能获得的行动自由。③

在进行司法审查前，根据刑法上主客观相一致的归责原理，需要对董事合规失败的行为及董事的心理动机进行梳理。美国法上的合规义务与公司法中"善意"的概念紧密相关，善意义务作为一种确切的董事义务被 ALI 确立。但在不涉及利益冲突的场合下，该义务的体系归属便难以明晰。基于以上分析，笔者主张将具备善意作为董事履行合规义务的主观要件。由于善意较难给出可供裁判的客观定义，我们可把作为其反面的"恶意"（bad faith）分成三类：有意不履职（conscious disregard）、故意违法或故意给公司与股东造成损失（classic bad faith），以及其他非最大化公司利益的目标（purpose other than best interests）（见图 1）。这一标准相比 Stone 案的先进性在于，Stone 案判决的逻辑是，只有在有证据表明董事明知不履责的情况性，董事才会承担合规责任。这样就产生了逆向激励，因为董事可能会借此避免询问管理层或者不会留下其履职时产生的书面记录。④

---

① 刘斌：《公司合规的组织法定位与入法路径》，《荆楚法学》2022 年第 3 期。
② Melvin A. Eisenberg, "The Divergence of Standards of Conduct and Standards of Review in Corporate Law", *Fordham Law Review*, 62, 1993.
③ William T. Allen, Jack B. Jacobs & Leo E. Strine Jr., "Function over Form: A Reassessment of Standards of Review in Delaware Corporation Law", *Delaware Journal of Corporate Law*, 26, 2001.
④ Lisa M. Fairfax, "Managing Expectations: Does the Directors' Duty to Monitor Promise More than It Can Deliver", *University of St. Thomas Law Journal*, 10, 2012.

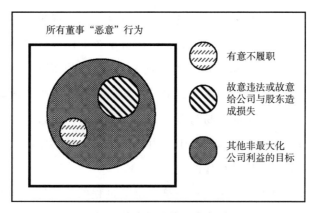

图1　恶意行为的三种类型

资料来源：Joseph K. Leahy, "A Decade after Disney: A Primer on Good and Bad Faith", *University of Cincinnati Law Review*, 83, 2015。

Eisenberg 认为，商业判断标准一般适用于对决策质量的审查，而不适用于对合规义务、监控义务、调查义务的审查。首先，尽管法律不应阻止董事作出大胆的决定，但它应该鼓励董事履行职责；其次，审查董事是否履行了监督和程序方面的职责，通常比审查董事所做的决定是否合理更易出错；最后，对董事决策质量的审查极其困难，且可能会侵犯公司自主权。相比之下，合规义务、监控义务、调查义务通常不涉及这些问题，因而不受商业判断的保护。[①] 笔者在 Eisenberg 的学说上进一步将支配董事行为的主观心理状态进行了细分，以将不同恶劣程度的行为精细化地匹配到适宜的司法审查标准中去。

（1）适用于"有意不履职"的决策公平审查

"有意不履职"是指故意漠视或故意不知，即"任何理智的（reasonable）人都能够认识到结果会发生，但是行为人却故意选择不去询问他有理由相信其本人可以查明的情况"[②]。在本文中，我们将"有意不履职"的情形设定为可能会产生欺诈的利益冲突场景。当董事将自我利益置于公司利

---

① Melvin A. Eisenberg, "The Divergence of Standards of Conduct and Standards of Review in Corporate Law", *Fordham Law Review*, 62, 1993.

② 李翔：《新贪污贿赂犯罪司法解释适用若干疑难问题探究》，载陈国庆主编《刑事司法指南》（总第68集），法律出版社，2017，第56页。

益之上，为掩盖一些自利活动而没有建立合规机制，或出现红旗警告时选择忽视、纵容合规风险持续扩大时，实则就是董事作为公司"内部人"利用控制权将原本属于股东整体的利益据为己有，与关联交易具有相似性。公司法以绝对公平作为实质审查标准，连同股东会或董事会决议同意的程序要件一起，适用于关联交易与董事忠实义务案件。不过，在董事疏于建立合规机制的不作为式交易情形中，由于难以通过转移定价的量化标准来计算，因此需对公平标准稍作改造。

笔者主张，由董事证明其行为符合决策过程的公平性，如不作为的决策时机、谈判过程、信息披露等。且其"故意漠视"的主观心理状态属于"可反驳的假定"（rebuttable presumption），董事可以提供其已经充分履职的证据来推翻该假定，如此便为故意漠视的董事增加了举证负担，也与最高人民法院《关于审理证券市场虚假陈述侵权民事赔偿案件的若干规定》保持一致。该种责任的归责基础是过错推定责任，即只要公司出现了财务造假丑闻或内控失效局面，即推定董事具有未建立财务合规及风险内控系统的过错责任，除非其能够举证证明没有过错。董事在日常监控活动中应注意保存会议记录、查账登记、合规项目收支明细，以作为无过错的重要证据。

（2）董事故意违法不应予以审查标准的保护

将商事判断标准或完全公平审查标准适用于董事故意违法或故意给公司与股东造成损失的行为是明显不妥的。以更严格的前者为例，若非法行为确实为公司带来了净利益，批准非法行为的董事可能不承担损害赔偿责任。这似乎暗示了批准非法活动的决定对公司是公平的，因为它使公司利润实现了最大化。虽然在利益冲突交易中如此处理是可行的，但对非法行为也例外对待就不合理了。当然，不同之处在于，在非法交易时，董事不忠行为的受害者是公司与外部人。[①] 董事不履行合规义务从而给公司、外部人带来损害时，属于商事侵权。商事侵权的过错与民法上的过错存在一

---

① David Rosenberg, "Delaware's Expanding Duty of Loyalty and Illegal Conduct: A Step Towards Corporate Social Responsibility", *Santa Clara Law Review*, 52, 2012.

些细微区别，要将商事利益的特殊性纳入故意和过失的考量。

笔者认为，在董事故意违法的情形下，由于对董事负面影响甚巨，法院推断董事故意的证据应能直接指向原告知道自己正在参与违法活动，而非应当知道。故意的内容可以是积极推进违法行为的直接故意，也可以是纵容、放任违法行为的间接故意。同时，董事是具有明显优势地位的群体，其身份地位与工作角色意味着他们应具备高度的注意能力，也意味着其在从事金融交易时担负着更高的注意义务[①]，因此这类证据的证明标准达到具有较大可能性时即可。

（3）其他非最大化公司利益的目标可以适用商业判断规则

对于董事非为公司最大利益决策的其他情形，应适用商事判断规则提供保护。从心理学角度出发，人们通常会基于一系列原因而行动，不会仅基于单一、狭隘的动机。即使是最善意的董事，他们总是把公司的最佳利益放在首位，也可能一定程度上受到个人考虑的驱使。[②] 例如，有些董事在经过成本收益分析后认为合规项目的成本远高于收益；或出于过失心态盲目相信公司现有风控水平；或由于自身判断的不准确，认为合规项目与公司最大利益无涉，转而追求盈利，选择对合规计划投资不足。这些心理状态的可归责性较低，应当以较为宽松的商事判断标准进行司法审查。

据此，对于董事可能是非为公司最大利益决策的案件，裁判者在审理时应当首先"假定公司董事是在知情的基础上，本着善意和诚实的信念行事，认为所采取的行动符合公司的最佳利益"[③]。为了反驳商业判断规则的保护，原告必须证明被告：与交易存在利害关系；缺乏独立性；决策信息不足；没有善意行使。如此，作为一种司法避让原则，商业判断规则可以防止法院对董事会的决定进行事后猜测，除非原告能够证明董事会的决策

---

① 王新：《操纵证券市场犯罪之主观故意的认定》，《中国刑事法杂志》2016 年第 6 期。

② Joseph K. Leahy, "A Decade after Disney: A Primer on Good and Bad Faith", *University of Cincinnati Law Review*, 83, 2015.

③ Aronson v. Lewis, 473 A. 2d 805 (Del. 1984).

过程是不充分的或是有污点的。①

五 结 论

合规与公司治理、公司内控机制、企业风险管理有着千丝万缕的联系，随着全球化的进程加快、公司对外交易的扩大和董事功能的分化，公司违法行为带来的社会负面效应会殃及越来越多的市场主体，这也使得CSR 理论日益被学界重视，该理论指出董事不能仅为公司与董事服务，其对外部人和社会效益也要承担不减损其利益的责任，这也是董事合规义务产生的理论和现实基础。笔者从 2023 年新出台的《公司法》出发，明确公司内合规制度的责任主体就是公司董事会，且董事合规义务隶属于适当扩张内涵后的忠实义务，所有类型的公司均应按照规模、从业类型的不同，构建本公司的合规治理机制。且公司法中的合规义务要与我国合规监管体制形成有效衔接，如在证券法中将合规义务与信息披露义务结合起来，要求董事强化公司财务合规系统的建设；在刑法相关司法解释中明确公司控制人的刑事合规责任，并在追究公司犯罪后单独追究其不作为犯罪责任。在司法审查环节，笔者主张对"恶意"标准进行分类，对"有意不履职"的决策适用公平审查，对于董事的故意违法不应予以审查标准的保护，而在其他非最大化公司利益的目标案件中可以适用商业判断规则。

（审校：张淇浚）

---

① William K. Sjostrom, Jr. , *Business Organizations: A Transactional Approach*, Wolters Kluwer, 2020, p. 473; Stephen M. Bainbridge, "The Business Judgment Rule as Abstention Doctrine", *Vanderbilt Law Review*, 57, 2004.

略论日本宪法中作为基本权利的和平生存权

杨　帅[*]

摘要： 基于立宪和平主义的宪法精神，日本宪法学者以日本宪法序言为直接依据并结合著名的第 9 条放弃战争条款，建构了关于和平问题的宪法学理论，即和平生存权理论，该理论迥异于国际政治学中关于和平问题的政治学理论。和平生存权自提出以来虽一直存在理论争议，但是肯定和平生存权的学说因符合日本宪法立宪和平主义的精神乃日渐成为一种有力的学说，在日本国内的和平运动中发挥着重要的理论指导作用，其中尤以深濑忠一和小林武的和平生存权理论最具代表性。和平生存权既具有法律规范性，可以成为一项基本权利；同时也具有裁判规范性，可以成为公民寻求司法救济的请求权依据和法院的裁判依据。和平生存权理论具有缜密的理论体系，其旨在形塑一种新的宪法学认知，即现代宪法不仅应是自由的、民主的宪法，也应是和平的宪法，和平不再仅是国家和平政策的反射利益，也是一项宪法基本权利。

关键词： 和平生存权；基本权利；法律规范性；裁判规范性；权利构造

引言：关于和平问题的宪法学理论

2022 年俄乌冲突导致许多人流离失所成为难民，难民的和平生存权无法得到充分保障，战争与和平的问题再次成为世界关注的热点。现今，和平作为一项国际人权而应被保障的观点，在国际社会上逐渐被认同并被写入了众多国际文件之中。[①] 其实，《日本国宪法》（世称"和平宪法"，以

---

* 杨帅，中国政法大学法学院博士研究生。

① 如《为各国社会共享和平生活做好准备的宣言》（1978 年）第 1 条规定，"每个国家和每个人，不论种族、道德观念、语言或性别，都享有过和平生活的固有权利"；《人民享有和平权利宣言》（1984 年）序言规定，"庄严宣告全球人民均有享受和平的神圣权利"；《和平权利宣言》（2016 年）第 1 条规定，"人人有权享有和平，从而使所有人权得到促进和保护，使发展得以充分实现"。

下简称日本宪法）早于国际文件就对和平权作出了规定，其序言第 2 段规定："我们在此确认，全世界的国民都平等地享有免除恐惧和贫困，并在和平中生存的权利。"① 日本宪法学者将该规定作为直接依据并结合著名的日本宪法第 9 条全面放弃战争条款，构建了独具本国特色的和平生存权理论，即构建了一种关于和平问题的宪法学理论，该理论迥异于国际政治学中关于和平问题的政治学理论。和平生存权，即公民享有在和平中生存的权利。和平生存权的法理基础是立宪和平主义，所谓立宪和平主义，即通过立宪的方式，限制乃至放弃国家的战争权，以达到保障公民和平生存权的目的。在立宪和平主义精神的要求下，日本宪法不仅将保护和平生存权视为一种国家政治理念，同时也将保护和平生存权视为一种国家义务。立宪和平主义的核心宪法意涵是在日本宪法中确立作为一项宪法基本权利的和平生存权。

日本宪法自施行至今已有 77 年（1947～2024），其间未进行任何修改，针对作为基本权利的和平生存权的研究，日本宪法学界至今也积累了丰富的理论成果。反观国内，国内政治学界和宪法学界对日本宪法和平主义及第 9 条的研究多集中于客观制度层面，如在"和平主义原理""第 9 条与集体自卫权的关系""第 9 条修改可能性"等方面关注较多；但是，对其主观公法权利层面的研究并不十分充分，对日本宪法中作为基本权利的和平生存权的研究尚待深化。有鉴于此，本文旨在系统全面引介日本日趋成熟的和平生存权理论以期引起国内学界关注，同时为未来尝试构建具有中国特色的和平生存权理论提供镜鉴。

一 关于作为基本权利的和平生存权存否的理论争议

虽然日本宪法在序言中明文规定了和平生存权，但是作为一种宪法理论的和平生存权理论却是在 1962 年才被正式提出来的，该理论至今已经过

① 译文为作者自译，下同。日本国宪法日文原文见链接：https://elaws.e-gov.go.jp/document?lawid=321CONSTITUTION_19470503_000000000000000，最后访问日期：2022 年 8 月 30 日。

了 62 年（1962~2024）的发展。新野安三郎是和平生存权理论的首倡者，是实现和平生存权理论自觉的第一人，其在论文《和平生存权序论》中提出，在人权发展史中，和平生存权将是继自由权和社会权之后出现的新人权，应是一种宪法上被保障的人权。① 深濑忠一（1927.3.1~2015.10.5）则是和平生存权理论的集大成者，其以和平生存权理论为专题的学术著作《放弃战争与和平生生存权》的出版，标志着和平生存权理论体系化的完成，该著作同时也是日本学界第一本以和平生存权理论为专题进行综合研究的学术著作，是后世研究日本和平生存权理论必须参考的经典著作，其关于和平生存权的理论被称为"深濑说"。深濑说也是指导爱好和平的日本国民不断开展护宪和平运动的指导理论。② 尔后，深濑说的继承发扬者小林武在深濑说的基础上对和平生存权理论进行了更为精细化和实证化的研究，其在《和平生存权的辩证》《和平生存权论的展开状况》等著作中进一步充实了和平生存权的理论内涵，增强了和平生存权在诉讼中的实践操作性，小林武可谓现今日本宪法学界和平生存权理论的代表性学者，其关于和平生存权的理论可称为"小林说"。

自和平生存权理论产生以来，日本宪法学界对其进行了众多且长期的学术争论，根据是否承认和平生存权的基本权利属性，这些争论可简单概括为肯定说、否定说和折中说三种观点。③ 肯定说承认作为基本权利的和平生存权的存在。肯定说的代表学者众多，其中，杉原泰雄认为，在日本宪法第 9 条所确定的和平状态下生存，并不仅是客观制度的问题，也是主观公权利的问题，在和平状态中生存应作为一种基本权利被宪法保障，对于违反第 9 条侵害和平生存状态的国家行为，国民不必以其他基本权利条款为媒介，而是可以直接以和平生存权为依据加以反对；浦部法穗认为，

---

① 河上曉弘「憲法 9 条訴訟と平和的生存権」広島平和研究第 2 卷（2015 年）注 1 参照，三上巧馬「『平和的生存権』論の到達点と展望」早稲田社会科学総合研究別冊「2016年度学生論文集」（2016 年）79-80 頁参照。

② 金井光生「2016 年平和的生存権覚書：憲法哲学ノート①」行政社会論集第 29 卷第 2号（2016 年）第 3 頁、第 6 頁参照。

③ 三上巧馬「『平和的生存権』論の到達点と展望」早稲田社会科学総合研究別冊「2016年度学生論文集」（2016 年）86 頁参照。

日本宪法将侵害和平视同为侵害人权（权利），排除来自国家的对于和平的侵害行为是日本宪法上和平生存权的要求。这些学说都认为，国家违反宪法第 9 条的行为本身就是对和平生存权的直接侵害，并不用像向伊拉克派遣自卫队诉讼中的法官所主张的那样，即使承认和平生存权具有裁判规范性和政府作出了违反宪法第 9 条的违宪行为，国民仍需继续证明政府的违宪行为达到了对国民和平生存权侵害的程度，否则将认定政府的违宪行为并未侵害国民的和平生存权。[①] 除此之外，山内敏弘、樋口阳一、浦田贤治、浦田一郎、久田荣正、高柳信一、深濑忠一、小林武等都对和平生存权都提出了自己的理论见解，其中，深濑说是最具体系性和代表性的有力学说，小林说是对深濑说的继承和发展。下文也主要以深濑说和小林说为基础，来阐发日本和平生存权理论。

否定说不承认作为基本权利的和平生存权的存在。否定说的代表是长谷部恭男和日本政府，其认为，防卫（安全保障）服务乃是一种公共财产，"在和平中生存的权利"乃是请求政府可保持适当的军备以确保国家安全，只要不危及日本周边地区任何人、任何民族和任何国家的和平，日本就不必全面放弃军备，不能强迫国民接受第 9 条所确定的完全放弃战争的"善的生存方式"，这种"善的生存方式"和日本宪法中的立宪主义很难两立共存。这种否定说是一种与肯定说完全相反的"颠倒的和平生存权理论"，在多元价值观的社会中，希望通过武力确保安全的国民确实存在，该说虽然完全违背日本宪法立宪和平主义精神和制宪意图的，但被日本政府和砂川案件中最高法院的判决所继承。[②] 在和平生存权诉讼中，日本政府所提出的"和平生存权抽象论"也是典型的否定说，日本政府常常辩称，"和平"的概念不仅是抽象和不明确的，而且从具体权利内容、宪法依据、主体、成立要件和法律效果等方面来看也是欠缺一义性的，是很难确定内涵和外延的概念，因此不能承认和平生存权的具体权利性，而仅应

---

① 三上巧馬「『平和的生存権』論の到達点と展望」早稲田社会科学総合研究別冊「2016年度学生論文集」（2016 年）86 頁参照。

② 三上巧馬「『平和的生存権』論の到達点と展望」早稲田社会科学総合研究別冊「2016年度学生論文集」（2016 年）86 頁参照。

该将其看作一种用于政治修辞的抽象的理念性权利。不仅如此，日本政府继承了长谷部恭男的"颠倒的和平生存权理论"，日本前首相安倍晋三援引宪法序言、第9条和第13条认为，为了确保日本自身的存立和国民的和平生存权，国家需要采取必要的自卫措施，日本宪法并没有禁止采取必要自卫措施的权利。考虑到日本宪法及和平生存权的本意是为了实现"无武力的和平"，否定说的本质目的是正当化作为武力表现形式的自卫（队），为了实现"通过武力维持和平"的目的，日本政府希望通过军事力的强化来维持世界上的军事平衡，以自卫的名义使所有侵害日本国民和平生存权的行为正当化，否定说及其对"和平"内涵的理解是完全背离日本宪法的立宪和平主义精神的，因此，否定说所理解的"和平生存权"并非日本宪法所设想的"和平生存权"，否定说从根本上来说是一种完全错误理解和运用和平生存权的理论，是一种旨在消解乃至否定和平生存权的理论。①

折中说持论平稳，既不直接肯定也不直接否定作为基本权利的和平生存权的存在。折中说的代表是日本权威宪法学家芦部信喜，其认为为了和平生存权的裁判规范性能被承认，对具体权利性进行充分的议论是必要的。折中说虽然没有直接承认和平生存权，但其也承认了通过理论的精细化可使和平生存权成为具体权利。②

综上所述，肯定说才是符合日本宪法立宪和平主义精神要求的学说，其体现的乃是一种放弃一切战争的绝对和平主义思想，日渐成为一种有力的学说；而否定说体现的是一种"侵略战争违法—自卫战争合法"二分化的相对和平主义思想，这并不符合日本宪法立宪和平主义精神的要求，日本宪法设想中的国家应为实现非武装的和平而努力，在这个过程中如果公民的和平生存权受到侵害，法院尤其是作为宪法守护者的最高法

---

① 三上巧馬「『平和的生存権』論の到達点と展望」早稲田社会科学総合研究別冊「2016年度学生論文集」（2016年）87–88頁参照。

② 三上巧馬「『平和的生存権』論の到達点と展望」早稲田社会科学総合研究別冊「2016年度学生論文集」（2016年）86頁参照；参见〔日〕芦部信喜著、〔日〕高桥和之补订《宪法》（第六版），林来梵、凌维慈、龙绚丽译，清华大学出版社，2018，第四章"和平主义原理"部分、第94～94页。

院负有阻止政府违宪行为的义务。① 折中说可以说是一种变相的否定说，其不直接承认和平生存权的具体权利属性，不符合日本宪法立宪和平主义精神的要求。故下文将基于肯定说的立场对和平生存权理论进行阐释。

二 和平生存权的法律性质：法律规范性和裁判规范性

"全世界国民……享有……在和平中生存的权利"这一明示和平生存权的表述仅被规定在宪法序言第2段中，但是在日本宪法第三章关于基本权利保障的规定中并没有将和平生存权列入。日本宪法序言的法律性质直接决定了对和平生存权的法律规范性和裁判规范性等法律性质的认定，若要探讨和平生存权的法律规范性和裁判规范性，首先需要探讨日本宪法序言的法律规范性和裁判规范性。②

所谓法律规范，是指具有法律效力的规范。所谓裁判规范，是指可作为直接根据向法院寻求救济的法律规范（请求权依据）或法院在审判具体案件时可作为判决依据的法律规范（裁判依据）。③ 日本宪法学界通说一般承认宪法序言是法律规范，其可以成为法院审理具体案件的解释基准，但是一般否认宪法序言是裁判规范，不认为国民可以直接根据宪法序言向法院寻求救济或法院可直接根据宪法序言进行司法裁判。④

（一）日本宪法序言的法律规范性和裁判规范性

1. 宪法序言的法律规范性

从比较宪法的视角看，宪法序言具有何种法律性质必须根据各国宪法

① 三上巧馬「『平和的生存権』論の到達点と展望」早稲田社会科学総合研究別冊「2016年度学生論文集」（2016年）87-88頁参照。

② 萧淑芬：《和平生存权之基本原理与构造——以日本宪法之规范与解释为例》，台湾《经社法制论丛》2004年第33期。

③ 小林武「平和の生存権の歴史的意義と法の構造（二）」南山法学19卷1号（1995年）135頁参照。

④ 参见萧淑芬《和平生存权之基本原理与构造——以日本宪法之规范与解释为例》，台湾《经社法制论丛》2004年第33期。

的制定背景、国情和内容来进行综合判断，并没有一个统一的标准答案。①
例如，在法国宪法中，作为序言组成部分的《人权宣言》具有裁判规范
性；一般认为，中国宪法的序言是具有法律效力的规范（法律规范），可
以作为解释基准增强裁判说理的说服力，但是并不能成为公民寻求司法救
济的请求依据和法院的裁判依据。

日本宪法序言表明了自由主义、民主主义和和平主义等指导宪法典全
文的三大理念，是宪法正文的解释基准和国家立法的准则，构成了宪法典
的一部分，同时，日本宪法序言的修改也需要遵守日本宪法第 96 条的宪法
修改程序。日本宪法第 98 条第 1 款规定："本宪法是国家的最高法律，凡
违反本宪法的法律、命令、诏敕及与国务相关的全部或部分行为都没有效
力。"宪法序言也是宪法的构成部分，所以违反宪法序言的法律、命令、
诏敕及与国务相关的全部或部分行为也是无效的，宪法序言是违宪审查的
判断基准，是具有法律效力的规范。②

综上所述，宪法序言和宪法正文一样具有法律规范性，可以发挥法律
效力。

2. 宪法序言的裁判规范性

所谓宪法序言的裁判规范性问题，就是法院能否直接适用序言判断法
律、命令等合宪性的问题，即序言能否成为违宪审查的裁判依据被法院直
接适用的问题。否定说是目前日本宪法学界的通说，但是肯定说正逐渐成
为有力的学说。③

大西芳雄和佐藤功等否定说的代表学者认为，序言是在宪法构造中处
于最上位的根本规范，是限定正文各条规定内容的框架，因此序言不是能

---

① 小林武「平和的生存権の歴史的意義と法的構造（二）」南山法学 19 巻 1 号（1995 年）
134 頁参照。
② 小林武「平和的生存権の歴史的意義と法的構造（二）」南山法学 19 巻 1 号（1995 年）
134 頁参照，三上巧馬「『平和的生存権』論の到達点と展望」早稲田社会科学総合研究
別冊「2016 年度学生論文集」（2016 年）81 頁参照。
③ 小林武「平和的生存権の歴史的意義と法的構造（二）」南山法学 19 巻 1 号（1995 年）
134 頁参照，三上巧馬「『平和的生存権』論の到達点と展望」早稲田社会科学総合研究
別冊「2016 年度学生論文集」（2016 年）81 頁参照。

在具体案件中被适用的裁判规范，而是各条文规定的解释基准，是正文第 1 条以下的各条文的正当性根据，且其处于第 96 条宪法修改权界限之外不能被修改。[①] 否定序言具有裁判规范性的具体论据现归纳详述如下。[②] 一是，序言内容是抽象的原理和理念，欠缺划出明确界限的具体性，其具体内容已交由正文规定，因此，正文是裁判规范；二是，虽然宪法序言具有法律效力可以成为法律规范，但是法律规范未必全部都是可以直接适用的裁判规范，比如，宪法中众多的组织规范是法律规范，但是未必是裁判规范；三是，序言在宪法构造中是具有最高地位的规范，是确定正文各项规定意思的框架，是其他规范正当性的根据，发挥着解释基准的作用，在正文各项规定的意义内容产生疑问的时候，序言可成为正文各项规定的解释基准；四是，在正文各项规定欠缺的场合，在理论上存在序言被直接适用的可能性，但在实际中，像这样欠缺的场合很难被认为是存在的，所以实际上序言没有成为裁判规范的可能性；五是，大部分司法判例中，序言都不是裁判规范，而是作为正文各条的解释基准被运用的。

樋口阳一、浦田贤治、杉原泰雄、隅野隆德、山野一美等肯定说的代表，针对以上论点提出如下反论。[③] 一是，序言内容的抽象性和正文规定的具体性并不是绝对的，有些正文的规定也是非常抽象的，宪法上的概念大多是抽象且需要进行解释才能适用的，与"和平"概念相比较，"自由""平等"等概念也具有抽象性和多义性，其实现方法也是多种多样的，从抽象性这一点言说并不能导出否定序言是裁判规范的结论；二是，序言确实未必都是裁判规范，但是从这一点也不能导出所有序言都不是裁判规范的结论；三是，虽然序言的规定在正文中被具体化了，但以此为由就说序

---

① 小林武「平和的生存権の歴史的意義と法的構造（二）」南山法学 19 卷 1 号（1995 年）145 頁参照。

② 小林武「平和的生存権の歴史的意義と法的構造（二）」南山法学 19 卷 1 号（1995 年）141－142，144－145 頁参照，三上巧馬「『平和的生存権』論の到達点と展望」早稲田社会科学総合研究別冊「2016 年度学生論文集」（2016 年）81 頁参照。

③ 小林武「平和的生存権の歴史的意義と法的構造（二）」南山法学 19 卷 1 号（1995 年）136 頁、142 頁補説注 7 頁参照，三上巧馬「『平和的生存権』論の到達点と展望」早稲田社会科学総合研究別冊「2016 年度学生論文集」（2016 年）81 頁参照。

言没有裁判规范性是不准确的；四是，既然说序言是宪法构造中的最上位规范，那么全面否定其裁判规范性的理由是很难成立的；五是，在正文规定欠缺的场合下，序言可以被直接适用，像违反和平生存权等序言规定的国家行为可适用序言判断其违宪。另外，有的支持肯定说的学者也补充指出，和自由权社会权等传统宪法权利相比，和平生存权虽然是一种"新的权利"，但是因为和平生存权已在宪法中被明文规定为了一项"权利"，所以不能将其和宪法中未明文规定的新兴权利或未列举基本权利等同视之，既然宪法明文将其规定为"权利"，且考虑到日本宪法贯彻立宪和平主义的精神，将其解释为宪法基本权利才是比较忠实于宪法的解释。①

小林武支持肯定说的立场，并在上述论据基础上又补充了如下论据。②

一是，序言被认为是表达宪法基本原理的最上位规范，但表达宪法基本原理的最上位规范并不只存在于序言中。比如，日本宪法的基本原理是国民主权原理（民主主义）、基本人权尊重原理（自由主义）、和平主义原理（和平主义），其中基本人权尊重原理在序言中并没有被明确规定，宪法正文的第 11、12 条和第 97 条等具有裁判规范性的条款乃是表达基本人权尊重原理的最上位规范。既然表达宪法基本原理的宪法正文规定可被视为裁判规范，那么就不能否认表达宪法基本原理的序言也可能是裁判规范。构成宪法序言的不同段落内容的抽象性和具体性并不是完全相同的，比如，"日本国民，期望世界永久和平，深知支配人类相关关系的崇高理想，信赖爱好和平的诸国民的公正与信义，决心以此维持我们自身的安全"这样的规定是非常抽象的，但是"我们在此确认，全世界的国民都平等地享有免除恐惧和贫困，并在和平中生存的权利"这样的规定则是具备具体性的。另外，在宪法正文中也存在具有很强抽象性的规定，比如，日本宪法第 13 条规定作为限制人权正当理由的"公共福祉"概念也是很抽象的以至于不能被直接适用，而是必须运用具体的多样的违宪审查基准进行补

①　村田尚紀「平和的生存権の価値と構造：権利ニヒリズムを超えて」關西大學法學論集第 59 卷第 3 - 4 号（2009 年）375 - 376 頁参照。

②　小林武「平和的生存権の歴史的意義と法的構造（二）」南山法学 19 卷 1 号（1995 年）149 - 152 頁参照。

强解释才能被适用。综上，关于宪法序言裁判规范性存在与否的问题，应该结合宪法正文各项规定并根据序言内容具体性的有无来进行综合判断。

二是，否定说也承认，在宪法正文欠缺的场合下宪法序言可以被直接适用。如前述，在宪法序言具有具体性的情况下，在进行违宪审查时宪法序言也可以被直接适用，这在司法实践中也是存在的。为了使宪法正文规定看起来没有欠缺，需要采用柔软的方法使宪法序言成为正文各条款的解释基准，实际上这和直接适用宪法序言产生同样的法律效果。否定说主张作为解释基准的法律规范不是裁判规范，但是这种认识没有正确捕捉司法实践中法律规范的作用。比如，规定了"在和平中生存的权利"的宪法序言第2段，可作为宪法第9条的解释基准发挥有力的作用，但是为了实现立宪和平主义的宪法精神，宪法序言第2段是和宪法第9条共同协力发挥作用的，在宪法第9条不能覆盖的地方，宪法序言第2段自身不是作为解释基准而是可直接作为裁判规范发挥作用的。否定说认为，宪法序言是抽象的，其具体内容已在宪法正文各条款中展开，能够成为裁判规范的只能是宪法正文各条款。实际上这样的观点并没有充分的说服力，即使宪法序言的内容被正文各条款具体化，但是在具体案件中，将序言和正文规定结合起来一起适用是可能且有益的。

综上所述，小林说认为，虽然肯定说和否定说看起来是完全对立的，但实际上两说并不是水火不容的，两说的争议需要被进一步细化，问题的核心在于不能仅笼统地整体讨论宪法序言的法律规范性和裁判规范性，而需要根据宪法序言不同规定的法律规范性和裁判规范性的有无，来判断相应规定是否存在成为法律规范和裁判规范的可能。既然两说争议的焦点在于和平生存权的规定，那么就需要将问题聚焦宪法序言中和平生存权的规定本身是否具有法律规范性和裁判规范性。①

---

① 小林武「平和的生存権の歴史的意義と法的構造（三）」南山法学第 19 卷第 2 号（1995年）31 頁参照，三上巧馬「『平和的生存権』論の到達点と展望」早稲田社会科学総合研究別冊「2016 年度学生論文集」（2016 年）81 頁参照，村田尚紀「平和的生存権の価値と構造：権利ニヒリズムを超えて」關西大學法學論集第 59 卷第 3 - 4 号（2009 年）374 頁参照。

（二）序言中"在和平中生存的权利"规定的法律规范性和裁判规范性

1. 和平生存权的法律规范性

如前所述，和平生存权并没有规定在日本宪法第三章关于基本权利的条款中，而是在宪法序言中被规定为一项宪法中的"权利"。宪法序言是具有法律效力的法律规范，而"在和平中生存的权利"规定又是序言的一部分，因此，关于和平生存权的规定也是具有法律效力的法律规范自不待言。

而且，宪法将"在和平中生存"明确规定为一项宪法中的"权利"，这意味着宪法并没有将其视作单纯的和平理念或政治宣言，而是看作国家（政府）和公民之间存在的法律关系（即公法上的权利义务关系）。所以关于"在和平中生存的权利"，对国民来说，在和平中生存并不是国家采取和平政策的反射利益，而是国民具有的在宪法上被证实的法律权利；对国家（政府）来说，国家（政府）承担着让国民在和平中生存的法律义务。① 而且"在和平中生存"既然被规定为"权利"，那么就应当能像其他宪法基本权利一样能在司法中被救济，因此，不能轻视宪法将"在和平中生存"明定为"权利"的意义：宪法明确承认了和平生存权的法律规范性，如果具备具体性的宪法序言规定能够成为裁判规范，那么就意味着只要没有其他法律层面的反证，就不能否定和平生存权的裁判规范性。②

综上所述，和平生存权规定是具有法律效力的法律规范，和平生存权具有法律规范性。

2. 和平生存权的裁判规范性

如前所述，宪法序言的不同规定根据是否具有具体性存在判断其是否有成为裁判规范的可能，若宪法序言某规定具有具体性，则其可以成为裁

---

① 小林武「平和的生存権の歴史的意義と法的構造（三）」南山法学第 19 卷第 2 号（1995年）31－32 頁参照。

② 小林武「平和的生存権の歴史的意義と法的構造（三）」南山法学第 19 卷第 2 号（1995年）31－32 頁参照。

判规范。那么，若序言中"在和平中生存的权利"规定具有具体性，则该规定是裁判规范，可作为裁判依据被法院直接适用。

传统权利理论认为，所谓权利，不是指抽象的（理念性的）权利，而是指实定法上的权利，且该权利可以成为拘束法院的裁判规范，即可简单理解为"权利＝实定法上的权利＝裁判规范"。申言之，权利即根据实定法律规范赋予个人的具有具体内容的利益，据此，权利人有权要求相对方（负有利益实现义务的人）实现该利益，且在该实现过程被妨碍的情况下，可以通过司法救济保障这种实现过程，因此实定法上的规定可以成为拘束法院的裁判规范。宪法正文中的基本权利（尤其是自由权）若要成为裁判规范（实定法律规范），则必须被具体化的实定法（即法律）所规定和保障。① 以上所述即为传统权利理论的概要。而和平生存权仅在宪法序言中被规定且并没有被实定法具体化，若基于传统权利理论承认和平生存权的裁判规范性，在包括诉讼法体系的实定法体系中是非常困难的。②

根基于传统权利理论的否定和平生存权具有裁判规范性的学说（否定说）的主要论据可归纳详述如下。③ ①（消极否定说论据1）和平生存权是理念的、自然法上的、超实定法的权利，不是具体的、个别的实定法上的"权利"，其是宪法第三章中各项基本权利条款的解释基准，同时也是将基本权利条款具体化的立法基准。②（消极否定说论据2）肯定说认为和平生存权的具体内容可以通过宪法第9条和宪法第三章中的基本权利条款被填充，但是宪法序言中的和平生存权规定仅作为宪法第9条的解释基准发挥作用，从宪法第9条中并不能导出和平生存权的具体内容。同理，和平生存权与宪法第三章的关系也是如此，其不过是作为"公共福祉"规定和生存权规定的解释基准发挥作用，从宪法第三章的各项基本权利条款中并不能导出其具体内容，而且宪法第13条的幸福追求权（概括人权条

---

① 小林武「平和的生存権の歴史的意義と法的構造（三）」南山法学第19卷第2号（1995年）32 –33 頁参照。

② 小林武「平和的生存権の歴史的意義と法的構造（三）」南山法学第19卷第2号（1995年）32 –33 頁参照。

③ 小林武「平和的生存権の歴史的意義と法的構造（三）」南山法学第19卷第2号（1995年）34 –36 頁参照。

款）自身并不是具体的个别的权利，将和平生存权与第 13 条相结合也不能导出具体的权利内容。③（积极否定说论据）随着和平生存权的存在根据和背景探求的广度化和深度化，为了承认作为"新兴人权"的和平生存权，明确限定或抑制其自身的意义内容是必要的，仅从宪法序言"在和平中生存的权利"规定中直接断定其为实定法上的基本权利，并承认其裁判规范性是很困难的。为了使和平生存权获得法律保障，使国民具有高度自觉将其作为权利来主张和运用的社会条件是必要的，另外，在法律理论上也需要对其进行更加精密的概念构造分析，和平生存权的理论构成也是日本宪法解释学的重要课题之一。

　　承认和平生存权裁判规范性的肯定说的代表小林武认为，根据上述传统权利理论来判断和平生存权的裁判规范性存在如下需要纠正的问题。①①通过裁判规范性的有无来决定某项规定是不是权利的做法是过于狭隘的，和平生存权是实定宪法上被规定的权利，但是仅因为国家（政府）没有制定将其具体化的法律就认为其无法成为实定法上的权利，这种做法在理论上是不能成立的。和平生存权不仅有宪法上的根据，而且宪法第 9 条和宪法第三章各项基本权利条款可以填充和平生存权的具体权利内容，因此和平生存权是可以被具体化的权利。②要想使宪法上的权利成为具有裁判规范性的权利，必须通过现行实定法律法体系对其进行具体规定和保障，这种认识实际上是将本应由宪法绝对保障的权利降格为了由法律相对保障的权利，这种本末倒置的认识从根本上来说就是错误的。从司法权的性质来说，为了使宪法上的权利（基本权利）得到司法救济，纠纷案件必须具有"争讼性"，否则就无法寻求法院的救济，而日本诉讼法体系上的"争讼性"包括两个要件：一是，纠纷案件当事人之间存在具体的法律上的权利义务关系；二是，可以适用法律终局地解决该纠纷案件。上述传统理论认识意味着：只有"通过现行实定法体系（尤其是诉讼法体系）来规定和保障"的权利才是具有裁判规范性的权利。但是对于侵害宪法权利的

① 小林武「平和的生存権の歴史的意義と法的構造（三）」南山法学第 19 卷第 2 号（1995年）33－34 頁参照。

情况，当事人的诉讼利益即使没有实定法规定作为请求权依据，也应该可以宪法规定作为请求权依据寻求司法救济和保护。③法律保留（实定法保留）或诉讼法保留不能成为否定通过诉讼救济排除对宪法权利侵害的理由，因此，在现行诉讼法体系没有为某宪法权利设立专门的诉讼类型时（这实际上是立法不作为），虽然在司法实践中和平生存权诉讼很难成立，但是创造设计保护和平生存权的具体诉讼类型正是宪法对司法的要求。综上，传统的权利理论并不能成为判断和平生存权是否具有裁判规范性的标准，宪法上的权利（基本权利）只要具有具体性，即使实定法或诉讼法体系中没有相关保护规定，也应成为寻求司法救济的请求权依据和法院的裁判依据，是具有裁判规范性的权利。

肯定说学者山内敏弘则进一步认为：如果要说明和平生存权具有裁判规范性，那么其必须要具备具体的权利内容，而和平生存权绝不仅仅是理念性（抽象性）的权利，而是具有具体意义内容的宪法上的基本权利；不可否认，从法律层面来说，"和平"是一个抽象的多义的概念，这一点和"自由""平等"等概念一样，但问题是，"和平"这一概念在日本宪法中通过宪法解释是可以确定具体内容的，即结合宪法第 9 条理解，日本宪法中"和平"这一概念具有"放弃一切战争""不保有一切战力""否认国家的交战权"等具体内容，这从制宪者的制宪意图，以及结合宪法序言、第 9 条、第 13 条（概括人权条款）等条文所进行的综合解释来看的话应该是很明显的，如果这样理解"和平这一宪法概念"的话，那么"在和平中生存的权利"的具体权利内容绝不是不可确定的。对此，小林武认为，和平生存权的具体权利内容已经通过宪法第 9 条的规定被具体填充了（即放弃战争、不保持一切战力、否认国家交战权），同时，和平生存权也正在通过具体的司法实践一步一步地获得裁判规范性，至今对其裁判规范性的认知已经达到了相当高的阶段。①

综上所述，为了贯彻立宪和平主义的宪法精神，应该肯定和平生存权

① 小林武「平和的生存権の歴史的意義と法的構造（三）」南山法学第 19 卷第 2 号（1995 年）39 - 40 頁参照。

是一个具有具体权利内容的可以作为裁判规范的宪法基本权利。如此，"和平"这一宪法概念就不再仅是一种政治理念或者政治修辞，也具体规定了国家和公民之间的法律关系（公法上的权利义务关系）。当和平生存权被国家（政府）侵害时，公民可以其为请求权依据向法院提起诉讼寻求司法救济，法院也可将其作为处理和平生存权诉讼的裁判依据。①

三 和平生存权的理论体系

和平生存权作为一个正在成长中的基本权利，需要在理论学说和司法实践中不断地积累充实自身的权利内容，以使自身成为和许多典型的自由权、社会权和参政权相同的成熟的基本权利，下文将重点从宪法依据、表现形态、权利构造、权利主体、诉讼要件和法律效果6个方面具体阐释和平生存权的理论体系。②

（一）宪法依据：序言·第9条·第三章复合说

即使在肯定和平生存权裁判规范性的肯定说中，关于和平生存权的宪法依据也存在众多理解，未能达成一致，如序言说（山内敏弘）、第9条说（星野安三郎、浦部法穗）、第13条说（久田荣正）、序言·第9条·第三章复合说（深濑忠一和小林武），笔者认为深濑说和小林说主张的复合说最为合理有力。③复合说认为，应对日本宪法全体进行综合考察，和平生存权的宪法依据是由宪法序言、第9条和第三章诸基本权利条款等构成的复合依据，应该采用整体复合的方法而非孤立割裂的方法理解和平生存权的宪法依据。其中，宪法序言是和平生存权的直接依据；宪法第9条界定了和平生存权的内涵，是和平生存权的间接依据；第三章各基本权利

---

① 三上巧馬「『平和的生存権』論の到達点と展望」早稲田社会科学総合研究別冊「2016年度学生論文集」（2016 年）81－82 頁参照。

② 小林武「平和的生存権の歴史的意義と法的構造（四）・完」南山法学 19 巻 3 号（1995年）83 頁参照。

③ 三上巧馬「『平和的生存権』論の到達点と展望」早稲田社会科学総合研究別冊「2016年度学生論文集」（2016 年）注 1 参照。

条款补充、拓展和平生存权利内容，是和平生存权的补充依据。①

整体考察日本宪法文本可知，日本宪法序言将"在和平中生存的权利"作为国民的主观"权利"加以规定；宪法第二章第 9 条要求政府承担放弃战争、不保持战力、否认交战权的义务，第 9 条是规定国家义务、确定公权力作用边界的客观制度规定；宪法第三章以"国民的权利与义务"为标题从第 10～40 条列举了需要保障的具体人权，其中日本宪法第 13 条规定，"所有国民，作为个人都应该被尊重。国民的生命、自由以及追求幸福的权利，只要不违反公共福祉，在立法及其他国政上就应被给予最大的尊重"，该条款一般被视为日本宪法的概括人权条款，又称为幸福追求权，从其中可以导出作为新兴基本权利的和平生存权。上述诸规定皆可成为和平生存权的宪法依据。② 日本宪法将第二章放在第三章和其后国家机构条款之前，展示了一种放弃战争乃是人权保障和民主主义前提的规范构造。③ 需要注意的是，整体考察日本宪法可知，日本宪法的制宪意图是为了实现绝对的和平主义，第 13 条中作为人权制约原理的"公共福祉"概念排除了"军事行为的公益性"，即日本宪法中的"公共福祉"是和平的、无战争、无军备的公共福祉，完全排除了以战争或军事目的为由而对人权进行限制的情况。④

如果将第 9 条和序言割裂开来理解，从法解释学的角度看和平生存权将会被填入过多的权利内容，这种理解方法是不妥当的。将作为客观规定的第 9 条和作为主观规定的和平生存权条款结合理解的话，国家采取的违反第 9 条的行为也是损害和平生存权的行为，这将打开国民个人可以提起诉讼的通道。另外，以宪法第 13 条为导入口，可以将和平生存权和第三章

---

① 小林武「平和的生存権の歴史的意義と法の構造（三）」南山法学 19 卷第 2 号（1995 年）44－47 頁参照。
② 小林武「平和的生存権の歴史的意義と法の構造（三）」南山法学 19 卷第 2 号（1995 年）44－47 頁参照。
③ 小林武「平和的生存権の歴史的意義と法の構造（三）」南山法学 19 卷第 2 号（1995 年）46 頁参照。
④ 前田輪音「中学校社会科教科書における日本国憲法の『平和的生存権』概念の分析」北海道大學教育學部紀要第 77 号（1998 年）117 頁参照。

各基本权利相结合，从而各基本权利可以填充和平生存权的权利内容，和平生存权可与其他基本权利结合为一体发挥法律效果。比如，将和平生存权和第 18 条结合理解可以导出免于被征兵的自由，和第 19 条结合理解可以导出根据良心拒绝服兵役的自由，和第 25 条的生存权结合理解可以导出国民财产免于军事强制征用征收的自由，和宪法第 22 条职业选择自由权相结合，可以导出免于强制军事劳动的自由。除此之外，即使在国家行为没有违反第 9 条、没有侵害第三章中其他基本权利，以及和平生存权不能和第 9 条、第 13 条相结合的场合下，只要满足一定的条件，国民也可只援引和平生存权作为请求权依据寻求司法救济。①

（二）权利构造

和平生存权是人类在努力追求和平的过程中诞生的、被自然权所支撑的新兴宪法基本权利，其既有正在成长中的部分，也有在实定法上已被权利化的部分；既是横跨法律和政治两个领域的综合性权利，也是由多层次法律规范和政治规范构成的复合性权利。② 关于和平生存权的权利构造，浦田一郎、浦田贤治、山内敏弘等学者各自提出了独到且有益的见解。例如，浦田一郎认为，以法律规范性和裁判规范性的区分为基础，可将和平生存权分为"作为宪法上权利的和平生存权"和"作为裁判上权利的和平生存权"：前者的权利内容如果是明确的，就可以当然地获得裁判上的救济；后者由"排除违反第 9 条的国家行为对宪法第三章中基本权利直接侵害的权利""请求国家遵守宪法第 9 条的权利"等构成，在通常的诉讼中，需要考虑限制原告资格的问题。浦田贤治认为可将和平生存权分为"作为积极权利的和平生存权"和"作为消极权利的和平生存权"，前者由市民的不服从权和抵抗权构成，在市民的不服从权中，可包含基于良心拒绝服

---

① 小林武「平和的生存権の歴史的意義と法的構造（三）」南山法学 19 卷第 2 号（1995 年）47 頁参照，河上暁弘「憲法 9 条訴訟と平和的生存権」広島平和研究第 2 卷（2015 年）172 頁参照。

② 小林武「平和的生存権の歴史的意義と法的構造（四）・完」南山法学 19 卷 3 号（1995 年）83 – 85 頁参照。

兵役权、拒绝军事征用权、拒绝负担军费权等，另外从抵抗权中可以推导出告发军事秘密行为不违法的权利；后者包括对因国家战争行为导致的精神损害请求补偿或赔偿的权利和反对战争的权利等。山内敏弘认为可将和平生存权分为"狭义的和平生存权"和"广义的和平生存权"：前者是指在和平中生存本身就是一种权利，即免于因战争剥夺自己生命的权利，其包含不论基于何种理由都可拒绝被征兵的权利；后者是指免于战争威胁和军队强制而能在和平的状态中生活行动的权利，具体包括政府无论基于何种军事目的都不能强制征收征用个人财产或侵害国民表现自由的权利。前者是和平生存权的核心部分，后者是和平生存权的边缘部分。[①]

因深濑说和继承深濑说的小林说是最具体系性和代表性的有力学说，因此本文主要以深濑说和小林说为基础来阐释和平生存权的权利构造，研究和平生存权的权利构造对于深化理解和平生存权的裁判规范性也是必要且有益的。

深濑说在区分政治领域和法律领域的基础上，从法律规范性和裁判规范性的有无及其强弱程度的角度[②]，对和平生存权的权利构造进行了立体分析，即和平生存权的权利构造主要由政治规范（边缘部分）和法律规范（核心部分）两部分构成。作为政治规范的和平生存权是为了保障日本国民及全世界国民的和平生存权、使国家政治外交经济文化等诸方面达到和平状态的国政运营的指导规范，但没有法律效力。作为法律规范的和平生存权是一个具有法律效力的法律规范，包含四层构造：①和平生存权可作为自然权性质的权利发挥作用；②和平生存权可成为一个单独的具体基本权利发挥作用；③和平生存权可和各项基本权利条款结合发挥复合性权利作用；④和平生存权可作为各项基本权利、下位法解释和具体立法工作的解释基准发挥作用。[③] 其中对于①，当和平生存权被严重侵害而无法获得

---

① 小林武「平和的生存権の歴史的意義と法的構造（四）・完」南山法学 19 卷 3 号（1995年）83－85 頁参照。

② 小林武「自衛隊イラク派兵の違憲性および平和的生存権の具体的権利性の弁証——名古屋高裁における証言」愛知大学法学部法経論集 178 卷（2008 年）53 頁参照。

③ 小林武「平和的生存権の歴史的意義と法的構造（四）・完」南山法学 19 卷 3 号（1995年）85 頁参照。

司法救济时（如集体屠杀或核攻击等反人类行为发生时），和平生存权可以产生个人和集体的抵抗权；对于②，和平生存权可以成为向法院提出诉讼寻求司法救济的请求权根据；对于③，和平生存权可以和各项基本权利结合发挥复合作用，如和平生存权可发挥认定国家征兵制度违宪的作用；对于④，和平生存权可发挥排除损害和平生存权的具体化立法的作用。①

小林武在对上述深濑说进行改进的基础上认为，在边缘部分，和平生存权是发挥国政运营指导规范作用的政治规范且没有法律效力，例如，当和平生存权作为政治规范时，日本政府确立了"专守防卫"、"无核三原则"（不制造、不拥有、不引进核武器）、"武器出口三原则"等和平政治政策。② 但是和平生存权权利构造的重点在于核心部分，对深濑说所提出的四层构造，可根据它们与边缘部分的接近程度依序划分为 4 个层次，具体如下。第一层次：距离边缘部分最近的是第一层次，和平生存权是宪法各条款和下位法律的解释基准，也是进行具体化立法工作的基准（对应上文深濑说中的④），和平生存权作为立法工作指针时，日本政府制定了《自卫队法》、旨在解禁集体自卫权的《新安保法案》，签署了新旧《日美安保条约》等，但需要注意的是，日本宪法学界普遍认为政府制定上述签署的法律条约并非保护和平生存权和平法制，而是违反宪法第 9 条侵害和平生存权的军事法制。第二层次：和平生存权可作为自然权发挥制裁集体屠杀和核武器使用等反人道行为的作用（对应上文深濑说中的①），对于人类和平的战争犯罪行为和在相关国家法院都被认可的犯罪，是对和平生存权的严重破坏，和平生存权很显然在这一层次应是具有裁判规范性的。第三层次：和平生存权可以和其他基本权利相结合发挥作用（对应上文深濑说中的③），比如，和平生存权可和日本宪法第 18 条 "免于奴隶性拘束

---

① 小林武「平和的生存権の歴史的意義と法的構造（四）·完」南山法学 19 卷 3 号（1995年）85 頁参照，金井光生「2016 年平和的生存権覚書：憲法哲学ノート①」行政社会論集第 29 卷第 2 号（2016 年）第 5 頁参照。

② 小林武「平和的生存権の歴史的意義と法的構造（四）·完」南山法学 19 卷 3 号（1995年）85-86 頁参照。

和苦役的自由"相结合推导出"免于被征兵的自由"，可和日本宪法第 19 条"思想和良心的自由"相结合可以推导出"因良心拒绝服兵役"的权利，和平生存权和其他基本权利结合为一体从而也具有裁判规范性。第四层次：在不能和其他基本权利相结合发挥作用的情况下，和平生存权也可作为宪法基本权利独立发挥作用（对应上文深濑说中的②），这一层次乃是和平生存权利构造的核心中的核心。对于传统的人权（自由权和社会权）无法处理的和平事项，和平生存权可被单独主张用来处理和平事项，如当国家作出了违反宪法第 9 条的行为时，国民可以仅主张和平生存权寻求司法救济，但此时在具体诉讼中和平生存权是否具有裁判规范性是最具争议性的问题（见表1）。① 对此，深濑说认为，在战争、武力冲突或者军事演习等对生命、身体、健康、财产、环境和精神的侵害是具体的，且将导致重大的"恐惧和贫穷"的场合下，国民可将和平生存权作为一个独立的权利加以主张，向法院提出停止损害行为请求之诉、排除妨害之诉、行政行为停止执行之诉、撤销之诉、国家赔偿之诉等诉讼，从而获得司法救济。虽然国民以一般且抽象的和平生存权受到侵害为由提出诉讼在当前日本诉讼法体系中是很困难的（如前所述，因为没有具体个别的关于和平生存权的下位立法），但在对和平生存权的侵害是重大且根本的且损害条件和范围具有一定特定性的场合下，没有理由排除和平生存权在宪法诉讼中的裁判规范性，应当将国民的和平生存权作为诉讼利益来加以承认。②

小林武在深濑说的基础上进一步认为，"和平生存权能成为通过司法救济而被实现的权利"和"和平生存权能在现行诉讼制度中成为获得诉讼利益的根据"是应该被区分的两个命题，只要具备严格的要件，这两个命题都是可以成立的。对于前者，在具备"侵害是具体的且将导致严重的恐惧和贫穷"这样严格的条件时，和平生存权可以通过"停止损害行为请求之诉、排除妨害之诉、行政行为停止执行之诉、撤销之诉、国家赔偿之诉

---

① 小林武「平和的生存権の歴史的意義と法的構造（四）・完」南山法学 19 卷 3 号（1995 年）85 – 86 頁参照。

② 小林武「平和的生存権の歴史的意義と法的構造（四）・完」南山法学 19 卷 3 号（1995 年）87 頁参照。

等诉讼"获得司法救济；对于后者，当满足"侵害和平生存权的危险性是重大且根本的"客观要件和"可以特定化直接蒙受重大不利益的个人范围或条件"主观要件时，即使国家没有为宪法权利的侵害制定具体化的下位法以创造合适的诉讼类型加以司法救济，和平生存权也可以作为裁判规范成为国民具备诉讼利益的根据，甚至可以说，在客观要件中的危险性程度过于强大的情况下，即使不存在主观要件，也应该认定国民具备诉讼利益。如政府违反宪法第9条强迫国民承担和参加战争的行为，导致国民和平生存的状态被严重破坏，此时和平生存权应作为裁判规范被加以主张，国民应被认定具备诉讼利益并可依据和平生存权提起和平生存权诉讼。[①]下文将对和平生存权的诉讼要件进行更加详细的阐释。

表 1　和平生存权的权利构造

构造	层次	作用
边缘部分：政治规范	边缘层次	国政运营的指导规范
核心部分：法律规范	第一层次	日本法律体系中的解释基准和立法基准
	第二层次	自然权性质的法律规范（集体屠杀和核武器攻击时可以产生个人和集体的抵抗权）
	第三层次	可和其他基本权利相结合的复合性法律权利
	第四层次	一项独立的宪法基本权利

（三）　作为基本权利的具体表现形态

顾名思义，和平生存权在法律（宪法）上的定义是：公民享有在和平中生存的权利。而深濑忠一在《放弃战争与和平生存权》一书中，给和平生存权作出了如下经典理论定义：和平生存权是指，能够排除来自发动战争、发展军备和战争准备侵害的（自然权形态），享有免于恐惧与贫穷并在和平中生存的（社会权形态），在国民能够创造出和平国家和世界的核

---

① 小林武「平和的生存権の歴史的意義と法的構造（四）・完」南山法学 19 卷 3 号（1995年）87–88 頁参照。

时代中（参政权形态），具有自然权性质的基本权利，其是由宪法序言、第9条、第13条和第三章各项基本权利条款复合保障的基本权利中的综合性权利，从其规范性的立体构造来看，不论是目的还是手段，和平生存权都是绝对贯彻和平的、横跨国际国家两个层面的、享有客观制度和主观权利双重保障的、完全贯彻日本宪法立宪和平主义精神要求的、作为基本权利的综合性权利，其既是政治规范也是法律规范。① 从深濑说的经典定义可以看出，和平生存权不仅是基本权利，更是其他基本权利的根本保障，是基本权利中的基本权利，该定义也被后来在向伊拉克派遣自卫队案件中作出二审判决的名古屋高等法院所采纳。② 随后，在《为了永久世界和平日本宪法的构想——先行取得核时代和平的立宪民主和平主义》一书中，深濑忠一又进一步发展了和平生存权的理论定义：和平生存权是核宇宙时代中的全世界国民都享有的具有自然权性质的、作为基本权利的综合性权利，其根基于作为日本宪法根本规范的保护"人之尊严"的第13条（概括人权条款），是第13条所保障的所有基本权利中最重要的基本权利，其在宪法序言中被明确确认为一项基本权利，在多数情况下，其和第三章中的其他基本权利可结合在一起被保障以达到确保和平的目的。③ 小林武根据司法实践的需要，尝试从界定"和平"这一宪法概念的内涵的角度作出更加简明的定义：和平生存权，即宪法序言所说的"在和平中生存的权利"，是指国民在放弃一切战争、不保持一切战力、否认国家交战权的日本国中生存的权利。④

关于和平生存权的具体表现形态，深濑说从"在特殊极端情况下的保

---

① 深瀬忠一『戦争放棄と平和的生存権』（岩波書店，1987 年）227 頁参照，金井光生「2016 年平和的生存権覚書：憲法哲学ノート①」行政社会論集第 29 巻第 2 号（2016 年）4 – 5 頁参照。

② 金井光生「2016 年平和的生存権覚書：憲法哲学ノート①」行政社会論集第 29 巻第 2 号（2016 年）6 – 7 頁参照。

③ 前田輪音「中学校社会科教科書における日本国憲法の『平和的生存権』概念の分析」北海道大學教育學部紀要第 77 号（1998 年）117 頁参照。

④ 小林武「平和的生存権の裁判規範性——イラク平和訴訟熊本地裁における証言」愛知大学法学部法経論集第 176 巻（2008 年）227 頁参照。

护"和"在普通日常情况下的保护"两个方面展开了探讨。①

一方面，在特殊极端情况下，和平生存权的形态主要表现为：①保护核武器（实验）爆炸受害者和平生存权的形态；②保护战争或军事压迫侵害中受害者和平生存权的形态。在上述极端形态中，国民享有以和平生存权受到严重侵害为由提起相应诉请、寻求救济的权利。例如，日本法院已经明确判决美国在广岛和长崎投下原子弹的行为是违反国际法的战争行为，虽然日本政府放弃了对美国的赔偿请求权，但是日本政府对于原子弹爆炸的受害者仍然负有补偿义务；另外日本政府也需要履行日本宪法所要求的落实和平生存权的立法义务和行政义务，对受害者的援助工作进行立法和采取保障措施，若政府严重的立法不作为或行政不作为，则属于对受害者和平生存权的极端侵害，受害者应可以就此提起违宪确认诉讼；军事集团的演习或战争军事行动，导致个人（可能）受到炮击爆炸伤害、噪音伤害、大规模杀伤事故的伤害、有害化学物质的伤害、财产被强制征收征用的伤害、居住环境被破坏的伤害、因军事侦察所带来的精神伤害等损害，受害者可以和平生存权受到重大侵害为由向法院起诉，提出损害赔偿请求、战争或军事行动停止请求、战争或军事行动违宪确认请求等；因日本政府的侵略战争行为给中国、东亚乃至世界人民的和平生存权带来了严重的伤害，即使受害国家政府（如中国）对日本放弃了赔偿请求权，但因日本侵略战争行为而遭受严重的生命、身体、健康、财产和精神损害的受害者，仍然可以个人的名义依据和平生存权向日本政府主张战争赔偿。

另一方面，在普通日常情况下，和平生存权可以表现为三种形态。①自由权形态：侵害排除权，即排除国家战争行为侵害的权利，表现为免于战争、军备、战争准备的自由，例如，当违反宪法第9条的国家行为（如发动战争）导致个人的生命和自由受到侵害或存在受到侵害的危险

---

① 深瀬忠一『戦争放棄と平和的生存権』（岩波書店，1987年）234－238頁参照，三上巧馬「『平和的生存権』論の到達点と展望」早稲田社会科学総合研究別冊「2016年度学生論文集」（2016年）82頁参照，参见内藤光博《战后补偿问题与和平生存权——日本的战争责任与日本国宪法》，赵兰学译，《法学思潮》第1卷第2期。

时，或当国民被强制承担、参加和协助国家发动违反宪法第9条的战争时，国民可行使作为自由权形态的和平生存权向法院寻求救济，提出确认政府战争行为违宪确认请求之诉、违宪行为停止请求之诉和损害赔偿请求之诉，另外，对政府为了征兵或军事目的征收征用私有财产的行为，国民也可以向法院寻求救济。②社会权形态：保护请求权，即请求国家通过积极行使公权力采取更好地保障和平生存权措施的权利，具体包括，国民对因战争中受到的伤害要求政府给予社会补偿赔偿或社会救助的权利、国民请求政府对防止战争或军事扩张等活动给予支援的权利等。③参政权形态：参与国政权，即为了建立和平的国家和世界能参加国政或影响国政的权利，具体包括国民可通过集会结社或集体运动反对战争和军备扩张并向政府要求和平的权利，当和平生存权受到侵害时国民可作为诉讼参与人参加关于和平生存权的公益诉讼的权利等。

综上所述，和平生存权并不仅仅是关于战争和军事的权利，而是和日本宪法所有部分都有关系的权利，需要用体系化的视角来看待和平生存权的具体表现形态（见表2）。

表2　和平生存权的具体表现形态

层次	表现形态	具体描述
特殊极端情况	保护核武器（实验）爆炸受害者和平生存权的形态	受害者个人有提起损害赔偿之诉、立法或行政不作为的违宪确认之诉等诉请的权利
	保护战争或军事压迫侵害中受害者和平生存权的形态	受害者个人有提起损害赔偿之诉、战争或军事行动停止请求之诉、战争或军事行动违宪确认之诉等诉请的权利
普通日常情况	自然权形态	排除国家战争行为侵害的权利
	社会权形态	请求国家通过积极行使公权力采取更好地保障和平生存权措施的权利
	参政权形态	为了建立和平的国家和世界能参加国政或影响国政的权利

（四） 权利主体

宪法序言明言"全世界国民享有……在和平中生存的权利"，和平生存权作为一项宪法基本权利，其义务主体是国家（政府），但其享有主体（权利主体）为谁则需要留意辨明，因为在具体诉讼中这涉及原告资格确定等重要问题。[①] 关于和平生存权的权利主体，日本宪法学界主要存在以下学说。①个人人权说：和平中生存的权利主体是国民个人；②集体人权说：和平中生存的权利主体是民族或国家，且主要是日本或日本民族；③个人集体双重人权说：对外，和平中生存的权利主体是民族或者作为全体国民集合体的国家；对内，和平中生存的权利主体是国民个人。[②]

小林武认为，①说更为恰当，即和平生存权的权利主体是个人而非国家或民族，理由有二：一是，日本国宪法采取了"作为人权的和平"的观点，将和平生存权定位为可向政府主张的基本权利，因此其主体必须是与国家相对的国民个人（即公民）；二是，在宪法序言中，和平生存权是与免于恐惧的自由、免于贫穷的自由等个别具体的人权相并列的，这说明，"全世界国民"意味着具体实在的国民个人，而不是抽象的理念性的作为国民集合体的国家。[③] 宪法在本质上是一国的国内法，和平生存权的权利主体基本上只能限定为本国国民个人和在日外国人，基于权利的普遍性和平等性，在日外国人也应被保护，同时，日本宪法要求日本负有实现"全世界国民"和平生存权保障的责任，和平生存权对国际人权的保障是必要且可能的。[④] 需要注意的是，在国民主权原理中，主权的享有主体是具有参政

① 小林武「平和的生存権の歴史的意義と法的構造（四）・完」南山法学 19 卷 3 号（1995年）88 頁参照。

② 小林武「平和的生存権の歴史的意義と法的構造（四）・完」南山法学 19 卷 3 号（1995年）88 頁参照。

③ 小林武「平和的生存権の歴史的意義と法的構造（四）・完」南山法学 19 卷 3 号（1995年）88－89 頁参照。

④ 小林武「平和的生存権の歴史的意義と法的構造（四）・完」南山法学 19 卷 3 号（1995年）89 頁参照，小林武「自衛隊イラク派兵の違憲性および平和的生存権の具体的権利性の弁証——名古屋高裁における証言」愛知大学法学部法経論集 178 卷（2008 年）51－52 頁参照。

权（选举权和被选举权）的本国国民，而在基本人权尊重原理中，基本权利的享有主体不仅包括本国公民，还包括无参政权的本国国民和在境内的外国人。

小林武更进一步认为，和平生存权中不被杀害的权利不仅指免于战争伤害的权利，还包括"不被强迫承担和参加战争的权利"。对国民不被强迫承担和参加战争权利的保障蕴含于宪法第 9 条放弃战争条款确定的客观制度的内涵之中，而将其以主观公权利表现出来的就是序言规定的和平生存权。假使日本宪法序言中规定"日本国民……享有在和平中生存的权利"，也可以从中推导出国民享有"不被强迫承担和参加战争的权利"，但是日本宪法序言规定的主体是"全世界国民"，这意味着日本宪法想要表达的是：在日本这一国家被保障的和平生存权不仅是日本国民所独有的宪法权利，也是世界各国国民都享有的宪法权利，全世界的每一个个人都有权拒绝为了各自的国家（或因各自国家下达的战争命令）而被迫相互之间进行战斗。这是和平生存权被世界各国宪法都能确定为宪法基本权利后的应然图景，日本宪法在此展现了一种通过确立和平生存权而达成世界和平的立宪和平主义路径。①

（五） 诉讼要件

所谓"成立要件"，即认定和平生存权被侵害的要件，当国家（政府）作出了违反宪法第 9 条规定的行为时便侵害了国民的和平生存权，此时国民可以和平生存权受到侵害为由提起诉讼，因此，国家（政府）作出了违反宪法第 9 条规定的行为便是和平生存权的侵害要件。但这并不是日本诉讼法所言的成立要件，日本诉讼中的成立要件主要指诉讼要件，即为了进入诉讼并获得裁判所必须具备的要件，此处所讨论的和平生存权的"成立要件"即是此种"诉讼要件"而非侵害要件，即和平生存权损害请求获准进入诉讼所需具备的条件。② 诉讼要件的判断主要涉及原告适格的问题，

---

① 小林武「平和的生存権の歴史的意義と法的構造（四）・完」南山法学 19 巻 3 号（1995年）89 頁参照。

② 小林武「自衛隊イラク派兵の違憲性および平和的生存権の具体的権利性の弁証——名古屋高裁における証言」愛知大学法学部法経論集 178 巻（2008 年）178 頁，2 頁参照。

即原告是否具有诉讼利益的问题。① 根据传统权利理论的逻辑，在现行诉讼法体系中，作为宪法权利的和平生存权若想要得到司法救济，必须存在将其内容具体化的下位法，否则该权利便无法被主张并获得保护，宪法向下位法课予了制定能够保障和平生存权的具体诉讼类型的立法义务，但是在目前日本的诉讼法体系中，政府并没有制定专门保护和平生存权的下位法律（这属于立法不作为），导致国民在法律层面并没有所谓请求权依据可以援引，而只能在现行诉讼法体系中尝试直接援引宪法规范寻求司法救济，而这种宪法上的请求权依据在目前日本的司法实践中很难获得认可。②

在政府立法不作为的情况，如何在现行诉讼法体系中保障和平生存权便成了司法实践中亟须解决的问题。小林武认为，在行政诉讼法中，在提起行政行为撤销之诉时，原告须是"享有法律上利益的人"，即原告适格，对于何种场合下可认定法律上的利益被侵害，主要存在以下四种学说：①权利救济说（权利享受恢复说）；②法律利益救济说（法律上被保护利益救济说）；③事实利益救济说（值得被保护利益救济说）；④处分合法性保障说。其中①说是日本帝国旧宪法时代行政审判下的理论遗产，④说在解释论上难以主张。在撤销之诉的原告适格理论中，实际上是②说和③说的对立，而②法律利益救济说是学界和裁判中采纳的通说。但是近年来③事实利益救济说多被有力主张，有形成多数说的趋势，而且即使是支持②法律利益救济说的学者中，对于"事实上的利益"也多通过法解释的方法将其认定为"法律上保护的利益"，这种做法在实际上和③事实利益救济说是异曲同工的。③ 而且在近期司法实践中，虽然最高法院在维持②法律利益救济说，但是关于如何理解"法律上被保护利益"的"法律"时，并没有将其局限于实体法律规定，而是展现出了扩大解释的趋势，即从局限于对作为行政行为根据的实体要件法规的解释，转变为对程序要件法规、全部

---

① 小林武「平和的生存権の歴史的意義と法的構造（四）・完」南山法学 19 卷 3 号（1995年）90 頁参照。

② 小林武「平和的生存権の歴史的意義と法的構造（四）・完」南山法学 19 卷 3 号（1995年）90 頁参照。

③ 小林武「平和的生存権の歴史的意義と法的構造（四）・完」南山法学 19 卷 3 号（1995年）90 – 92 頁参照。

可作为依据的法律、有密切关联的诸法令、旧法的目的和沿革等进行综合解释，从而通过综合解释得出合理的判决结论。而且就判断系争利益是否属于法律上被保护的利益时，最高法院也会对照判断系争利益的具体内容、性质、重要性、与行政行为的关联内容和程度，采用实质的而非形式的法律判断基准得出结论，由此，最高法院采取上述方法会得出和③事实利益救济说相同的结论。①

　　但是，小林武进一步认为，即使采用③事实利益救济说，当个人蒙受直接且重大的不利益时，也有可能被认为原告不适格而无法获得司法救济。对此，深濑说曾在参照长沼案件一审判决（福岛判决）的基础上，为判断和平生存权诉讼中原告是否具备诉讼利益设定了两个特殊成立要件，即在满足"侵害和平生存权的危险性是重大且根本的"客观要件和"可以特定化直接蒙受重大不利益的个人范围或条件"（即受损害的条件和范围可以特定化）主观要件两个要件时，和平生存权诉讼的诉讼利益即可成立，原告即是适格的。在此基础上，小林武甚至认为，当第一个要件中的侵害程度非常高，如出现了像系争国家行为导致宪法秩序处于存亡危机事态那样的重大情况时，即使不满足第二个要件，也应该承认广大的国民可以提起和平生存权诉讼，此时和平生存权可由主观诉讼转化为客观诉讼（公益诉讼），或者鉴于和平生存权受侵害的严重性，此时每个国民也都有权提起主观诉讼。对此小林武引用了浦部法穗的如下观点进行了进一步阐释：发展军备等违反宪法第9条的行为将侵害和平生存权，此时受害的权利主体是全体国民，任何人都能够向法院起诉，如果说这种观点很可疑，倒不如说现在法学的思考方式过于平庸，那种认为权利就是要受到限制、起诉者也一定要受到限定的想法才是真正可疑。② 小林武认为，在现行诉讼法制度的前提下，为了让关于和平生存权诉讼更易获得承认，最好还是要同时具备深濑说所主张的两个特殊要件，前一个要件符合性程度高且强

---

① 小林武「平和的生存権の歴史的意義と法的構造（四）・完」南山法学19巻3号（1995年）90-92頁参照。

② 小林武「平和的生存権の歴史的意義と法的構造（四）・完」南山法学19巻3号（1995年）93-94頁参照。

的时候，可以掩盖后一个要件符合性程度的低下，甚至后一个要件不存在也可以。申言之，如果国家（政府）行为违法性程度很严重时，作为原告的国民的诉讼利益即使很少，和平生存权的诉讼要件也是可以成立的；相反，当作为原告的国民的诉讼利益巨大时，即使政府违法行为很弱，和平生存权的诉讼要件也是可以成立。因此，当侵害和平生存权的危害性是极度重大且根本时，应该肯定作为原告的国民的诉讼利益，认定其原告适格。①

（六）　法律效果

小林武认为，在具体诉讼中主张和平生存权受到国家（政府）公权力行为的损害通常具有两种法律效果：一是，以和平生存权为基础的各种诉讼可以成立，例如，政府行为（如自卫队海外派遣行为）的违宪确认之诉、请求停止之诉和针对政府行为导致的精神苦痛所提起的损害赔偿之诉等都是可以成立的；二是，不依靠其他基本权利规定，和平生存权可以发挥独立的法律效果，例如，违反宪法第9条规定的国家（政府）行为可视为侵害了和平生存权，此时，若存在可与和平生存权为结合为一体的、在宪法第三章中规定的基本权利，那么可同时援引和平生存权和可与其结合一体的基本权利作为请求权依据寻求救济，不过，即使不存在可以援引的可与和平生存权结合为一体的、在宪法第三章中规定的基本权利，也可以仅以和平生存权为请求权依据，就违反宪法第9条的国家（政府）行为提起诉讼。② 对上述两种法律效果具体阐释如下。③

第一个法律效果：关于伊拉克战争时期日本政府向海外派遣自卫队对美国的战争行为进行援助的国家（政府）行为是否违宪的问题。国家（政府）行为明显是违反宪法第9条的，由此导致了对日本国民和平生存权的重大且根本的侵害。此时国民可对该国家（政府）行为提起撤销之诉和违

---

① 小林武「平和的生存権の歴史的意義と法的構造（四）・完」南山法学 19 卷 3 号（1995年）93 - 94 頁参照。

② 小林武「自衛隊イラク派兵の違憲性および平和的生存権の具体的権利性の弁証——名古屋高裁における証言」愛知大学法学部法経論集 178 卷（2008 年）52 - 53 頁参照。

③ 小林武「平和的生存権の歴史的意義と法的構造（四）・完」南山法学 19 卷 3 号（1995年）94 - 96 頁参照。

宪无效确认之诉，在此国家（政府）行为没有结束之前，也可以提起停止行动之诉。不仅如此，对于将日本宪法作为日常行为规范的作为主权者的日本国民来说，严重损害日本宪法和平生存权的国家行为也给自身带来了严重的精神痛苦，此时，和平生存权的侵害和国民的精神痛苦之间存在相关关系，国家（政府）行为的违法性和国民被侵害的利益是明确的，国家赔偿请求之诉也是可以成立的。

第二个法律效果：和平生存权是对宪法第9条所确定的和平制度加以保障的基本权利，同时宪法第三章的各项基本权利也可以填充和平生存权的权利内容，但是和平生存权的权利内容和保障范围并不限于宪法第三章的各项基本权利规定，比如，可作为和平生存权利内容的"不承担不参加战争的权利"（即不承担不参加一切战争、不杀害他国国民也不被他国国民杀害的权利）并不属于现行法律体系中的权利类型。和平生存权和宪法第9条的保障范围是对应相合的，宪法第9条是客观制度规定，序言中的和平生存权是主观公权利规定，两者之间具有一种对应关系，让国民承担和参加战争的国家（政府）行为是违反宪法第9条的，而"不承担不参加战争的权利"是和平生存权的一部分，此时不论是否援引宪法第三章中各项基本权利规定，都可以仅援引和平生存权向法院寻求救济。因此，在不能援引可与和平生存权结合为一体的、在宪法第三章中规定的基本权利寻求司法救济的场合下，可仅以和平生存权为请求权依据寻求司法救济，此时，国家（政府）行为对宪法第9条客观制度规定的违反问题，可以直接转化为（视为）对作为国民主观公权利的和平生存权的损害问题。

四 结语：日本修宪与和平生存权理论的危机

日本和平生存权宪法理论旨在形塑一种新的宪法学认知：现代宪法不仅应是自由的、民主的宪法，也应是和平的宪法，和平不再仅是国家和平政策的反射利益，也是一项宪法基本权利。根据和平生存权理论可知，日本国民对日本国（日本政府）的战争行为享有抵抗和寻求司法救济的权利，司法实践中也出现了承认和平生存权是一项宪法基本权利的判例，但是至今日本最高法院并没有作出明确承认和平生存权乃是一项宪法基本权利的判决。日本宪法所设计的国家乃是完全放弃战争、军备和交战权的和平国家，作为宪法守护人的日本最高法院应通过积极地行使司法权，恢复并框定日本宪法中"和平"概念的原本意涵，从而履行最高司法机关的护宪使命，因此，争取肯定和平生存权的最高法院判决将是今后日本和平生存权诉讼的重要课题。同时，日本国（日本政府）应完全落实立宪和平主义的宪法精神和制宪意图，成为完全放弃战争、军备和交战权的国家，这才是日本对于国际社会的真正贡献，日本国（日本政府）不应该通过鼓吹所谓的"积极和平主义"以实现重新武装并成为军事大国的目的。[①]

　　近年来，随着中国的和平发展和民族复兴，加上俄乌冲突的爆发，日本自民党不断渲染外部威胁论尤其是中国威胁论，以期为修改和平宪法造势。2022 年参议院选举的结果显示，日本执政党（即自民党和公明党两党执政联盟，支持修宪）在参议院拥有的席位超过半数，加上支持修宪的国民民主党和日本维新会两个在野党的席位（上述四党可合称为"改宪势力"），改宪势力的参议院席位已超过 2/3。同时，根据 2021 年日本第 49回众议院的选举结果，改宪势力在众议院也已拥有 2/3 以上的席位。由此，改宪势力在参众两院都已经获得超过 2/3 的议席，不存在提出修宪议案的法律障碍。在 2012 年自民党提出的修宪草案中关于和平生存权的规定被删除[②]，而目前自民党内部形成的最新修宪方案则主张在宪法第 9 条中明确增加允许"自卫队存在"的条款，以期使自卫队等战争力量的存在合宪，为今后日美同盟中日本追随美国作战、行使集体自卫权提供合宪依据。简言之，自民党期望通过修宪，使日本成为可以参加战争的"正常国家"。深濑忠一教授提倡，日本应坚持日本宪法"立宪和平主义"的宪法精神，探索构建新的世界和平安全保障制度，为世界的永久和平作出贡献，而不是大力发展军事以架空确立了立宪和平主义的日本宪法。日本右翼势力显

①　三上巧馬「『平和的生存権』論の到達点と展望」早稲田社会科学総合研究別冊「2016年度学生論文集」（2016 年）89 頁参照。

②　金井光生「2016 年平和的生存権覚書：憲法哲学ノート①」行政社会論集第 29 巻第 2号（2016 年）2 頁参照。

然是选择了一条拒绝永久绝对和平主义理想、发展军事主义的违宪道路，这可能导致人类构建永久绝对和平的尝试在日本折戟沉沙。随着日本政治右翼化和坏宪化的推进，如果自民党真的实现了修宪目标，这势必会严重影响乃至颠覆在现行日本宪法尤其是其第9条基础上构建起来的和平生存权理论。因此，全世界爱好和平的人们都需要密切关注、警惕日本的修宪动向，并力所能及地随时随地与任何破坏世界和平的势力作斗争。

（审校：陈一飞）

认真对待日本民法学[*]

——《日本民法典》的邀请·序言

张志坡^{**}

摘要: 从《大清民律草案》制定到中国《民法典》颁布,《日本民法典》对中国民事立法产生了持续影响。经由法典借鉴、法学教育、法学著述,日本民法学对中国民法学产生了重大影响。中国和日本有着相似的文化、相近的语言,中国《民法典》和《日本民法典》均借鉴了《德国民法典》或其草案,均具有混合继受的特点,日本民法学对中国民法学具有特别的意义。走近日本民法学可以有多种路径,而研读《日本民法典》,有助于把握日本民法学之根基,更好地走近日本民法学,并为中国民法学的发展和繁荣服务。认真对待日本民法学,当从《日本民法典》开始。

关键词: 中国民法学;日本民法学;混合继受;日本民法典;讲义

在东亚诸国中,近代法制均是西法东渐的结果,其中,日本法制改革取得了较大的成功,日本一跃而成为东亚强国。日本民法学历经百年,走过了一条曲折之路,但也取得了辉煌的成就。中国民法学与日本民法学有着较为深厚的渊源,我们有必要认真对待日本民法学,以推进中国民法学的发展。100多年来,日本民法学对中国民法学产生了持续而重大的影响①,中国民法学应认真对待日本民法学、走近日本民法学,而从《日本民法典》入手则是一条直接而有趣的路径。

---

* 本文为天津市哲学社会科学规划课题"天津市优化营商环境立法研究"(TJFX19 - 003)。

** 张志坡,南开大学法学院副教授。

① 关于德国民法典对日本民法及民法学的影响,参见〔日〕石川明《德国民法典对日本民法及民法学的影响》,陈卫佐译,载易继明主编《私法》第1辑第2卷,北京大学出版社,2002,第343~352页。

一 日本民法学之于中国民法学：历史与现实

在六七世纪以前，日本一直没有自己的文字。在 7 世纪后，日本人开始学习和借用中国的汉字，将汉字、律例以及其他中国文化引入日本，日本最早的历史文献等都是用汉字写成的①，足见中国对日本的影响。进入 19 世纪后，中国、日本均面临西方列强的侵略，在内困外压之下，日本实施明治维新、变法图强。正如沈家本所描述的："日本旧时制度，唐法为多，明治以后，采用西法，不数年遂为强国。"② 日本近代法制的转型成功和国家的快速崛起，引起了清末官方和民间对日本法制和法学的重视。

（一） 清末·民国时期

1902 年，光绪帝下诏参酌外国法律，改订律例。应邀来华的日本人松冈义正、志田钾太郎等作为修订法律馆的法律顾问不仅参与清末民律、商律的起草，也直接参与法律学堂的授课，而法律学堂的大量翻译人员均曾留学日本。从 1903 年开始至清朝灭亡，短短几年间，诸多以《日本民法典》为蓝本、以日本民法名家著作为基础的学堂讲义出版、广为流传。不仅如此，丸尾昌雄、梅谦次郎、富井政章、志田钾太郎、横田秀雄、乾政彦等人的民法著作更是被直接翻译引入国内。今天仍然少有记载的横田秀雄《民法物权篇》即由留学日本的程树德等人翻译，并于 1907 年出版③；而《日本民法典》起草人之一富井政章的《民法原论》以及其他诸多日本法学著作甚至出现在光绪帝的购书单中。④

① 冯峰、〔日〕石塚薫编《新世纪文化日本语教程》，外语教学与研究出版社，2006，第 2 页。

② 沈家本：《裁判所访问录·序》，宣统元年南洋公学排印本。转引自田涛、李祝环《清末翻译外国法学书籍评述》，《中外法学》2000 年第 3 期。

③ Zhang Zhipo, *The Centennial of Chinese Civil Jurisprudence——Review and Commentary of Publications*, William S. Hein & Co. , Inc. & Wells Information Services Inc. , 2022, p. 16.

④ 《光绪帝最后的阅读书目》，凤凰网，https://news.ifeng.com/history/3/200709/0924_337_236896.shtml，最后访问时间：2023 年 5 月 15 日。

在民国时期，有学术影响力的民法人，如余棨昌、刘志敩、黄右昌、罗鼎、郁嶷、胡长清、史尚宽、戴修瓒、陈瑾昆、李宜琛、李祖荫、周新民等均曾留学日本，日本民法学随着这些民法人的大学授课、讲义或者著作潜移默化地成为中国法律人民法知识体系的一部分。《中华民国民法典》固然受《德国民法典》影响更大，所谓"采德国立法例者，十之六七"者也①；然而，在学术上，民国时期影响更大的并非德国民法学，而是日本民法学，从前述学者群及其民法作品的影响力即可见一斑。梅仲协先生在其《民法要义》中，对理论继受上之日本化倾向作自觉的反省②，正是出于这个原因。

（二） 改革开放之后

在改革开放的春风下，民事法制与民事法学重新被人们所关注。在改革开放之后，日本民法学对中国民法学仍继续产生着较大影响。这大体上经由三条路径发生。

一是通过民国时期文献和我国台湾地区的著作间接对中国大陆民法学产生影响。民国时期的作品，特别是胡长清、李宜琛、黄右昌、陈瑾昆、戴修瓒等人的民法著作影响深远，这几乎是 20 世纪八九十年代最重要的民法参考书。而海峡对岸的著作——史尚宽、郑玉波、张龙文等人的民法作品则被影印过来，以供"内部参考""批判使用"，而日本民法学作品则是史尚宽、郑玉波、张龙文等人的重要智识来源。梁慧星教授曾自述，其即以李宜琛、黄右昌、陈瑾昆等人的著作奠定民法知识之基础，80 年代中期开始读史尚宽、郑玉波以及王泽鉴的著作。③ 相对晚近一些，对我国大陆民法学界产生重要影响的杨仁寿《法学方法论》、谢在全《民法物权论》和孙森焱《民法债编总论》，其外文参考文献均指向日文民法著述。

二是学者自发学习日文、阅读日文民法文献，吸收日本民法学精华。较

---

① 梅仲协：《民法要义》，中国政法大学出版社，2004，第 1 页。
② 梅仲协：《民法要义》，中国政法大学出版社，2004，第 1 页。
③ 易继明：《学问人生与人生的学问——访著名民法学家梁慧星教授》，载易继明主编《私法》第 3 辑第 2 卷，北京大学出版社，2004，第 6~7、12~13 页。

为典型者为梁慧星教授及其指导的部分博士生，其中，当年的一些博士生已成长为民法学界的重要力量。纵观梁慧星教授的论文、译文和著作，日本民法学对其影响可谓深远，观其《民法解释学》尤为明显。梁教授亦曾介绍："八十年代后期开始阅读日本学者加藤一郎、星野英一、五十岚清、高木多喜男、北川善太郎等先生的著作，接受加藤一郎先生和星野英一先生倡导的利益衡量论。"① 在物权法领域具有重要影响的陈华彬教授所著的物权法作品，以及在合同法领域具有重要影响的韩世远教授所著的合同法作品均具有鲜明的日本法色彩。只是后来韩世远教授又到德国、美国访学，其后期修订《合同法总论》也渗入了德国法、美国法元素。② 进入21世纪，留学日本的学者更是将日本民法学的知识和方法引入中国，如解亘教授在多年之前就介绍了平井宜雄的法政策学，③ 并对国内的案例研究进行了反思。④

　　三是撰写日本民法主题著作、译介经典，系统引入日本民法学知识和体系。在这一时期，最早的日本民法译著可以追溯到1982年出版的野村好弘《日本公害法概论》，然而当时该书定位为环境法文献。20世纪末，随着留日学者的增多并回国，介绍、译介日本民法学的著作随即涌现。1995年，系统介绍日本民法的著作《日本民法概论》（邓曾甲著）出版；同年，作为"中日文化交流丛书"第七辑的北川善太郎《日本民法体系》问世。1996年，我妻荣、有泉亨合著，远藤浩补订的小册子《日本民法·亲属法》与读者见面。中国社会科学院法学所的于敏曾于1990～1996年在日本跟随野村好弘和森岛昭夫学习，归国后，其应师友的要求介绍日本侵权行为法律制度及其理论研究的状况，撰写了《日本侵权行为法》。⑤ 该书作为梁慧星主编的"中国民商法专题研究丛书"中的一册于1998年出版，其后曾先后于2006年和2015年修订，大大丰富了原书的内容。直到2014年，仍有《日本民法导论》（赵立新著）这种介绍性的著作出版，这表明，我国

① 梁慧星：《梁慧星文选》，法律出版社，2003，自选集序言。
② 韩世远：《合同法总论》（第4版），法律出版社，2018，第3～5页。
③ 解亘：《法政策学——有关制度设计的学问》，《环球法律评论》2005年第2期。
④ 解亘：《案例研究反思》，《政法论坛》2008年第4期。
⑤ 于敏：《日本侵权行为法》，法律出版社，1998，第438～439页。

学界存在对日本民法了解的渴望和需求。

随着留日学人的增加，较为系统地翻译日本法学经典著作的工程渐次启动。1999 年，作为"日本法学著作译丛"之一的铃木禄弥《物权的变动与对抗》出版。而在"早稻田法学丛书"中，田山辉明的《物权法》和近江幸治的《担保物权法》一并被引入中国，成为物权法研习的重要参考文献。进入 21 世纪，北京大学出版社策划出版的"法学精品教科书译丛"，先后引进了山本敬三的《民法讲义 I 总则》、大村敦志的《民法总论》、五十岚清的《人格权法》、近江幸治的《民法讲义 I 民法总则》；中国法制出版社则引进了曾主导日本民法学几十年的"我妻荣民法讲义系列"，该套丛书是日本民法学上的丰碑，其较为全面地展示了我妻荣民法学的内容和特色，并在一定程度上让读者见识了日本民法学研究的深度和广度。目前，星野英一、大村敦志、田山辉明、近江幸治、道垣内弘人的民法译著已在我国面世多部，而圆谷峻、吉村良一、前田达明的侵权法著作亦有引入，较为独特的是加藤雅信所著的法人类学小册子《"所有权"的诞生》，该书拓展了我国民法学人的视野，丰富了民法学人的想象力。

近几年，几部重要的日本著作被引入，相信会产生较大的影响。一是加藤雅信等编的《民法学说百年史》，以一册而得以窥见日本民法百年学说的发展。二是由日本民法学的中坚力量大村敦志、道垣内弘人、森田宏树、山本敬三撰写的论文研究方法专著《民法研究指引》，其所提出的"魂、型、体、技、响"，为初入民法之门的法学人提供了论文撰写的基本指南。① 尽管其主要针对在日本从事民法研究，但对中国法律人进行民法研究写作仍具有一定的参考意义。三是力图反映民法当下重要议题的工具书《民法的争点》，最近亦被中国人民大学出版社引入，该书集六位学者之力将其译出。

可见，日本民法学对中国民法学的影响由来已久，这种影响是全方位的，既影响民事立法，又影响民法学教育和民法学学术研究。我们在继续走近日本民法学，认真对待日本民法学。

---

① 章程：《也是西风渐东土——〈民法研究指引〉的指引》，《交大法学》2021 年第 2 期。

二　中国民法学走近日本民法学：理由与方法

随着中国《民法典》的制定和实施，中国民法学发生了从立法论向解释论的转向，法教义学研究成为民法学研究中的主流，鉴定式案例教学在各法学重镇中铺开，判决评释和民法评注兴起。这意味着重视中国本土法律的观念将居于主导地位，中国《民法典》的解释论研究将是我国法学研究的重中之重，然而，我们仍无法得出域外民法学就不再重要的结论。事实上，尽管与30年前相比，中国民法学已经发生了翻天覆地的变化，民法研究水平自然也今非昔比；然而，中国民法学距离德国民法学、日本民法学的成就仍有相当的距离，有学者在近两年甚至尖锐地提出警醒，"两岸民法学成就距日本已在一甲子之外"①。无论我们是否同意这一判断，怀有谦虚之心，发现自身不足，坚持学习参考，才能做得更好。中国民法学要有更稳固的根基，更大的发展，仍需重视德国民法学、日本民法学等域外民法学的优秀研究成果，并汲取其智识和经验。其中，中国民法学重视日本民法学、走近日本民法学，有着独特的理由，并且有着某种先天的优势。

（一）中国民法学走近日本民法学的理由

1. 语言相近，文化相似

中日两国语言上的相似性，促成了中日民法学之间的紧密关联。在语言上，固然为日本学习中国，后历经演变，最终形成了我们今天看到的日文汉字；然而，及至清末，随着日本明治维新、法制重建的成功，遂呈现日文汉字反向输入中国的现象，在这一时期，大量的法政术语被引入中国。我们今天广为人知的大部分法律术语固然可以对应德语、法语、英语等词汇，但是，这些术语形成之初、使用之初则主要来源于日文汉字。尽管日语中的个别民法术语最终未被中国民法学所吸收、采纳，如"会社"、

---

① 章程：《民法学的地平线——继受民法学与公私法的接轨》，北京大学出版社，2021，第72页。

"定款"①、"相杀",但无疑,日本民法学的术语体系基本型构了中国民法学的术语体系,所以,即便没有学习过日语,一个法律人翻看日本民法书时也会有似曾相识的感觉。

正是在相近语言和相似文化之下,清末变法、起草民律皆直接师法日本。不仅如此,清末中国向日本派出了大量的留学生,特别是日本法政大学法政速成科为中国培养了大批的法政人才。陈天华、汪精卫、胡汉民、廖仲恺、陈叔通、章士钊、程树德、杨度、夏同龢等人均是法政速成科的毕业生②,到1908年,仅在日本法政大学法政速成科毕业的我国学生就达1070人之多。③尽管《大清民律草案》未及颁布,清朝已覆灭,但是,日本民法学的术语经由《大清民律草案》得以确立,日本民法学的知识体系随着清末民初的学堂讲义和大量日本民法学译著得到了广泛传播。

2. 取法德国,混合继受

从法典渊源上说,中国和日本均继受德国民法学,受到《德国民法典》(或其草案)和德国民法学的重大影响;在继受特点上,中国和日本均是混合继受,日本民法学可以为中国民法学提供更多的镜鉴。

有学者将日本民法典的构造概括为"德皮法骨,英美之肉"④是有一定道理的。日本旧民法以《法国民法典》为蓝本,而新民法则重点参考了《德国民法典》第一草案、第二草案,因此形成了典型的潘德克顿五编制结构。但不应忽视的是,日本新民法还参照了《瑞士债务法》《奥地利民

---

① 在清末民初,日语汉字"会社""定款"均直译为"会社""定款",参见〔日〕梅谦次郎《民法要义总则编》,孟森译述,商务印书馆,1922,第48、52、53页。在我国民国时期,也有出版机构直接用"会社"命名,楼桐荪的民法释义书系列即均由新学会社出版。
② 对法政速成科的详细记载和思考,参见日本法政大学大学史资料委员会编《清国留学生法政速成科纪事》,裴敬伟译,广西师范大学出版社,2015;日本法政大学国际日本学研究所编集『百年後の検証·中国人の日本留学およびその日本観——法政大学清国留学生法政速成科などの事例を中心に』(法政大学国际日本学研究所,2015)。
③ 〔日〕实藤惠秀:《中国人留学日本史》,谭汝谦、林启彦译,三联书店,1983,第50页。
④ 章程:《民法学的地平线——继受民法学与公私法的接轨》,北京大学出版社,2021,第72页。

法》《普鲁士普通邦法》《萨克森民法》《加利福尼亚州民法》《纽约州民法草案》《印度契约法》等①，从如此广泛的参照中似乎可以看见我们自己的影子。经由大正时期大规模的学说继受，日本民法实现了德国化，日本民法学的研究水平大大提高了。然而，正如星野英一得到极高评价的论文《法国民法对日本民法典的影响》所揭示的②，《日本民法典》诸多内容仍有着法国法特征，必须重新回到法国民法学，探寻其制度要义，最为典型者莫过于日本的物权变动模式。在二战之后，日本还受到了美国法较大的影响。一言以蔽之，日本民法学是典型的混合继受模式。

清末民初的中国民法学，经由日本民法学，继受了德国民法学。《大清民律草案》的前三编即由日本人志田钾太郎和松冈义正负责起草，而参与亲属编和继承编起草的朱献文、高种亦毕业于日本法科③；《中华民国民律草案》的前三编中，总则编由留日的余棨昌起草，债权编由应时起草，而物权编由同样留日的黄右昌起草④；及至《中华民国民法典》，其固然是综合比较的产物，德国、瑞士、日本、法国、泰国、苏俄等国民法典均产生了某种影响⑤，而之后在学术研究中日本民法学的影响不容小觑。在中华人民共和国成立后，中国民法学经由苏联民法学继续受到德国民法学的影响。在改革开放之后，中国民法学受到我国台湾地区、日本、德国民法学的持续影响，并受到美国法、《联合国国际货物买卖合同公约》、《国际商事合同通则》等的较大影响。这种拿来主义、多元借鉴的做法在我国民事立法过程中均有表现。⑥中国《民法典》作为编纂的成果，延续了混合继受的特征，其复杂程度不亚于《日本民法典》。

---

① 朱晔：《日本民法注释的演变对中国的启示》，《南京大学学报》（哲学·人文科学·社会科学）2020年第4期。

② 〔日〕星野英一：《法国民法对日本民法典的影响——总论、总则（人·物）》，载《现代民法基本问题》，段匡、杨永庄译，上海三联书店，2012，第147～213页。

③ 对朱献文、高种的介绍，参见俞江《近代中国的法律与学术》，北京大学出版社，2008，第403、352页。

④ 郑玉波：《民法总则》（第11版），黄宗乐修订，三民书局，2008，第27页。

⑤ 梅仲协：《民法要义》，中国政法大学出版社，2004，第1页；史尚宽：《民法总论》，中国政法大学出版社，2000，第62页。

⑥ 梁慧星：《民法总论》（第6版），法律出版社，2021，第21～23页。

当前，德国民法学以更强势的姿态影响着中国民法学，但日本民法学的经验和教训似乎更值得重视。作为东亚国家，中国和日本有着相似的文化、相近的语言、几乎相同的法学用语，同样是对欧陆法制和英美法制的混合继受。因此，日本民法学对中国民法学具有特别重要的意义，日本民法学走过的弯路我们应当避免。

（二） 中国民法学走近日本民法学的方法

1. 系统译介，惠泽学林

除了在民事立法上，中国持续受到《日本民法典》的影响外，中国民法学一直在走近日本民法学，接近日本民法学人、接受日本法学教育、介绍日本民法制度、翻译日本民法经典，而译介经典在近二十年来呈现加强之势。

除了译介之外，中国民法学界还借鉴日本经典作品进行学术创作。我国民法学界即借鉴目前尚未引入的日本民法判例百选，组织出版了中国自己的《民法判例百选》，该书由王泽鉴作序，由学有专攻的学者就实践中的重要议题、相关判决加以梳理、评析，该书半年之内多次重印；与此类似的著作是《民法案例百选》第二版。

2. 兴趣引导，阅读法典

无论是阐释日本民法学的介绍性、归纳性作品，还是日本民法经典的翻译作品，对于我国法律人了解日本民法学、走近日本民法学无疑均具有重要价值。不同类型的作品，其特色不同，着眼点不同，详细程度不同，研究深度不同，读者不同，总之，直接阅读译介性作品仍是国内学人了解日本民法学的通常方法。

此外，另一种不应忽视甚至更有趣味，且法律学习中较为常见的走近日本民法学的方法，就是凭着个人兴趣学习日文、翻阅日本民法典。实际上，即便不通晓日文的学者，也可能通过翻阅日文文献的目录或者内容获得某种启示；而在多年之前，也曾有不懂韩文的法学者通过翻阅韩文文献，从中获得某种认识或知识。中国、日本以及早期的韩国法学作品中，采用相同或相近的汉字，这种独特的文字关联为文化的传播提供了诸多方便。

中日语言的相近，利于我们接近日本民法学。尽管谢怀栻先生未曾出国留学，但是其具有良好的德文、日文修养。事实上，其在中央政治学校大学部念法学专业时（1938～1942），德文、日文均为必修，而当时梅仲协教授讲授罗马法和德文法学名著导读均使用德文教材，而后者是直接以《德国民法典》作为教本。① 谢怀栻先生说："学习德文就是背《德国民法典》条文，德文和中文一起背。"② 民法学起步于民法典，德国、日本在这一点上并无不同。因此，采取谢怀栻先生的做法，通过语言学习、研读《日本民法典》，应是走近日本民法学的一条有趣而准确的路。

三　《日本民法典》的邀请——走近日本民法学之路

当前，在国内，法律英语教材已经较为常见：不仅有法律英语精读教程，而且还有法律英语翻译教程、法律英语写作教程；不仅有一般意义上的法律英语教材，还有专门讲美国法律制度的教材；不仅有国内学者撰写的法律英语教材，而且还有从域外引入的、英美本土语言专家撰写的法律英语教材。相较于法律英语教材的丰富多彩而言，法律日语教材则处于完全缺失的状态，就更不用提民法日语教材了。这种状况与中日法制之间的紧密关系很不相称，这种状况无法适应我国法学界同仁和法科生接近日本民法学的需求。有鉴于此，本人遂萌生了以下想法：结合自己学习体会，与具有日语学位的研究生张晨旭对《日本民法典》进行较为系统地学习，并对学习过程加以整理，做成讲义，以供法学界同仁，特别是对日本民法学感兴趣的法科生参考。讲义若能够对此有所助益，善莫大焉。

"《日本民法典》的邀请"，是本系列研究的题名，诚如该名所示，研究以《日本民法典》（日文版）为客体，并采取简单易解的方式对《日本民法典》加以阐释、说明，以让不懂日文的读者在阅读之后同样可以明

---

① 谢怀栻：《民法总则讲要》，北京大学出版社，2007，载张谷《写在〈民法总则讲要〉的前边》，第2～3页。

② 谢怀栻：《民法总则讲要》，北京大学出版社，2007，载张谷《写在〈民法总则讲要〉的前边》，第4页。

了，并为自己后续阅读提供帮助。如此，方不会吓退读者；如此，《日本民法典》在向你招手，你绝不会拒绝《日本民法典》的邀请。

"《日本民法典》的邀请"，拟采取由简入繁、循序渐进的方式，对《日本民法典》中重要的法条群加以拆分、说明，并指出中国《民法典》中大体与其对应的条文，以定位中国《民法典》与《日本民法典》之关联。借助于对《日本民法典》的学习，我们可以准确掌握日本民法学之根基。读懂《日本民法典》，可以为我们进阶日本民法学做好准备，深入研究日本民法学，以其智识和经验推进中国民法学的发展，乃至促进东亚民法的一体化。中、日、韩文化大体相同，中、日、韩民法典则具有亲缘性[①]，随着东亚经济的融合与整体发展，东亚民法一体化将会成为今后重要的课题。

（审校：董思琰）

---

① 关于《韩国民法典》与《日本民法典》之关系，参见［韩］郑鍾休『韓国民法典の比較法的研究——日本法との関連』（創文社，1989 年）。实际上，《韩国民法典》的制定，还参考了《中华民国民法典》、"满洲国"民法典。

刑罚社会学中的文化概念[*]

大卫·加兰德著 李波 葛怡彤 译^{**} 李波 校

摘要：本文分析了文化在当前刑罚社会学中应用的不同方式。由小威廉·休厄尔
（W. H. Sewell Jr）首次提出了用法的区分，他将文化概念区分为两种用法——作为社
会关系分析维度的文化和作为集体实体的文化。本文讨论了这两种用法的理论和相关
问题，并提出一些实用的解决方案。本文认为义化的分析数据具有人造的抽象化特征
（尽管这是必需的）。描述性的民族志、对话分析和文本解释都应当是历史或者社会
学解释的组成部分，而不代之以解释性的分析。作者认为整体的文化分析应当纳入多
维刑罚社会学的解释方案中。

关键词：文化；刑罚；社会学

引 言

当代刑罚社会学研究非常看重文化概念和文化分析①，事实上，刑罚

---

* 原文发表信息：David Garland, "Concepts of Culture in the Sociology of Punishment", *Theoretical Criminology*, Vol. 10(4): 419 – 447, 2006。翻译已获得作者授权。

** 作者大卫·加兰德（David Garland），纽约大学亚瑟·范德比尔特法学教授和社会学教授。
译者李波，北京大学法学博士，中国海洋大学法学院副教授；葛怡彤，中国海洋大学法
学院硕士研究生。

① Garland, D., *Punishment and Culture: The Symbolic Dimensions of Criminal Justice*, JAI Press,
1991; Savelsberg, J. J., "Cultures of Punishment: USA – Germany", *Annual Meeting of the Ameri-
can Society of Criminology*, 1999; Smith, M., R. Sparks and E. Girling, "Educating Sensibilities:
The Image of 'the Lesson' in Children's Talk about Punishment", *Punishment & Society* 2(4):
395 – 415, 2000; Strange, C., "The Undercurrents of Penal Culture: Punishment of the Body in Mid –
19th century Canada", *Law and History Review* 19(2): 343 – 86, 2001; Tonry, M., "Unthought
Thoughts: The Influence of Changing Sensibilities on Penal Practice", *Punishment & Society* 3(1):
167 – 81, 2001; Lynch, M., "Capital Punishment as Moral Imperative: Pro – Death – Penalty Dis-
course on the Internet", *Punishment & Society* 4(2): 213 – 36, 2002; Vaughan, B., "The Punitive
Consequences of Consumer Culture", *Punishment & Society* 4(2): 195 – 211, 2002a; Smith, P.,
"Culture and Punishment: Report on a Thematic Session at American Sociology（转下页注）

制度具有重要的文化维度和影响①已成为学界共识，文化因素在塑造刑罚政策和实践的因果决定因素中起着重要作用。② 同时，在当代犯罪学中，文化同样起着重要作用。③ 在这些方面，犯罪与刑罚社会学正与整个人文和社会科学中的智识趋势保持一致，这是一种文化转向④，这种文化转向在我们以大众为媒介的、图像饱和的后现代世界似乎是很适合的。

但是这种对于"文化"的拥抱，无论多么及时和恰当，都可能在一定程度上给该领域带来概念的混乱。"文化"是众所周知的多义概念，无论是作为理论概念还是分析对象。对文化和文化分析日益浓厚的兴趣更易将文化看作独立的分析领域而不是对社会关系的整体分析，并将权限描述和解释作为

(接上页注①) Association Conference, Atlanta"(on file with the author) , 2003b; Crawley, E. M, "Emotion and Performance: Prison Officers and the Presentation of Self in Prisons", *Punishment & Society* 6 (4):411 – 27, 2004; Penfold, R. , "The Star's Image, Victimization and Celebrity Culture", *Punishment & Society* 6(3):289 – 302, 2004; Piacentini, L. , "Penal Identities in Russian Prisons", *Punishment & Society* 6(2):131 – 47, 2004; Piacentini, L. , "Cultural Talk and Other Intimate Acquaintances with Russian Prisons", *Crime, Media, Culture* 1(2):189 – 208, 2005; Valier, C. , "The Power to Punish and the Power of the Image", *Punishment & Society* 6(3): 251 – 4, 2004; Gray, G. and A. Salole, "The Local Culture of Punishment", *British Journal of Criminology Advance Access*, 17 June: doi: 10. 1093/bjc/azi057, 2005.

① Sarat, A. , *The Killing State: Capital Punishment in Law, Politics and Culture*, Oxford University Press, 1999; Sarat, A. *When the State Kills: Capital Punishment and the American Condition*, Princeton University Press, 2001; Garland, D. , "The Cultural Uses of Capital Punishment", *Punishment & Society* 4(4):459 – 88, 2002; Sarat, A. and C. Boulanger (eds.), *The Cultural Lives of Capital Punishment*, Stanford University Press, 2005.

② Melossi, D. , "The Cultural Embeddedness of Social Control: Reflections on the Comparison of Italian and North – American Cultures Concerning Punishment", *The Oretical Criminology* 5(4): 403 – 24, 2001; Simon, J. , "Fear and Loathing in Late Modernity: Reflections on the Cultural Sources of Mass Imprisonment in the United States", *Punishment & Society* 3(1): 21 – 33, 2001; Vaughan, B. , "Cultured Punishments: The Promise of Grid – Group Theory", *Theoretical Criminology* 6(4):411 – 31, 2002b; Whitman, J. Q. , *Harsh Justice, Criminal Punishment and the Widening Divide Between America and Europe*, Oxford University Press, 2003; Zimring, F. E. , *The Contradictions of American Capital Punishment*, Oxford University Press, 2003.

③ Ferrell, J. , "Cultural Criminology", *Annual Review of Sociology* 25: 395 – 418, 1999; Presdee, M. , *Cultural Criminology and the Carnival of Crime. Routledge*, 2000; Ferrell, J. K. , Hayward, W. Morrison and M. Presdee (eds.), *Cultural Criminology Unleashed*, Glasshouse Press, 2004; Hayward, K. J. and J. Young, "Cultural Criminology: Some Notes on the Script", *Theoretical Criminology* 8(3):259 – 74, 2004.

④ Bonnell, V. E. and L. Hunt (eds.), *Beyond the Cultural Turn: New Directions in the Study of Society and Culture, Berkeley*, University of California Press, 1999.

研究的首要目的，从而使刑罚社会学远离雄心勃勃的社会解释项目。[1] 本文将对当前刑罚社会学中"文化"概念的各种运用进行分析，从而澄清所涉及的理论和概念问题，并主张将文化分析纳入多维社会解释项目之中。

一 "文化"在刑罚社会学中的转变

以往刑罚社会学家在努力证实刑罚制度的社会决定因素和功能时，往往忽略文化的作用，最近这一状况有所改变。在20世纪七八十年代，马克斯·韦伯（Max Weber）和福柯（Foucault）的著作将关注焦点集中在阶级控制和规训主导领域，而不是文化的意义和情感。在那个时代，如果"文化"真的出现了，它通常是以权力—知识话语为幌子出现在享有刑罚权的制度中，或者是以意识形态系统的形式出现，使经济剥削变得神秘，再现统治阶级的支配地位。了解这些狭义的文化形式——这就是它们的本质——并不是为了追踪它们各种各样的含义和内涵，而是为了更狭义地追踪它们在组织刑罚控制或使其合法化方面的作用。

刑罚制度是以文化价值和感受为基础的观念，它们利用了特定的情感，表达了特别的情绪；它是仪式执行和文化生产的场所；它们产生了广泛的文化影响和犯罪控制——这在那时并不是突出的考虑因素。尽管有埃米尔·涂尔干（Emile Durkheim）[2] 的遗产，以及后来米德（Mead）[3]、索罗金（Sorokin）[4] 和萨瑟兰（Sutherland）[5] 等作家的分析，刑罚实践的文化和表现特征仍然被移出了聚光灯，以便给更专注于这一现象的政治和工

---

① 当研究的动力来自"文化研究"而不是"文化社会学"时，这种趋势就加剧了。在涂尔干（Durkheim）、埃利亚斯（Elias）或道格拉斯（Douglas）的传统中，刑罚社会学倾向于整合文化和社会，并将阐释和解释结合起来。

② Durkheim, E. , "The Evolution of Punishment", in S. Lukes and A. Scull (eds) , *Durkheim and the Law*, pp. 102 – 132. Martin Robertson, 1983; Durkheim, E. , *The Division of Labour in Society*, MacMillan, 1984.

③ Mead, G. H. , "The Psychology of Punitive Justice", *American Journal of Sociology* 23(5): 577 – 602, 1918.

④ Sorokin, P. A. , *Social and Cultural Dynamics*, American Book Co, 1937.

⑤ Sutherland, E. H. , *Principles of Criminology. Philadelphia*, Lip Pencott, 1939.

具让路。① 对意义的解释性探索和文化意义的发掘被更具有功能性的刑罚控制描述所取代。

那个时代已经过去了，今天，文化分析是刑罚制度这一创作领域的显著特征。学者密切关注文化在刑罚塑造中的作用，关注刑罚实践的文化影响。这种转变的原因是刑罚通过经济和政治力量编写的文化编码被认识到，文化分析并不分散刑罚权力控制效果研究的注意力，相反，它是这种研究的重要组成部分。②

为了避免过于草率地指出他人的缺陷，我应该指出，我自己工作的轨迹也是这样的——的确，它的发展确实很好地说明了过去几十年在这领域的智力变化。因此，20 世纪 80 年代早期③的理论和历史分析没能明确的讨论"文化"，尽管对特定意识形态和知识的形式及其制度效应④的细读是这些研究的核心特点。《刑罚与现代社会》出版于 1990 年⑤，该书主张，在刑罚的社会理论中，有一个具体的文化层面是非常重要的，并将注意力集中在刑罚文化的因果关系上。最近，《控制的文化》⑥ 发展出一部现代史，其中文化现象处于中心位置。该论点宣称，最近社会生活组织的变化引起

---

① 研究囚犯为自己创造的文化世界的监狱民族志传统，以克莱默（Clemmer, D. , *The Prison Community*, New York: Holt, Rinehart & Winston, 1940.）、赛克斯（Sykes, G. , *Society of Captives. Princeton*, NJ: Princeton University Press, 1958.）和戈夫曼（Goffman, E. , *Asylums: Essays on the Social Situation of Mental Patients and Other Inmates*, Penguin, 1961.）等的作品为例，在这一时期趋于枯竭。雅各布斯（Jacobs）的著作《斯塔特维尔》是大约 20 年来这一传统的最后一部主要作品，它已经从文化研究转向审视监狱动态与社会控制的关系。

② Garland, D. , *Punishment and Modern Society: A Study in Social Theory*, Oxford University Press, 1990a.

③ Garland, D. and P. Young, *The Power to Punish*, Gower, 1983; Garland, D. , *Punishment and Welfare: A History of Penal Strategies*, Gower, 1985.

④ 一个"文化主义"的框架可能表明，马克思主义者所说的"意识形态"无非是从其政治和经济影响的角度来看的"文化"。事实上，从葛兰西（Gramsci）开始，斯图尔特·霍尔（Stuart Hall）和埃内斯托·拉克劳（Ernesto Laclau）等新马克思主义者已经相当明确地将文化分析的方法和概念应用于意识形态问题。同样，福柯所说的"知识"也是文化意义的形式化系统，是科学文化的产物。

⑤ Garland, D. , *Punishment and Modern Society: A Study in Social Theory*, Oxford University Press, 1990a.

⑥ Garland, D. , *The Culture of Control: Crime and Social Order in Contemporary Society*, Oxford University Press, 2001.

了一种新的犯罪集体经验和一种新的"控制的文化"，这种文化表现体现在政府和非政府行动者的行为之中。

或许和朱迪安（Monsieur Jourdain）一样，我们一直在谈论文化。但是在我看来，对这一文化维度的明确承认——当它最终被证实和讨论——在某种意义上改变了刑罚社会学的研究议程。一种新的自我意识将注意力引向先前所忽略的文化方面。新的理论灵感来源出现了，其中最重要的是埃利亚斯（Elias）、格尔茨（Gerrtz）和布迪厄（Bourdieu）。随着新的研究方式被开发出来，新的解释种类也开始出现。由此可见，今天的刑罚社会学已经完全不同于 20 年前。

对文化主题的追求及对文化概念的运用采取了多种形式并产生诸多杰出的分析。通过阅读达里奥·梅洛西（Dario Melossi）的《关于社会控制的文化嵌入性以及宗教精神和惩罚性实践之间的复杂联系》①，马丁·威纳（Martin Wiener）的《关于在维多利亚时代和爱德华时代塑造犯罪政策的文化框架（1890—1914 年）》②，玛莎·格蕾丝·邓肯（Martha Grace Duncan）的《论塑造监狱文化意义的无意识意象和文学人物》③，瑞安·金（Ryan King）和约阿希姆·萨维尔斯伯格（Joachim Savelsberg）的《关于德美刑罚政策的共同记忆和文化创伤》④，彼得·史毕文伯格（Pieter Spierenburg）的《痛苦的奇观：行刑与镇压的演变》⑤，约翰·普拉特（John Pratt）的《刑罚与教化》⑥

---

① Melossi, D., "The Cultural Embeddedness of Social Control: Reflections on the Comparison of Italian and North – American Cultures Concerning Punishment", *Theoretical Criminology* 5(4): 403 – 24, 2001. 关于宗教对惩罚的影响的不同分析，see Savelsberg, J. J., "Religion, Historical Contingencies, and Cultures of Punishment: The German Case and Beyond", *Law and Social Inquiry* 29 (2): 373 – 401, 2004。

② Wiener, M. J., *Reconstructing the Criminal: Culture, Law and Policy in England, 1890 – 1914*, Cambridge University Press, 1990.

③ Duncan, M. G., *Romantic Outlaws, Beloved Prisons: The Unconscious Meanings of Crime and Punishment*, NYU Press, 1996.

④ King, R. D. and J. J. Savelsberg, "Collective Memory, Institutions and Cultures of Punishment", paper delivered at the Annual Meeting of the ASA, Atlanta, 2003.

⑤ Spierenburg, P., *The Spectacle of Suffering: Executions and the Evolution of Repression*, Cambridge University Press, 1984.

⑥ Pratt, J., *Punishment and Civilization*, Sage, 2002.

和巴里·沃恩（Barry Vaughan）的《关于在刑罚"教化"中改变行为和情感的影响》①，菲利普·史密斯（Philip Smith）的《关于围绕刑罚科技的文化神话和象征意义》②，以及维克·加特雷尔（Vic Gatrell）的《19世纪英国对公开绞刑的情绪反应的变化（1770—1868年）》③ 等，刑罚的文化研究的范围和多样性可见一斑。

文化概念在当代刑罚研究中的新地位，使得我们有机会探讨刑罚社会学文献中对"文化"的理解方式，并指出可能会涉及的一些概念和分析问题。在发展文化理解的过程中，刑罚社会学借鉴了社会学、人类学、文化研究的先前经验，延续了最初在其他领域发展起来的概念和研究路线。因此，刑罚社会学中的文化概念倾向于复制这些其他学科中出现的假设、论点和概念模式，并在这样做时，也会引入这些学科中一些自相矛盾或模糊的地方。因此，对这些概念模式及其相关问题的讨论，可能有利于该领域的进一步发展。④

二 关于"文化"的两种概念

当在社会学或历史分析中援引"文化"概念时，通常有两种完全不同的用法。⑤ 第一种用法中，分析指出明显的文化因素对于塑造刑罚制度的

---

① Vaughan, B. , "The Civilizing Process and the Janus – Face of Modern Punishment", *Theoretical Criminology* 4(1) : 71 – 91, 2000.

② Smith, P. , "Narrating the Guillotine: Punishment Technology as Myth and Symbol", *Theory, Culture and Society* 20(5) : 27 – 51, 2003a.

③ Gatrell, V. A. C. , *The Hanging Tree: Execution and the English People, 1770 – 1868*, Oxford University Press, 1994.

④ 对文化概念和文化分析问题的讨论特别借鉴了以下讨论：Ortner, S. , "Theory in Anthropology since the Sixties", *Comparative Studies in Society and History* 26(1) : 126 – 66, 1984; Brightman, R. , "Forget Culture: Replacement, Transcendence, Reflexification", *Cultural Anthropology* 10 (4) : 509 – 46, 1995; Kuper, A. , *Culture: The Anthropologist's Account*, Harvard University Press, 1999; Sewell, W. H. , Jr. , "The Concept(s) of Culture", in V. E. Bonnell and L. Hunt (eds.) , *Beyond the Cultural Turn*, University of California Press, 1999, pp. 35 – 61; Swidler, A. , *Talk of Love: How Culture Matters*, University of Chicago Press, 2001。

⑤ Sewell, W. H. , Jr. , "The Concept(s) of Culture", in V. E. Bonnell and L. Hunt (eds.) , *Beyond the Cultural Turn,* University of California Press, 1999, pp. 35 – 61, ; Sewell, W. H. , Jr. , *Logics of History: Social Theory and Social Transformation,* University of Chicago Press, 2005, ch. 5.

因果力量的重要性（文化相对于非文化）；第二种用法中，分析指向不同的文化（此种文化相对于彼种文化），并试图表明不同文化产生不同的刑罚模式。

在第一种用法中，我们的意图是分离出具体的"文化"力量（或思想，或符号，或价值，或意义，或情感——文化构成的合乎逻辑的东西包含很多方面，并且可以用多种方式来理解）；将它们与其他类型的实体（比如社会、政治、经济或者犯罪学因素）区分开来；表明这些文化分离物本身对于刑罚有着独特的决定性力量。① 在加特雷尔的书《绞刑树》中可以找到这种方法的例子，这本书描述了19世纪英国上层社会追求高雅的感受，最终导致他们中的许多人对司法处决的景象表示厌恶（他们是真的感到厌恶，还是觉得他们应该感觉到厌恶，并按照这种厌恶来表达自己，是加特雷尔留下的问题之一）。无论是作为真正的动机，还是作为掩盖其他更多物质利益的修辞形式，这些对优雅和冒犯的表达在1867年废除公开绞刑的运动中发挥着重要作用。加特雷尔认为这些新的情感（他认为这是一种"胆怯"而不是真正的人道主义——毕竟要废除的是公开绞刑，而不是绞刑本身）推动了公开绞刑的废除。文化产生了它自己的动力，也产生了自己的抵制。但是他很快补充道，这种因果力量在与更多的物质利益相对应或同向运行时是最强的。"只有轻率的历史学家才会优先考虑物质、政治或文化的原因，而不把三者联系起来。"②

在第二种用法中，所做的分析性区别不是在社会整体的不同方面或不同类型的社会关系之间，而是在不同社会整体之间，每一个社会整体都被认为是一种独特的"文化"。用这种方式理解，文化是一套或多或少有界限的，或多或少统一的习俗、习惯、价值观和信仰。它是一个独特的意义世界，一种独特的生活形式，或者是纳尔逊·古德曼③（Nelson Goodman）

---

① 人们在马克思主义的一些分析中看到了类似的概念上的变化，在这种情况下，意识形态实践形成了社会形态的一个明显的"层次"，并在一个由意识形态实践最终所指的"经济"层次施加基本因果力的语境中，被赋予了一定程度的独立有效性（或相对自主性）。

② Gatrell, V. A. C., *The Hanging Tree: Execution and the English People, 1770 – 1868*, Oxford University Press, 1994, p. 25.

③ Goodman, N., *Ways of Worldmaking*, Hackett Pub. Co, 1978.

赋予这个术语的一个独特的"世界"。这种文化通常与特定的群体相联系，比如一个种族群体、一个社会阶层或者一个国家——因此我们可以谈论犹太文化、工人阶级文化或者美国文化——以及这些特定群体体现和制定的生活方式。

在这里，作为一个概括性术语，文化代表与特定社会群体、特定社会或和特定历史时刻相关联的所有独特的传统、民俗、制度和价值观。维纳①（Wiener）在谈论"维多利亚主义"作为19世纪英国刑罚政策产生的文化背景时，援引了这种解释。分析的进行通常借助于经验比较——这种文化与那种文化相比较——这就是"美国刑罚例外主义"或者"资产阶级刑罚"的论点通常所依赖的隐含基础。

在这种用法中，"文化"与"政治"或者"经济"的对比并不明显。事实上，在一些早期人类学家的眼中，人类的"文化"被认为包括其社会角色，政治构造和其他人为产物。例如，20世纪早期的人类学家弗朗茨·鲍亚士（Franz Boas）将文化定义为"组成一个社会群体的个人行为的心理、生理反应和活动的总和"②。如果有一个与"文化"相对立的概念的话，那应该是"生物"——文化是人类积极地（和不同的）为自己创造的独特的社会世界，是塑造群体的学习型社会形态。文化是生活和个人身份的象征，它通过社会而非生物过程传播。许多现代作家使用"文化"和"亚文化"来描述一个群体独特的价值观、意义和倾向——一种集体意识或者习惯，可能会与群体的经济地位或者政治取向相对应，但并不是完全一致的。在这方面，他们认同克利福德·格尔茨（Clifford Geertz）而不是鲍亚士，前者认为"文化系统"和"社会系统"有着明显的区别。

刑罚社会学家以这种方式运用文化概念，通过表明有关做法是特定文化传统或价值观框架的产物，来解释不同社会刑罚做法的差异（或相似性）。就像梅洛西提出的："惩罚深深地嵌入了产生它的环境的民族/文化

---

① Wiener, M. J., *Reconstructing the Criminal: Culture, Law and Policy in England, 1890 - 1914*, Cambridge University Press, 1990, ch. 1.

② Boas, F., *The Mind of Primitive Man*, Free Press, 1966, p. 159.

特性中。"① 因此荷兰语"宽容文化"或许可以和英国或威尔士更具惩罚性的刑罚文化②相比较，意大利的民族文化可以和美国③相对立，以此来解释国家层面刑罚实践的持续差异性。特定文化的特殊性，连同它们塑造行动和事件意识的倾向，同样也会对"刑罚移植"④ 产生影响。从一种文化中转移到另一种文化中的刑罚制度、法律术语或者犯罪学概念，在融入新的文化环境时，往往会改变它的特征和内涵。⑤

三 作为意义的"文化"分析中的问题

可以说，前述两种用法都有其用途，成功地使用它们可以获得良好的效果。事实上，这两个用法可以浓缩在一个概念中——比如"亚文化"概念，它强调一个特殊群体的文化特征（群体成员的风格、着装、品位、态度、言语等，与它们的经济阶级地位或者政治取向不同），并将这种特殊的文化区别于"主流"文化或者其他亚文化。但同样的情况是，每一种独特用法都引起一些问题，在使用任何一种用法时都应该记住这些问题。我想在这里强调的正是这些问题，但并不意味着这些问题总是或者必须体现在使用这些术语的学者的工作中。

关于第一个用法——文化相对于非文化——存在一种操作困难（最终也是概念上的困难），即在社会关系中，明显的"文化"成分很难从被捆绑在一起的其他方面（大概是"非文化"）之上剥离。例如，人们可能会

---

① Melossi, D. , "The Cultural Embeddedness of Social Control: Reflections on the Comparison of Italian and North – American Cultures Concerning Punishment", *Theoretical Criminology* 5(4): 403 – 24, 2001.

② Downes, D. , *Contrasts in Tolerance: Post – War Penal Policy in the Netherlands and England and Wales*, Oxford University Press, 1988.

③ Melossi, D. , "The Cultural Embeddedness of Social Control: Reflections on the Comparison of Italian and North – American Cultures Concerning Punishment", *Theoretical Criminology* 5(4): 403 – 24, 2001.

④ Watson, A. , *Legal Transplants: An Approach to Comparative Law*, Scottish Academic Press, 1974.

⑤ Melossi, D. , "The Cultural Embeddedness of Social Control: Reflections on the Comparison of Italian and North – American Cultures Concerning Punishment", *Theoretical Criminology* 5(4): 403 – 24, 2001.

认为，从其控制方面抽象出刑罚实践的文化方面将会很容易，但在实践中，往往不可能作出这种区分。刑罚的控制可以通过意义的操纵来实现。量刑的法官可能仅仅是谴责罪犯而不施加任何限制性的惩罚。但是这种官方对个人及其行为的负面法律意义的归属——他的行为被认定为犯罪，他被污名化为罪犯——可能通过塑造罪犯的后续行为，继而通过他对其他人的行为产生控制效果。相应的，直接的控制形式——对自由的限制，施加痛苦，或者对资源的剥夺——所产生的控制效果，通常取决于群体或者个人赋予这些措施的意义和价值。同样的刑罚将有不同的评价和感受，并产生或大或小的控制作用，这取决于它所处的文化背景以及不同受众对其意义的"解读"或者解释方式。比如，罚款在民事诉讼中可能被纳入违法者的日常经营成本，而在刑事案件中，同样的罚款可能会使犯罪者停止相关行为。

同样，当谈论刑罚制度的资源、支持的来源、所服务的利益或产生的效果时，人们可能会认为，刑罚制度的文化方面区别于它的经济方面。但是，即使是"纯经济"现象也是文化现象，因为它们取决于对什么是有价值的或者什么是有用的文化理解，也取决于对什么是追求这些价值有效的和可接受的手段的文化理解。商品的交换，利益的追求，财富的积累，资源的调配，供求的互动——这些都是经济活动和经济利益的决定性特征。但其中的某一项都包含某种特定的文化承诺：正如马克斯·韦伯①在一个多世纪前所论述的，经济行动可能主要是工具性和技术性的，但是它总是体现着文化、精神和道德价值。②

韦伯的观点指的是经济行动的目的，但是它同样适用于追求这些目的的手段：文化形式体现在法律规则和制造技术当中，体现在买卖当中，也体现在我们用来组织这些活动的特定会计和分配模式中。当我们说刑罚制

---

① Weber, M. , *The Protestant Ethic and the Spirit of Capitalism*, Roxbury Publishing, 1904 – 5.

② 汤普森（E. P. Thompson）用马克思主义的语言表达了同样的观点：撇开那些次要的（不那么"真实"的）规范、文化和组织这种生产方式所围绕的批判性概念不谈，我质疑……用"经济"术语来描述一种生产方式的可行性。(Thompson, E. P, "Folklore, Anthropology, and Social History", *Indian Historical Review* 3(2): 247 – 66, 1978.)

度是为经济利益服务的，或者再现了经济安排时，我们并没有撇开文化讨论别的东西——我们还是在引用有关熟悉和方便等价值的文化，后者同样属于经济领域及其独特形式和特征。强硬地从刑罚的"经济"模式中区分出文化，仿佛它们是完全不同的东西，这是错误的，就像区分"文化"和"权力"一样。文化、习惯和情感都植根于政治和经济制度中，并且构成了这些制度。文化的研究并不是开始于权力和经济研究之外，相反，它是任何政治或经济分析的组成部分。①

在研究社会关系时，我们可以而且能够在经济、政治、法律、科学和文化等领域之间作出粗略的划分，这些区分在某种程度上也起到了有益的作用。例如，文化领域可以狭义地理解为休闲活动和"文化产业"的产品——时尚、风格、电影、艺术、文学、博物馆、体育、媒体表现等。文化犯罪学的主要焦点在这里②，文化社会学也是这样的。③ 但是，这两个领域的学者经常滑向更广泛的"文化"概念，远远超出亚文化、风格和艺术作品的研究之外，而更广泛地研究社会意义的生产。④ 这里的区别再次体现在有关"文化是什么"的两种不同概念之间。

文化分析的客体可以是一种确定性的"文化"（例如，北欧传说中的复仇文化、荷兰的"宽容文化"、囚犯中的亚文化等），这个"文化"是一种或多或少的综合意义系统，通过反复学习和维持，建立在特定群体的集体活动和理解的基础上。从这意义上来说，文化是人们共同编织的意义之"网"。然而，文化分析的客体也可以是"文化意义"⑤，它不是指集体

---

① Geertz, C. , *Negara: The Theater State*, Princeton University Press, 1981; Haskell, T. L. and R. F. Teichgraeber (eds.), *The Culture of the Market: Historical Essays*, Cambridge University Press, 1996.

② Ferrell, J. , *Crimes of Style: Urban Graffiti and the Politics of Criminality*, Northeastern University Press, 1996; Hayward, K. J. and J. Young, "Cultural Criminology: Some Notes on the Script", *Theoretical Criminology* 8(3): 259 - 74, 2004.

③ Wolff, J. , *The Social Production of Art*, MacMillan, 1981.

④ 关于从社会文化学到文化社会学的转变, Crane, D. , *The Sociology of Culture: Emerging Theoretical Perspectives*, Blackwell, 1994; Ferrell, J. , "Cultural Criminology", *Annual Review of Sociology* 25: 395 - 418, 1999。

⑤ 严格地说，修饰语"文化"在这里是多余的——所有的意义，无论多么主观和个别化，都是从它与文化的关系、与语言的关系，以及文化所提供的共同理解中获得意义可交际性。

实体（"一种文化"），而是指社会行动者给他们的行动带来的具体意义，或者他们行动似乎包含的特定意义，或是他们归因于其他人的行动。这里关注的不是真正的文化网络，而是作为文化原料的"意义"的个别线索（文化网络就是由这些线索编织而成的）。

对于主观意义及其符号学、意向以及情感方面的关注，显然是任何"文化"研究的一个方面。但它也是，而且更普遍的，是任何社会行动研究的必要方面，这些研究试图承认行动者在行为的精神（或符号学）方面。例如，韦伯的社会学解释认为，对这种意义的研究是社会行动研究的基本组成部分，而且，它是"文化"相对于"自然"科学的决定性特征。鉴于作为集体实体的"文化"和作为意义的"文化"两个维度之间的重叠和交织，不难发现鼓励研究文化的作者们同样也鼓励关注意义。① 尽管它们之间具有联系，但是我们应当注意到这两个分析的客体（"文化"和"意义"）并不是一回事。

如果我们沿着当前社会理论的轨迹，并且拒绝将"文化"限制在休闲、艺术和娱乐的范围内（在这样做的时候，抵制了仍然有效的假设，即虽然文化可以塑造社会生活的软边缘，但它对权力和利益占主导的政治和经济制度的硬边缘几乎没有影响），那么事实证明，"文化"的一般范畴涵盖了其他所有更具体的社会范畴。如果文化的内容是意义、知觉、感觉、情感、价值、信仰以及它们的各种表达形式，那么，在社会世界中，它并不是什么截然不同的东西。文化（在广义上）包含所有社会关系、制度和实践，将文化从这些形式中抽象出来，必然会对（文化）意义和（社会）活动之间的真正关系造成破坏。

这一点在方法论上产生了影响。人们通常认为，典型的文化材料是指文本、图像、标志、符号，对于一个制度的文化分析指的是对它运作方面的分析。基于这种理解，对刑罚现象的文化分析主要集中在刑罚论述性文

---

① Geertz, C. , *The Interpretation of Cultures*, Basic Books, 1973b; Ferrell, J. , "Cultural Criminology", *Annual Review of Sociology* 25: 395 – 418, 1999; Alexander, J. C. , *The Meanings of Social Life: A Cultural Sociology*, Oxford University Press, 2003; Hayward, K. J. and J. Young, "Cultural Criminology: Some Notes on the Script", *Theoretical Criminology* 8(3): 259 – 74, 2004.

本上（政府报告、司法意见、判决法、绞刑日报道、文学和戏剧表现、艺术图像等），或是其仪式性场景和象征（绞刑台仪式、法庭戏剧、监狱设计）。为了方便起见，这是有道理的——支持实践的观念、信念或感觉的最佳线索往往在与之相关联的尽心设计的话语或描述中找到。但是，方法论上的便利性不应该导致对所研究的现象作出限制性定义。文化在文本、图像、仪式中很容易被"读懂"，但是它同样也蕴含在非讨论性的、非仪式性的实践中，比如技术、空间安排、身体姿势、习惯行为以及具体行为。例如，正如梅根·康福特（Megan Comfort）在她对圣昆廷监狱探访研究中所表明的，"妇女在惩教机构门口所承受的不确定的等待时间、惩罚性建筑以及对服装和财产的严格规定"[1] 可能是监狱出于安全考虑所制定的措施，但它们也是羞辱和贬低探访者的手段，使她们蒙受耻辱并导致她们进入"再监狱化"文化。

就社会行动和制度而言，文化研究（在更广泛的文化意义上）不容易被限定或限制。将意义与行动、符号与本质、形式与功能、文化与非文化的分析性分离，一直以来都是一种务实的努力，通过一种故意的人为抽象行为来驯服现实世界的复杂性。这种区分对于分析的目的是完全必要的，而且我们应当注意到，文化社会学的每一个主要传统都提供了这种基本划分的视角，无论是将意识形态关系与物质关系分离、将知识与权力分离、将社会类别与生活形式分离、将文化情感与具象关系的分离，还是将文化资本与社会领域的地位分离。但是无论这些抽象多么必要，它们并不能令人十分满意。文化与非文化之间的区分，至少在社会活动和制度的研究方面，很少经得起推敲，因为它们是人为地将人类行动和社会实践的各个方面分离，而事实上，这些方面是相互交织和结合在一起的。这就是为什么理论家经常发明一些看似矛盾的术语，比如路易·阿尔都塞（Louis Althusser）坚持认为的"意识形态中有物质存在"[2]；或者韦伯将宗教信仰描述

---

① Comfort, M. , *Doing Time Together: Forging Love and Family in the Shadow of the Prison*, University of Chicago Press, forthcoming.

② Althusser, L. , "Ideology and Ideological State Apparatuses", in *Lenin and Philosophy and Other Essays*, pp. 121 – 76. London: New Left Books, 1971.

为"理想利益"①；又或者是福柯的"权力—知识"的概念②，其目的都是暗示行动要素的融合而不是分离。

由此可以得出，在刑罚社会学中，将焦点聚集在"文化"或者"意义"上并不是不合时宜或者错误的。关键是，这种关注不是针对世界上某个独特、自成一体的客体，而是针对社会实践的一个具体方面。这个"方面"只能通过分析性的抽象行为而被隔离出来，如果要准确理解它的意义，它就必须重新融合到所处的实践中。在刑罚社会学中，对"文化"和"意义"的研究不应该而且最终也不能与刑罚实践中的硬性"物质"方面——比如刑罚技术、刑罚经济、刑罚政治以及刑罚暴力——相分离。关注文化，使用文化分析的工具（精读、话语分析、解释学、图像学、仪式分析学等），关注意义和情感，思考受众和解释——这些应当加强我们对刑罚权力、刑罚暴力、刑罚技术、刑罚资源的理解，而不是抑制甚至取代它。

在刑罚实践中，意义的创造和交流是这种活动的一个持续和不可避免的方面。文化研究者通常被刑罚的仪式方面所吸引（绞刑日的仪式、宣判、监狱诱导过程），因为这些实践明确地关注以严肃、审慎的方式创造和表达意义。学者同样也经常被吸引到刑罚变革和刑罚戏剧化的时刻——比如刑罚过度的情况③，或者是刑罚改革的颁布④——刑罚所传达的信息似乎有新的意义或者变得更加突出，因为它们打破了既定的模式和传统的期望。然而，同样重要的是分析刑罚的常规和标准性安排，因为这些同样也会产生意义、价值和情感，即使它们的受众更加受限，它们的交流也不是那么的生动。事实上，常规做法的文化含义往往因为"处于幕后"和低调更有启发性。现代美国的行刑程序，就以其幕后舞台、空白意象、官僚化的程序、低调的公开声明，体现了一种非常明确的象征主义和感性色彩，

---

① Weber, M. , *The Protestant Ethic and the Spirit of Capitalism*, Roxbury Publishing, 1904.

② Foucault, M. , *Power/Knowledge: Selected Interviews and Other Writings*, Pantheon, 1980.

③ Garland, D. , "Penal Excess and Surplus Meaning: Public Torture Lynchings in 20th Century America", *Law & Society Review* 19(4): 793 – 834, 2005a.

④ Wiener, M. J. , *Reconstructing the Criminal: Culture, Law and Policy in England, 1890 – 1914*, Cambridge University Press, 1990.

无论其策划者是如何试图压制交流和淡化事件的仪式性。[①]

四 将"文化"作为集体性实体进行分析的问题

如果认为文化概念的第一种用法是有问题的，因为"文化"（及其意义）不能轻易地与社会关系的其他方面相分离，那么第二种用法会因为完全不同的原因而令人困惑。一个统一的、有界限的、全面的、深入群体成员的、隶属于特定民族或特定地方的文化概念在今天是有问题的，不是因为它在概念上的不连贯，而是因为它倾向于夸大主流价值体系的力量和统一性，歪曲了个人与文化规范之间的关系[②]，并且与现代社会生活的现实越来越不一致。[③]

在人类学中，"文化"（有多种不同的概念）一直是研究的核心对象，在过去的几十年的理论争鸣中已经停止了如何将文化概念化的争论（文化作为二元对立的结构；文化作为意义和符号的体系；文化作为实践；文化作为表演），而开始对概念本身的价值进行争论。罗伯特·布莱曼（Robert Brightman）总结了一场广泛而复杂的辩论（受到女权主义、后殖民主义、后结构主义、后现代和历史理论的启发，主要是对20世纪70年代和80年代范式主导地位的影响），指出了一系列与文化概念相关联的知识性问题。这些"文化的缺陷"包括整体主义、地方主义、总体化、连贯性、同质性、原始主义、理想主义、非历史主义、客观主义、基础主义、不连续性

---

① Loflfland, J. , "The Dramaturgy of State Executions", in *State Executions Viewed Historically and Sociologically: The Hangmen of England and the Dramaturgy of State Executions*, pp. 275 – 321, Paterson Smith, 1977; Johnson, R. , *Deathwork: A Study of the Modern Execution Process(2nd ed)*, Wadsworth, 1998; Garland, D. , "On ' the Symbolic' and ' the Instrumental' in American Capital Punishment", in A. Brannigan and G. Pavlich (eds.), *Governance and Regulation in Social Life: Essays in Honour of W. G. Carson*, Routledge – Cavendish, forthcoming.

② Abu – Lughod, L, "Writing Against Culture", in R. Fox (ed.) , *Recapturing Anthropology*, pp. 137 – 162, University of New Mexico Press, 1991.

③ Geertz, C, "Among the Infifidels", *New York Review of Books* 53(5) 23 March, 2006.

和分裂效应①——这些特征淡化个人行动和事件的重要性、文化内部变异和分裂的程度以及无序、矛盾和争论的必然性特征。这一概念的批判者（特别是詹姆斯·克利福德（James Clifford），莉拉·阿布－卢格霍德（Lila Abu－Lughod）和皮埃尔·布迪厄（Pierre Bourdieu））反而强调了像习惯、霸权主义、话语权这些竞争性的概念，并且强调特殊性、争议性以及历史性的重要性。

这些争论在犯罪和刑罚社会学中没有被提及，但是它们的基本主题是相关的和令人熟悉的。在40多年前，大卫·马扎②（David Matza）对"犯罪亚文化"主流概念提出了批判，指出这种概念夸大了亚文化的自主性、与主流的区别及其统一性，特别是在组织成员的信仰及对行为的影响方面。最近，关于"大众惩罚性"或"控制的文化"的一般性文化主张在多大程度上准确地反映了特殊社会环境中关于犯罪控制的思想和行动的特殊性，已经引起了很多争论。③ 强调这些问题并不是反对概括分析的重要性——无论是"文化"或是其他任何社会形式的分析，而是要强调在一般和特殊、抽象和具体、理论和实践、计划与执行之间的一种持续的辩证法的重要性。④

正如布莱曼所指出的，现在"文化"的部分问题是，旧的概念不能与一个社会身份、实践和意识形态日益不协调和变化的世界相适应。⑤ 由于殖民化、全球贸易、种族通婚、文化交流以及商业依存，很少有社会群体的文化是完全独特而没有与其他文化相融合的。即使是相对孤立和不发达的民族也是如此，这些民族形成了人类学逻辑研究的传统重点，文化人类学家早就放

---

① Brightman, R, "Forget Culture: Replacement, Transcendence, Reflexification", *Cultural Anthropology* 10(4): 509 – 46, 1995.

② Matza, D., *Delinquency and Drift*, Wiley & Sons, 1964.

③ Girling, E, I., Loader and R. Sparks, *Crime and Social Change in Middle England*, Routledge, 2000; Savelsberg, J. J., "Cultures of Control in Modern Societies", *Law and Social Inquiry* 27(3): 685 – 710, 2002; Hutton, N., "Beyond Popular Punitiveness", *Punishment & Society* 7(3): 243 – 58, 2005.

④ Garland, D., *The Culture of Control: Crime and Social Order in Contemporary Society*, Oxford University Press, 2001, vii.

⑤ Brightman, R., "Forget Culture: Replacement, Transcendence, Reflexificatio", *Cultural Anthropology* 10(4): 509 – 46, 1995.

弃了对于未受影响的原住民文化的探索。一些接近纯粹原住民文化的东西或许曾经存在过，但是国际交流和本土的多样化实践已经结束了这种情况。

现代西方社会更是这样的，它们是数个世纪以来商业和交流互动的产物①，这种状况反映在最近学术界对文化"交叉"和"混合"现象的关注上。② 文化是重叠和交错的，就像社会和种族群体一样，个人的生活同样处于多个群体和身份混杂的复杂关系之中。"世界上各种生活方式的互动以及它们之间的冲突和对应，决定了我们的时代。生活方式的混杂逐渐成为现实生活的共同特征。"③ 现代商业和通信促进思想和技术的不断交流，风俗习惯的混合，品位和习惯的趋同，尽管社会群体努力保持区别和保护传统。现代社会力量，比如资本主义市场、大规模生产、消费主义、民主化和技术，可能没有像一些社会学家所说的那样在全球范围内产生"美国化"，但它们促成了生活方式（汽车、郊区、购物中心、"灵活工作"）和政治形式（新自由主义、放松管制、"福利改革"）的出现，这些在大多数先进社会中得到了一定程度的认可。其结果是，民族文化之间的对比（或在一个国家内的地方文化之间的对比）主要体现在程度和重点的问题上，而不是差异之间的相互排斥。特殊的文化特征——价值观、看法、感觉、传统、表现形式在不同的地方以不同的组合形式存在，从而使每个群体和每个地方具有某种程度的特异性和特殊性。但是越来越多的是混合的差异，而不是类型的差异。

因此，文化差异可以被合理地援引为解释刑罚差异的因素，但是这些差异必须得到仔细的阐释和证实。比较学术研究不能完全将全面的民族对比作为一种一劳永逸的解释资源，也不能假定，对特定文化的主要议题或者普通民众的描述能够解释该文化在那个社会的具体实践。因此，当惠特

---

① 纳塔莉·泽蒙·戴维斯的著作《行者诡道：一个16世纪文人的双重世界》表明，文化融合和跨越国界有着悠久的历史。

② Pieterse, N., "Globalization as Hybridization", in M. Featherstone, S. Lash and R. Robertson (eds.), *Global Modernities*, pp. 45–68, London: Sage, 1995; Young, R., *Colonial Desire: Hybridity in Theory, Culture and Race*, Routledge, 1996; Anthias, F., "New Hybridities, Old Concepts: The Limits of 'Culture'", *Ethnic and Racial Studies* 4(1):610–41, 2001.

③ Geertz, C., "Among the Infidels", *New York Review of Books* 53(5) 23 March, 2006.

曼（Whitman）援引美国文化与欧洲文化的区别时，指出以地位和个人尊严问题的态度与当代刑法力度进行对比时，遇到了文化多元化、文化内争和历史变化的问题。① 同样，当梅洛西谈到"刑罚的文化传统"时②，他的措辞只有在考虑到民族传统是多种多样的、内部有争议的、国家刑罚制度的历史轨迹表现出重大变化和不连续性的情况下才是有帮助的。就这些目的而言，没有单一的"美国"文化，就像没有单独的、单一的"欧洲"文化可以与之对比一样。出于大多数解释的目的，分析者不得不在一个比国家更细微的具体层面上处理文化差异问题。事实上，这是大多数目光敏锐的学者所做的。例如，梅洛西③认为民族文化传统并不是一个单一性质的固定框架，而是更灵活的"动机性的词汇"，它提供了一套独特的价值和意义，从而塑造了刑罚政策。④ 惠特曼通过强调法国和德国的文化及历史特点，限定了欧美的全面比较，这一点值得参考。

特定群体和社会的"文化工具箱"——蕴含在社会制度里并被卷入政治冲突中——是独特的，就像民族语言是独特的一样：它们可能描述相同的现实，并使类似的行为方式成为可能，但它们传递了独特的语气和俗语，唤起不同的精神，带来不同的重点和内涵。在这个意义上，它们发挥了一种力量，有助于塑造政策和实践，并维持不同历史阶段和地区的差异。但是这种"力量"只有在它被实施的时候才能发挥作用，也就是说，它被折叠到个人、团体和组织的实践当中——这些实践总是被过度决定的，它们与主流文化形式的关系很少是简单或者直接的。

① Whitman, J. Q. , *Harsh Justice: Criminal Punishment and the Widening Divide between America and Europe*, Oxford University Press, 2003.
② Melossi, D. , "The Cultural Embeddedness of Social Control: Reflections on the Comparison of Italian and North – American Cultures Concerning Punishment", *Theoretical Criminology* 5(4): 403 – 24, 2001.
③ Melossi, D. , "The Cultural Embeddedness of Social Control: Reflections on the Comparison of Italian and North – American Cultures Concerning Punishment", *Theoretical Criminology* 5(4): 403 – 24, 2001.
④ See more generally, Smith, R. M. , "Beyond Tocqueville, Myrdal, and Hartz: The Multiple Traditions in America", *American Political Science Review* 87: 549 – 66 , 1993 on "multiple traditions" in American culture.

如果说内部复杂性和历史变化的问题使尖锐的文化比较失去了优势，并且限制了文化承诺的解释力，那么政策转移和刑罚移植的日益重要则使得它们更加黯淡。① 自 19 世纪末以来，刑罚学思想和技术的国际交流已经成为一个事实，这个事实导致专业文化的日益趋同以及政策方案和制度意识形态的迅速转移。

五　文化分析的目的和对象

文化分析不是单一的。出于不同的目的，文化研究有着不同的方式。这种差异源于对不同问题的研究动机。学者可将"文化"作为一个独立变量进行研究，试图解释因变量，比如监禁率或死刑的保留。试图解释不同地方的刑罚差异或不同时期的刑罚变化，会将"文化"作为一个可能的原因。在这种研究中，"文化"与其他影响因素是有区别的，比如与"经济因素"、"政治制度"或者"犯罪率"。正如道格拉斯所指出的："在社会理论中，'文化'作为一种额外的资源，在其他解释被击败后轮流使用。"② 这样的分析在他们的文化概念中通常是归纳性的，并且必然依赖于对文化是什么的相当单薄的描述。

一项旨在探求刑罚实践的意义，或者是关于刑罚仪式与不同受众进行象征性交流的方式的研究，将更加强调意义的详细阐释以及对所涉及的象征性惯例和解释性实践的密切分析。③ 同样，探究理解刑罚实践的情

---

① Wacquant, L., "How Penal Common Sense Comes to Europeans: Notes on the Transatlantic Diffusion of Neoliberal Doxa", *European Societies* 1 – 3, Fall, 1999; Newburn, T., "Atlantic Crossings: Policy Transfer and Crime Control in England and Wales", *Punishment & Society* 4(2): 165 – 94, 2002.

② Douglas, M., *Risk and Blame: Essays in Cultural Theory*, Routledge, 1992, p. 167.

③ Hay, D., "Property, Authority and the Criminal Law", in D. Hay, P. Linebaugh, J. Rule, E. P., Thompson and C. Winslow, *Albion's Fatal Tree*, pp. 17 – 63, Penguin Books, 1975; McGowen, R., "The Body and Punishment in 18th Century England", *Journal of Modern History* 59(3): 651 – 79, 1987; Meranze, M., *Laboratories of Virtue: Punishment, Revolution and Authority in Philadelphia, 1760 – 1835*, University of North Carolina Press, 1996; Garland, D., "Penal Excess and Surplus Meaning: Public Torture Lynchings in 20th Century America", *Law & Society Review* 19(4): 793 – 834, 2005a.

感方面①，或者是表达惩罚传达情感能量的方式②，或容忍某些形式的刑罚暴力而对其他形式的刑罚暴力感到厌恶或尴尬的特定情感③，将会倾向于关注文化的情感方面而不是认知方面，缩小形成刑罚实践的情感结构和一些惩罚通常引起的情感范围。

当刑罚社会学的学者选择研究文化时，他们往往对自己所研究的内容和如何组织研究有着不同的理解。一些学者研究文化，是因为它表现在图像和图画上，研究艺术作品是为了揭示在特定地点和时期形成惩罚经验的文化理解和情感。④ 另外一些学者则把注意力集中在形成对惩罚理解的思想和观念上——集中在我们称之为刑罚文化的正式方面，表现在纲领性文件、科学报告和官方分类系统上。⑤ 对思想和概念的研究也以更广泛的方式进行，包括对宇宙观的研究——如麦高恩（McGowen）⑥ 对早期现代英国刑罚中"身体"隐喻的变化的研究——以及对文学和小说形式的研究，如维纳对"赋予处理犯罪的社会活动以意义的智力层面"的研究。⑦

一些作家研究文学中的刑罚描述，研究描述刑罚经历并将其纳入文化想象中的套路和隐喻。在这种模式下，邓肯⑧探讨了文学形象、文化原型

---

① Miller, W. I. , "Clint Eastwood and Equity: The Virtues of Revenge", in A. Sarat and T. Kearns (eds.) , *Law in the Domains of Culture*, pp. 161 – 202, Ann Arbor, University of Michigan Press, 2000.

② Pratt, J. , "Emotive and Ostentatious Punishment", *Punishment & Society* 2(4) : 417 – 39, 2000.

③ Gatrell, V. A. C. , *The Hanging Tree: Execution and the English People, 1770 – 1868*, Oxford University Press, 1994.

④ Edgerton, S. Y. , *Pictures and Punishment: Art and Criminal Prosecution during the Florentine Renaissance*, Cornell University Press, 1985; Merback, M. B. , *The Thief, the Cross and the Wheel: Pain and the Spectacle of Punishment in Medieval and Renaissance Europe*, University of Chicago Press, 1999.

⑤ Foucault, M. , *Discipline and Punish: The Birth of the Prison*, Allen Lane, 1977; Cohen, S. *Visions of Social Control*, Polity Press, 1985; Garland, D. , *Punishment and Welfare: A History of Penal Strategies*, Gower, 1985.

⑥ McGowen, R. , "The Body and Punishment in 18th Century England", *Journal of Modern History* 59 (3) : 651 – 79, 1987.

⑦ Wiener, M. J. , *Reconstructing the Criminal: Culture, Law and Policy in England, 1890 – 1914*, Cambridge University Press, 1990, p. 3.

⑧ Duncan, M. G. , *Romantic Outlaws, Beloved Prisons: The Unconscious Meanings of Crime and Punishment*, NYU Press, 1996.

以及监狱和逃亡者的无意识幻想，他认为我们与犯罪和刑罚的文化关系比通常假设的更加复杂和矛盾，一个"无意识的神话世界"影响着罪犯以及惩罚他们的行为。本德（Bender）将对刑罚形式的文学分析发展为关于文化原因的历史论证，他认为18世纪的现实主义小说"促成"了改革后的监狱的出现，因为这些小说在读者中创造了某种"态度质地"以及"情感结构"，与"监狱观念"有一种选择性的亲近。他认为每一个"社会文本"——无论是现实主义小说还是改革后的监狱——都是由一种叙事的形式构成的，它以一种独特的（现实主义）方式[①]对待物质世界、人物、意识、个性、权威以及因果关系本身。从因果关系的角度来看，早先存在的现实主义小说是导致后来监狱推广的历史条件之一。

其他作者通过研究报刊、目击者的证词和改革者的言论来研究刑罚引起的特有的情感反应，尤其注重于这些反应随着时间的推移而变化的方式，或在不同社会阶层之间的变化。史毕文伯格[②]、沙普（Sharpe）[③]以及加特雷尔[④]等作家试图揭示不断变化的情感结构和感觉结构，因为这些结构可以从历史证据中推断出来。在另一种研究领域，当代民意研究者分析民意调查数据，以便追踪公众对刑罚现象的态度和理解的变化。[⑤]

还有一种方式并非在知识或者审美的层面，而是在行为层面看待文化。从这一角度出发，文化变成习惯与程式的问题，其既是日常活动和交往的模式，也是理所当然的指向和行动指南。这一层面的文化是指社会行动者的习惯，这些根深蒂固且显而易见的习惯已经"适应"了特定环境

---

① Bender, J. , *Imagining the Penitentiary: Fiction and the Architecture of Mind in Eighteenth Century England.* University of Chicago Press, 1987.

② Spierenburg, P. , *The Spectacle of Suffering: Executions and the Evolution of Repression,* Cambridge University Press, 1984.

③ Sharpe, J. A, "Last Dying Speeches: Religion, Ideology and Public Execution in Seventeenth Century England", *Past and Present* 107(1): 144 – 67, 1985.

④ Gatrell, V. A. C. , *The Hanging Tree: Execution and the English People, 1770 – 1868,* Oxford University Press, 1994.

⑤ Beckett, K. , *Making Crime Pay: Law and Order in Contemporary American Politics,* Oxford University Press, 1997; Gross, S. E. and P. C. , Ellsworth, "Second Thoughts: Americans", Views on the Death Penalty at the Turn of the Century, in S. P. Garvey (ed.) , *Beyond Repair: America's Death Penalty,* pp. 7 – 57, Durham, Duke University Press, 2003.

下的生活规范。它们是这些行为者所达成的共识，以及因此种文化适应而习惯性地作出的感知、判断和评价。在此意义上，文化是一个"习惯"问题，这个概念聚焦个体行动者的行为取向以及他们所处的社会领域的规范、约束和权力关系之间的交汇点。加兰德（Garland）研究的正是文化的这一维度，它指的是最近在后现代社会中出现的一些新的日常生活常规和刑罚行动者的新处置方式。① 同样，卡伦（Carlen）对妇女监禁的经典研究揭示了蕴含在判决决定、监狱组织和囚犯—警卫互动模式中的文化假设，并展示了这些实践如何体现、制定和复制对性别的具体理解。②

文化研究的范围和目的也是不同的。有时，研究目的是"以其自身的条件"来研究文化——解释符号和象征，识别反复出现的陈词滥调和文化内涵，并追踪刑罚制度被传统地解释和理解的方式。③ 这类研究通常是同步进行的，研究某一时间点的刑罚文化，将对刑罚的文化理解与它们所构成的更广泛的文化领域联系起来。其他学者则采用历史方法，展现了在不同的历史时期、不同的文化框架内对刑罚进行描述的方式。这些文化框架可以作为不同的对比背景来研究，在时间上是分开的④，或者学者可以追溯导致此种刑罚到另一种刑罚的历史转变进程。⑤ 有时研究的目的是更全面的社会学分析，不仅要确定刑罚文化的模式，还要在它们所构成的更大的社会形态中定位这些模式。因此，刑罚文化的发展（比如改革思想的出现、情感的完善、哲学的运动、刑罚象征主义的变化、公众舆论的转变等）与其他社会关系的变化相关联，并被证明是复杂社会结构中相互作用

---

① Garland, D. , *The Culture of Control: Crime and Social Order in Contemporary Society*, Oxford University Press, 2001.

② Carlen, P. , *Women's Imprisonment: A Study in Social Control*, Routledge, 1983.

③ Duncan, M. G. , *Romantic Outlaws, Beloved Prisons: The Unconscious Meanings of Crime and Punishment*, NYU Press, 1996.

④ Foucault, M. , *Discipline and Punish: The Birth of the Prison*, Allen Lane, 1977; Wiener, M. J. , *Reconstructing the Criminal: Culture, Law and Policy in England, 1890 – 1914*, Cambridge University Press, 1990.

⑤ McGowen, R. , "The Body and Punishment in 18th Century England", *Journal of Modern History* 59 (3):651 – 79, 1987.

的因素。①

这些研究中所讨论的文化现象在其本体论特征上——它们的本质、深度、时间性和持久性——也各不相同。分析的文化因素或许是短暂的社会潮流，比如公众舆论②；相对短期的半制度化的文化形态，如 1980 年代和 1990 年代的"犯罪情节"③；制度化的思想和行动模式，比如"自由主义"或者是"刑罚福利主义"④；其他的嵌入式文化价值——比如个人主义、天主教、平均主义或地方主义——具有长期存在的特征，并建立在宗教实践、区域传统或国家认同的基础上。⑤ 区分这些不同类型的现象比如构成性的文化基石与短暂的文化潮流，在这里是非常重要的，尤其是因为相当不同的时间性和持续时间往往表明它们在社会组织中的作用。⑥ 在对文化

① Durkheim, E., "The Evolution of Punishment", in S. Lukes and A. Scull (eds.), *Durkheim and the Law*, pp. 102 – 32, Martin Robertson, 1902/1983; Spierenburg, P., *The Spectacle of Suffering: Executions and the Evolution of Repression*, Cambridge University Press, 1984; Bender, J., *Imagining the Penitentiary: Fiction and the Architecture of Mind in Eighteenth Century England*, University of Chicago Press, 1987; Garland, D., *The Culture of Control: Crime and Social Order in Contemporary Society*, Oxford University Press, 2001.

② Beckett, K., *Making Crime Pay: Law and Order in Contemporary American Politics*, Oxford University Press, 1997; Gross, S. E. and P. C. Ellsworth, "Second Thoughts: Americans" Views on the Death Penalty at the Turn of the Century, in S. P. Garvey (ed.), *Beyond Repair: America's Death Penalty*, pp. 7 – 57, Durham, Duke University Press, 2003.

③ Garland, D., *The Culture of Control: Crime and Social Order in Contemporary Society*, Oxford University Press, 2001.

④ Garland, D., *Punishment and Welfare: A History of Penal Strategies*, Gower, 1985.

⑤ King, R. D. and J. J. Savelsberg, "Collective Memory, Institutions and Cultures of Punishment", paper delivered at the Annual Meeting of the ASA, Atlanta, 2003; Whitman, J. Q., *Harsh Justice: Criminal Punishment and the Widening Divide between America and Europe*, Oxford University Press, 2003; Zimring, F. E., *The Contradictions of American Capital Punishment*, Oxford University Press, 2003.

⑥ 社会实践的文化维度的两个特征验证了其（相对的）自主性是其差异性和普遍性。价值观、思想、信仰和情感可能比它们最初所依附的实践更能持久——因此，即使最初支持它的信仰已经消失（例如 18 世纪神职人员的利益；今天在法庭上宣誓），一种实践也可能持久，一种信仰体系可能在其物质基础消失后长期存在（例如，在犯罪率大幅下降十年后犯罪情结仍然存在）。一个机构或做法中存在的特定文化因素可能同时出现在其他几个机构或做法中（例如，1980 年代形成监狱管理的管理主义思想也出现在许多其他组织中）。这些不同方面使文化分析变得可行。关于文化自主性的进一步论据，see Sewell, W. H., Jr, "The Concept(s) of Culture", in V. E. Bonnell and L. Hunt (eds.), *Beyond the Cultural Turn*, pp. 35 – 61, Berkeley, University of California Press, 1999。

符号或者实践的历史研究中，我们需要关注有关现象的内涵或行为顺序的变化。文化元素通常随着时间的推移而改变，因此，同样的符号会被赋予不同的解释，而且与一些新的利益相关（想想"受害者"不断变化的共鸣），旧的价值观会失去对个人态度和社会行动的控制（回想一下 20 世纪70 年代"康复"思想的衰退）。

这些现象的持久性和深度仅仅是它们两个不同的维度。刑罚的民族志①表明，有时被认为或多或少具有普遍性和无差异性的文化形式——例如当代控制文化、对犯罪的恐惧、公众对犯罪青年的态度——实际上，在地方意义以及具体使用方面有着很大的差异，这取决于其主观取向和时间、地点、环境的影响。因此，格林（Girling）等人认为，一般性的犯罪控制文化和抽象的符号是大众媒体话语和学术概括的内容：在实际使用中，这些文化态度和观念的含义变得更加扭曲和差异化。②

更重要的是，我们需要记住，不存在单一的符号、实践或者制度的文化意义——文化意义总是以复数形式存在，特别是在有关符号或实践具有高度社会重要性或可见性的情况下。任何重要的符号、实践或者制度的社会意义通常都是分层和有争议的，受制于异质的变化，而不是严格包含的单一性的参考。③ 对于大多数人来说，一种特定实践的直接内涵可能是广泛共享和不言而喻的，但这种广泛的意义与它对受影响最密切的人，或对专家，或对那些在实践中感受到以前实践和政治影响的人的意义是不一样的。不同的受众会以不同的方式解读这种现象，而且往往是以竞争的方式。对许多保守派来说，今天的美国死刑是程序逾期、浪费财政不必要的

---

① Smith, M. , R. Sparkts and E. Girling, "Educating Sensibilities: The Image of ' the Lesson' in Children's Talk about Punishment", *Punishment & Society* 2(4): 395 – 415, 2000.

② Smith, M. , R. Sparkts and E. Girling, "Educating Sensibilities: The Image of ' the Lesson' in Children's Talk about Punishment", *Punishment & Society* 2(4): 395 – 415, 2000.

③ Laqueur, T. , "Crowds, Carnival and the State in English Executions, 1640 – 1868", in A. L. Beier, D. Cannadine and J. M Rosenheim(eds.), *The First Modern Society*, pp. 305 – 55, Cambridge University Press, 1989; Smith, P. , *Narrating the Guillotine: Punishment Technology as Myth and Symbol, Theory, Culture and Society* 20(5): 27 – 51, 2003a.

推迟方面的典型例子，无法给予杀人犯应有的法律惩罚。① 对于许多自由主义者和非裔美国人来说，同样的制度表达了一个非常不同的信息——传达了种族暴力和私刑的不可接受性。② 官员们用来描述一种实践的含义（监狱是惩戒性的；死刑是威慑性的；探视安排是实用性的）可能会受到反对这种做法的人和被施加这种做法的人的强烈抵制。

一些刑罚制度变成了神话传说的东西——比如断头台③，或者成为流行文化和娱乐中的刻板印象——想想电影、文学、蓝调歌曲和说唱歌词中的监狱形象。④ 其他的只有知情人知道，对普通公众来说意义不大。即使是备受瞩目的刑罚实践方面——死刑、超级大型监狱、受害者影响声明、反社会行为——公众也往往了解很少。无论何时，大多数人对刑罚制度可能只有肤浅的接触，他们可能只是从新闻故事或民间偏见中获得信息和理解。对某些人来说，一个问题可能具有深刻性和象征意义，然而在大多数人看来，这可能是一个无关紧要或没有实际意义的事情。

六　文化意义与社会行动的融合，阐释与解释

作为结论，我想反对过于依赖文化分析并将其作为理解刑罚和刑罚变化的框架的做法，并强调多维分析和解释目标的重要性。特别是，我认为我们应该把刑罚的"文化"因素分离出来进行分析，或者只是作为一个初步的综合分析，这种分析将文化因素纳入对刑罚实践的因果的多维描述中。⑤

---

① Kosinski, A. and S. Gallacher , "Death: The Ultimate Run – On Sentence", *Case Western Reserve Law Review* 46(1): 1 – 32, 1995.

② Jackson and B. , *Shapiro Legal Lynching: The Death Penalty and America's Future*, New Press, 2001.

③ Arasse, D. , *The Guillotine and the Terror*, Allen Lane, 1989; Gerould, D. , *Guillotine: Its Legend and Lore*, Blast Books, 1992; Smith, P. , *Narrating the Guillotine: Punishment Technology as Myth and Symbol, Theory, Culture and Society* 20(5): 27 – 51, 2003a.

④ Duncan, M. G. , *Romantic Outlaws, Beloved Prisons: The Unconscious Meanings of Crime and Punishment*, NYU Press, 1996.

⑤ 菲利普·史密斯提出了一个相关的观点。他认为，有必要采取一种二阶段的分析与解构路径。我们首先应当对现有的刑罚、法律或政策的实际含义进行详细阐述……然后再分析这些因素与制度和政治相互影响的过程。

由于我的工作经常被认为是对"文化主义"方法的同情，我或许应该解释一下，为什么我认为有必要从这个领域开始出现的理论趋势中抽身而出。[①] 我过去的工作——在福柯和他所启发的权力与控制分析之后发展起来——的一个关注点当然是将文化带回来。[②] 但是我一直是在多维社会理论的背景下研究文化（或更准确地说，特定的文化形式），并利用对刑罚的文化意义的解释来帮助发展对特定刑罚实践和特定刑罚变革过程的解释。在这种方式中，对文化意义的解释不被认为是对社会学或历史解释的替代，而是作为社会学或历史解释的必要组成部分。这种韦伯式的方法对我们对文化的概念化及其在解释性说明发展中的作用有明确的影响。

在多维社会分析中[③]，"文化"并不比"权力"、"法律"或"经济"更能成为社会生活中独立的和自成一体的领域。谈论"文化"就是谈论社会行动或社会艺术品的意识形态、情感或审美方面，谈论它们的类别和分类、思想风格和观察方式、感觉和心理倾向的结构、价值和情感、身体行为和空间安排，这些都可以通过关注符号、象征和表演来研究，否则这些模糊的现象就会被公开表现。[④] 但是，正如我在这里所讨论的，行动的文化方面仅仅是一个方面，它们是众多维度中的一个维度，是本然汇聚在一起激励和体现社会实践的若干因素之一。

在这个概念中，每一个人的行动，每一个集体实践，每一个社会制度都有它的文化元素。有时，这些文化元素被放在前面（foregrounded），就像它们在艺术、休闲、时尚或娱乐中一样，刑罚仪式中的话语和展示以这

---

① 对于最近出版的关于刑罚制度的"文化主义"解释的书籍的批判性讨论，see Garland, D. , "The Cultural Uses of Capital Punishment", *Punishment & Society* 4 (4): 459 – 88, 2002; "Capital Punishment and American Culture", *Punishment & Society* 7 (4): 347 – 76, 2005b; "Cruel and Unusual: Punishment and US Culture", *Social and Legal Studies* 14 (June): 299 – 302, 2005c。

② Garland, D. , *Punishment and Modern Society: A Study in Social Theory*, Oxford University Press, 1990a; "Frameworks of Inquiry in the Sociology of Punishment", *British Journal of Sociology* 41 (1): 1 – 15, 1990b; "Punishment and Culture: The Symbolic Dimensions of Criminal Justice", in A. Sarat and S. Silbey (eds.), *Studies in Law, Politics and Society*, Vol. 11, pp. 191 – 224, JAI Press, 1991.

③ Garland, D. , *Punishment and Modern Society: A Study in Social Theory*, Oxford University Press, 1990a.

④ Geertz, C. , *The Interpretation of Cultures*, Basic Books, 1973b.

种方式①预示着象征意义，像费雷尔（Ferrell）②等文化犯罪学家研究的风格化的偏差一样。有时，它们在组合中的位置更靠后（further back），如分类实践、法律程序或刑罚技术中嵌入的思想和价值观。但是文化因素始终存在，并且总是与通常被认为是与经济或者政治关联的行为相互交融。正如玛丽·道格拉斯曾指出的，文化的符号、美学和态度与物质利益的硬性世界不可分离：它们是追求利益的工具。例如在当代西方社会，种族主义现象往往被理解为一种文化现象——一种文化定型观念和带有偏见的问题。但是种族主义在制度实践和社会分工中蓬勃发展和重现，与特定社会群体的经济和政治利益相结合，损害了其他群体的利益。在现实社会生活中，它是权力结构、经济分层、社会和空间隔离的一个侧面，有时是法律文件的一个侧面。③把种族主义作为文化来研究，而不将它作为一套社会、政治和经济利益，就像把种族主义作为社会分化问题来研究，而不提及保持这些冲突的文化意义和合法性一样，是片面和存在误导的。布迪厄将种族主义定义为"一种幻象和分化的社会原则"时④，正是试图精确抓住这种想法。

我的文化分析并不是自成一体的，这也不是目的本身。例如，《控制的文化》⑤中的分析旨在表明，围绕犯罪和不安全感而形成的思维和感觉方式——我称之为"犯罪情节"或"高犯罪率社会的文化"——是对困境的文化适应，而这些困境反过来又受到相关行动者所处的社会力量的制约。经济利益、政治项目、群体内部动态、主导意识形态、职业要求、经验上的不安全感、心理动态过程，所有这些都与该文化的形成有关。正是这些动机和利益不同的结构来源和政治资源，以及不同的文化表

---

① Smith, P. , *Narrating the Guillotine: Punishment Technology as Myth and Symbol, Theory, Culture and Society* 20(5): 27 – 51, 2003a.

② Ferrell, J. , *Crimes of Style: Urban Graffiti and the Politics of Criminality*, Northeastern University Press, 1996.

③ Frederickson, G. , *Racism: A Short History*. Princeton University Press, 2002.

④ Wacquant, L. , "Deadly Symbiosis: When Ghetto and Prison Meet and Merge", in D. Garland (ed.), *Mass Imprisonment: Social Causes and Consequences*, pp. 82 – 129, Sage, 2001, p. 113.

⑤ Garland, D. , *The Culture of Control: Crime and Social Order in Contemporary Society*, Oxford University Press, 2001.

现形式和共鸣——而不仅仅是一些无实体的自我生成的"文化"——共同产生了流行的政治话语、习惯做法、立法颁布、司法决策、刑罚实践和社会制度，构成了美国和英国在 20 世纪末所展示的独特的"控制文化"。

"文化"这一术语标志着一种分析性的抽象，它被人为地从塑造社会行动的其他动机和约束上剥离。用这种方式进行抽象的意义——它的启发功能——是为了分离出语言和符号，通过这些语言和符号培养态度、形成目标和使实践合法化，并关注它们所使用和维持的意义结构。这些符号的意义是由它们与其他符号的关系构成的，并以特定的实践和生活方式为基础，它们有自己的逻辑和修辞，并可以被解释，从而揭示出一种特定的动力。通过这种动力，动机得以形成，行动得以推动。正如韦伯、格尔茨、布迪厄所表示的那样，对文化文本和符号的理解性分析是走向社会解释的重要一步。但是，为了使它有助于实现这一目的，分析者必须显示出文化和行为之间不仅仅是一种相关性，甚至是一种选择性的亲和力——他或她必须显示出有关的意义是如何与行动联系起来的。为了从对文化的分析转向对行动的解释，我们必须说明文化与行为的关系，说明特定的符号、价值或观念是如何成为行动的动力或操作基础的。在被理解为符号系统的文化和被理解为实践形式的文化象征的行为之间，有一些具体的制定（格尔茨）和体现（布迪厄）过程需要被识别和理解。

如果文化分析的目的是为行为的解释提供信息，我们就需要说明将文化转化为行动（或制定、执行、转述、表达和重塑）的过程和机制。[1] 如果要赋予"文化传统"以解释当今的刑罚行动的因果效力，我们需要对通过实践传递这种文化态度并在当下重现这种态度的机制进行说明。因此，齐姆林（Zimring）声称"私刑文化"可以解释 19 世纪 90 年代私刑事件的分布与 20 世纪 90 年代执行结果的分布之间的经验相关性，这仍然是一种推测，因为他无法确定这种"传统"通过什么机制随着时间的推移而被传

---

① Archer, M. S. , *Culture and Agency: The Place of Culture in Social Theory*, Cambridge University Press, 1996; Swidler, A. , *Talk of Love: How Culture Matters*, University of Chicago Press, 2001.

递，并且转化为现在的法律行动者的决策。① 正如金和萨维尔斯伯格②在他们对文化创伤和刑罚的比较研究中所表明的，对现在来说，最重要的不是一个历史事件或过去已经发生的事件经过，而是它已经被制度化（在法律、法律执行、社会化实践、纪念仪式等方面），以创造和维持一种能够影响当前行动的集体记忆的方式。

在任何具体的社会分析中，我们应该看到"文化"因素与服从某种（心理的、经济的、政治的、法律的、犯罪学的）逻辑的利益和行动一起共同发挥作用。多维分析尝试描述一个过程，在这个过程中，在构成任何制度实践的复杂动机和确定的行动形式中，所有这些事情都在同时发生。文化形式——语言、符号、文本、建筑、社会生活中的意识形态、审美和情感方面——可以被分离出来进行研究，而对这些形式及其意义的"厚重描述"是研究的一项重要任务。但是，尽管解释意义、追踪象征性参照或描述神话的任务是一项重要而必要的任务，但它不是我们研究的终点。同样的道理也适用于现在流行的项目，即确定刑罚和社会控制的新趋势。这些分析本身就很重要和有价值，但社会学的任务既是解释性的，也是描述性的。人们想知道如何解释刑罚的转变，而不仅仅是做记录和分类。

也许对个别研究者而言不是很必要，但至少对学科来说，文化解释应该是对有关现象所进行的一个初步的社会解释。文化形式从来没有在其社会背景和对其进行解释的实践之外存在。社会解释最终应当回到这些用途、语境和实践中。文化社会学的经典著作——比如韦伯的《新教伦理与资本主义精神》③、涂尔干的《宗教生活的基本形式》④、汤普森（Thompson）的《英国工人阶级的形成》⑤、埃利亚斯的《文明的进程》⑥和《宫廷

---

① Zimring, F. E. , *The Contradictions of American Capital Punishment*, Oxford University Press, 2003; Garland, D. , "Penal Excess and Surplus Meaning: Public Torture Lynchings in 20th Century America", *Law & Society Review* 19(4): 793 – 834, 2005a.

② King, R. D. and J. J. Savelsberg, "Collective Memory, Institutions and Cultures of Punishment", paper delivered at the Annual Meeting of the ASA, Atlanta, 2003.

③ Weber, M. , *The Protestant Ethic and the Spirit of Capitalism*, Roxbury Publishing, 1904 – 5/2002.

④ Durkheim, E. , *Elementary Forms of the Religious Life*, Allen & Unwin, 1976.

⑤ Thompson, E. P. , *Making of the English Working Class*, Victor Gollancz, 1963.

⑥ Elias, N. , *The Civilizing Process (revised edn)*, Blackwell, 1994.

社会》①、布迪厄的《区分》② 和格尔茨的《深度游戏：巴厘岛斗鸡笔记》③ ——之所以经典，正是因为他们追求这种雄心，并在文化意义和社会因果关系层面上成功地进行了令人信服的分析。刑罚社会学的共同目标值得不遗余力地去追求。

（审校：钱日彤）

---

① Elias, N. , *Court Society*, Pantheon, 1983.

② Bourdieu, P. , *Distinction: A Social Critique of the Judgement of Taste*, Routledge, 1986.

③ Geertz, C. , "Deep Play: Notes on the Balinese Cockfight", in *The Interpretation of Cultures*, pp. 412 – 454, Basic Books, 1973a.

公众参与食品安全公益诉讼绩效评估的实证研究*

郑迅捷　赵　谦**

摘要：强化公众参与食品安全公益诉讼绩效评估是增强食品安全社会共治实效的民主化路径。可通过对样本地区进行访谈式问卷调查，探求现阶段公众对于食品安全公益诉讼绩效评估的认知程度、参与的目标期许、参与意愿水平、参与方式的偏好，并对调研结果展开法律实证分析。基于推动公众切实参与食品安全公益诉讼绩效评估的制度建构导向，一方面有针对性地改善公众对食品安全公益诉讼绩效评估基本感知，另一方面探索公众参与食品安全公益诉讼绩效评估法律规范的设定路径，最终实现食品安全公益诉讼绩效评估制度的发展完善。

关键词：食品安全公益诉讼；绩效评估；公众参与；法律实证分析

一　问题的提出

自 2009 年《食品安全法》公布实施以来，我国食品安全监管体制不断深化完善。但由于我国食品消费总量量大面广、产业基础"小、散、乱、低"① 等因素，不合规范的生产经营行为仍然广泛存在。低违法成本与高维权成本的巨大落差、不够健全的法律和相关主体法治观念的缺失

---

* 本文系 2022 年西南大学重庆市级大学生创新创业训练计划项目"公众参与食品安全公益诉讼绩效评估问题实证研究"（S202210635276）、2019 年度司法部国家法治与法学理论研究项目中青年课题"食品安全社会共治的行政法研究"（19SFB3012）的阶段性研究成果。

** 郑迅捷，西南大学法学院"公法与国家治理研究中心"研究人员；赵谦，西南大学法学院教授、博士生导师。

① 《2013 年全国食品安全宣传周启动》，中国经济网，http://www.ce.cn/cysc/sp/info/201306/17/t20130617_491424.shtml，最后访问日期：2023 年 5 月 21 日。

等，导致食品安全工作难以取得根本性进步。① 我国当前食品安全问题亟须通过"运用法治方式，实行多元主体共同治理"②，以实现从社会管理到社会共治的治理模式转变。《中共中央关于全面深化改革若干重大问题的决定》（以下简称《全面深化改革若干重大问题的决定》）在"十三、创新社会治理体制"之"（47）改进社会治理方式"中明确："鼓励和支持社会各方面参与，实现政府治理和社会自我调节、居民自治良性互动"③。随后《中共中央关于全面推进依法治国若干重大问题的决定》（以下简称《全面推进依法治国若干重大问题的决定》）在"五、增强全民法治观念，推进法治社会建设"之"（二）推进多层次多领域依法治理"中申明："坚持系统治理、依法治理、综合治理、源头治理，提高社会治理法治化水平。"④ 至此，食品安全社会共治成为最广泛的共识。

公益诉讼是"为了保护社会公共利益的诉讼，除法律有特别规定外，凡市民均可以提起"的诉讼类型，食品安全公益诉讼即"公益诉讼在食品生产、交换、流通和消费领域的实践应用"⑤。其诉讼目的与食品安全社会共治具有天然的契合性。故食品安全公益诉讼亦成为近年来学界讨论的重要话题。在 2017 年检察公益诉讼正式入法前，相关研究聚焦于食品安全公益诉讼的制度建构层面来展开具体的制度构造研究。例如，探究"在《民事诉讼法》民事公益诉讼制度的总体框架下，构建具有可操作性的消费公益诉讼制度"⑥，"消费公益诉讼起诉资格仅赋予'省级以上消费者协会'

---

① 《中共中央　国务院关于深化改革加强食品安全工作的意见》，《人民日报》2019 年 5 月 21 日，第 6 版。

② 《政府工作报告（全文）》，中国政府网，http://www.gov.cn/guowuyuan/2014－03/14/content_2638989.htm，最后访问日期：2023 年 5 月 21 日。

③ 《中共中央关于全面深化改革若干重大问题的决定》，中国政府网，http://www.gov.cn/jrzg/2013－11/15/content_2528364.htm，最后访问日期：2023 年 5 月 21 日。

④ 《中共中央关于全面推进依法治国若干重大问题的决定》，中国政府网，http://www.gov.cn/xinwen/2014－10/28/content_2771714.htm，最后访问日期：2023 年 5 月 21 日。

⑤ 俞飞颖：《我国食品安全公益诉讼制度的现实考量与改革路径》，《福建师范大学学报》（哲学社会科学版）2019 年第 3 期。

⑥ 刘璐：《消费公益诉讼的法律构造》，《法学》2013 年第 7 期。

进一步收窄了消费公益诉讼主体范围"① 的起诉资格研究；又如，从法官角度出发设计"从案件受理、审理、裁判和诉讼费用的负担及案件执行等几个方面"② 的审判规则研究；再如，厘清"消费公益诉讼的可诉范围"③，"逐步扩大检察机关提起消费公益诉讼的诉权范围"④ 的诉讼客体研究。2017 年检察公益诉讼正式入法，标志着我国公益诉讼制度已基本构建完成。此后相关研究立足于食品安全公益诉讼的制度完善层面来展开一定的问题对策研究。例如，研析"惩罚性赔偿适用的变迁、公益诉讼请求的变化趋势"⑤，检视"惩罚赔偿金性质与功能"⑥ 的惩罚性赔偿研究；又如，"借鉴域外的有益经验"⑦，"学习借鉴德国示范确认之诉的做法"⑧ 的比较法研究；再如，探索"公众的个人信息保护正试图通过消费公益诉讼寻求突破"⑨，厘清"公益诉讼是否适用垄断行为以及如何具体适用"⑩ 的诉讼客体扩张研究。

虽然相关研究数量颇多，但大多集中于制度本身的发展完善，缺乏有针对性地从司法绩效评估角度出发，审视食品安全公益诉讼制度运行效果，进而达到"强化管理，确保公正，促进司法工作高效、有序运行"⑪

---

① 杜乐其：《消费公益诉讼制度的局限及其矫正——〈中华人民共和国消费者权益保护法〉第 47 条之评析》，《理论月刊》2014 年第 10 期。

② 王政勇：《消费公益诉讼的司法理念及特殊审判规则的构建》，《法律适用》2014 年第 11 期。

③ 杨仕兵：《论消费公益诉讼的界定及其可诉范围》，《齐鲁学刊》2016 年第 1 期。

④ 肖建国、宋春龙：《检察机关提起消费公益诉讼范围分析》，《人民检察》2016 年第 14 期。

⑤ 刘水林：《消费者公益诉讼中的惩罚性赔偿问题》，《法学》2019 年第 8 期。

⑥ 颜卉：《消费公益诉讼惩罚赔偿金归属研究》，《兰州大学学报》（社会科学版）2020 年第 3 期。

⑦ 曹奕阳：《我国消费民事公益诉讼制度的完善与优化——美国聚乙烯管道消费者集团诉讼案的启示》，《江汉论坛》2020 年第 7 期。

⑧ 吴逸越：《德国示范确认之诉及其对我国消费民事公益诉讼的镜鉴》，《德国研究》2020 年第 2 期。

⑨ 蒋都都、杨解君：《大数据时代的信息公益诉讼探讨——以公众的个人信息保护为聚焦》，《广西社会科学》2019 年第 5 期。

⑩ 陈云良：《反垄断民事公益诉讼：消费者遭受垄断损害的救济之路》，《现代法学》2018 年第 5 期。

⑪ 施鹏鹏、王晨辰：《论司法质量的优化与评估——兼论中国案件质量评估体系的改革》，《法制与社会发展》2015 年第 1 期。

之目的。受西方"新公共管理运动"① 影响，20 世纪 90 年代绩效评估在我国政府管理中开始被广泛应用。就广泛意义而言，我国司法机关属于政府机关的组成部分，绩效评估制度自然应当适用于司法活动。《全面深化改革若干重大问题的决定》明确指出"建立科学的法治建设指标体系和考核标准"，《全面推进依法治国若干重大问题的决定》则提出要引入第三方评估，进一步为我国司法绩效评估活动提供了正当性基础。具体而言，食品安全公益诉讼绩效评估即运用绩效评估的方法，对食品安全公益诉讼效果进行综合评判的一种司法行政活动。而公众参与不仅是"坚持人民司法为人民"的必然要求，也是"行政主体之外的个人和组织对行政过程产生影响"② 之公众参与原则的体现。探究公众参与食品安全公益诉讼绩效评估，即探究公众参与对食品安全公益诉讼诉权主体、裁判主体等相关部门和工作人员的工作绩效评估活动，以及立法者借助评估活动和结果反思当前制度的不足，从而促进食品安全公益诉讼的制度和体系完善的过程。

公众参与食品安全公益诉讼绩效评估的情况到底如何？我们从我国东中西部地区选取了 17 个省份 42 个市（区、县）作为抽样调研区域③，采取访谈式问卷调查的方式，就我国当前食品安全公益诉讼绩效评估制度与公众对于食品安全公益诉讼绩效评估的认知程度、参与的目标期许、参与意愿、参与方式等社会事实之间的关系，展开"按照一定程序规范对一切可进行标准化处理的法律信息进行经验研究、量化分析"④ 之法律实证分

---

① 蔡立辉：《西方国家政府绩效评估的理念及其启示》，《清华大学学报》（哲学社会科学版）2003 年第 1 期。

② 江必新、李春燕：《公众参与趋势对行政法和行政法学的挑战》，《中国法学》2005 年第 6 期。

③ 东部地区 5 省 8 市（区、县）：河北省（唐山、邯郸），山东省（青岛），浙江省（温州、杭州），海南省（万宁），福建省（厦门、南平）；中部地区 5 省 15 市（区、县）：山西省（长治、运城），河南省（信阳、安阳、鹤壁、洛阳、南阳、新乡、驻马店、郑州），湖北省（荆州、天门），湖南省（长沙），江西省（鄱阳、宜春）；西部地区 7 省份 19 市（区、县）：四川省（成都、德阳、达州、眉山、遂宁），重庆市（北碚、渝北、万州、沙坪坝、巫山、丰都、南岸），云南省（弥勒），贵州省（仁怀），西藏自治区（拉萨），吉林省（长春、白城、辽源），黑龙江省（哈尔滨）。

④ 白建军：《论法律实证分析》，《中国法学》2000 年第 4 期。

析。在调查过程中，尽可能地兼顾实证分析中的三大要素"程序（全过程参与、收集数据方法规范科学）、经验（访谈式问卷调查，理论联系实际）、量化分析（通过制表和 SPSS 工具等定性定量的分析数据）"① 进行数据收集和分析。一方面，解析公众对食品安全公益诉讼绩效评估的认知状况，进而描述食品安全公益诉讼绩效评估制度对公众参与的目标期许、参与意愿和参与方式的影响；另一方面，基于公众对参与绩效评估的认知状况探明公众参与法律规范的设定路径，进而厘清食品安全公益诉讼绩效评估制度的发展完善方向。

二 食品安全公益诉讼绩效评估认知论

对食品安全公益诉讼绩效评估的认知是公众"主观参与能力"② 的表现，是其参与绩效评估活动的前提，决定公众参与的程度与质量。应根据公众对食品安全公益诉讼绩效评估的认知状况，通过调研数据反映公众在绩效评估认知方面所存在的问题，有针对性地加以改善以提升其参与能力。

（一） 公众对食品安全公益诉讼绩效评估的认知现状

1. 对食品安全公益诉讼绩效评估目的的基本认知

尽管各种司法绩效评估的原初目的基本都是"提供理想司法指引，发现司法运行问题，促进司法良性发展"③，但在具体运行中仍出现了司法绩效评估目的异化的问题。调研发现，近 73.54% 的受访者认为食品安全公益诉讼绩效评估的目的是引导与监督食品安全公益诉讼制度良性发展，剩余 26.46% 的受访者则认为食品安全公益诉讼绩效评估是人事调整的依据，该回答直接体现了实践中司法绩效评估目的的异化（见表 1）。

---

① 白建军：《论法律实证分析》，《中国法学》2000 年第 4 期。
② 王彩梅：《试论公民参与能力的提高》，《理论导刊》2006 年第 10 期。
③ 郑飞：《中国司法评估实践的理论反思》，《证据科学》2018 年第 1 期。

表 1　食品安全公益诉讼绩效评估的主要目的（单选）

选项	选择次数	占总比
引导：运用科学的方法、标准和程序，对食品安全公益诉讼在立法、执法、司法等方面带来的影响进行观察、作出评价，表达评价主体意图达到的方向和目标	255	25.27%
监督：运用科学的方法、标准和程序，通过绩效评估的结果，向有关机关或相关组织施加压力，促使其更好地行使权力	487	48.27%
激励：运用科学的方法、标准和程序，将绩效评估的结果作为有关机关和相关组织预算和人事调整的参考依据	267	26.46%

说明：占总比＝选择次数/1009（总有效问卷数）。

2. 对食品安全公益诉讼绩效评估运行问题的基本认知

除了上述提到的评估目的异化问题，司法绩效评估在实际运行中还存在其他突出问题，如评估指标模糊、评估方法科学性不足等。通过调研发现，公众对食品安全公益诉讼绩效评估制度运行中存在的问题有一定的认知，大致可分为两类（见表2）。其一，评估制度科学性不足。28.54%的受访者选择"绩效评估相关指标无法正确反映评估目的"，13.38%的受访者选择"评估方法单一"。其二，评估制度设计缺陷。58.08%的受访者选择食品安全公益诉讼绩效评估制度设计瑕疵，可依评估标准、评估目标、评估主体列出重要性位序。

表 2　食品安全公益诉讼绩效评估制度目前存在的问题（单选）

选项	选择次数	占总比
食品安全公益诉讼绩效评估指标体系较粗糙，绩效评估相关指标无法正确反映评估目的	288	28.54%
食品安全公益诉讼多采用定量化的评估方法，评估方法单一	135	13.38%
食品安全公益诉讼整体发展不完善，绩效评估相关评估标准和评估目标并不明确	362	35.88%
食品安全公益诉讼绩效评估主体多为法院内部机构，评估主体单一	224	22.20%

说明：占总比＝选择次数/1009（总有效问卷数）。

同时，我们还针对公众认为怎样改善目前食品安全公益诉讼绩效评估运行问题进行了调查，发现公众普遍对食品安全公益诉讼绩效评估问题的改善途径有一定认知，大致有两点。其一，增强评估制度科学性。近半数受访者选择"确定客观、简明的评价指标""采用定性化和定量化相结合的评估方法，避免单一的评估方法"，与前述公众普遍认为评估制度科学性不足形成一定程度的交集。其二，完善评估制度设计。超半数受访者分别选择之"出台相关评估标准""确定评估主体"，与前述公众选择评估制度设计缺陷原因形成一定程度的交集。

综上所述，公众对食品安全绩效评估的评估目的、问题成因及改善路径有一定的认知。确立公众参与食品安全公益诉讼绩效评估的目标应基于其对绩效评估目的的认知，并结合其对评估制度科学性不足、设计缺陷原因的认知而予以充分考量。

（二） 改善公众对食品安全公益诉讼绩效评估必要认知的可行途径

改善公众对食品安全公益诉讼绩效评估必要认知的可行性路径指向"平衡公众认知"[1]，应从"加强相关配套制度的建设与完善"[2]、"保障参与者获得必要的信息"[3] 等方面来实现公众的全面性认知。

1. 公众对食品安全公益诉讼绩效评估目的基本认知的改善途径

食品安全公益诉讼绩效评估目的本身模糊不清是导致公众认知存在问题的原因之一。食品安全公益诉讼绩效评估属于司法评估的一种，司法评估即"一定的评估主体，为了实现提高司法质量（ Judicial Quality ）或司法绩效（ Judicial Performance ）等目标，对法官个人或法院等对象，采用指标体系分析等定量或定性的方法，进行评价并实现科学管理的制度"[4]。我国目前实施的案件质量评估制度，就是"按照人民法院的审判工作目

---

① 殷乐、王丹蕊：《公众认知的再平衡："信息疫情"语境下的建设性新闻研究》，《福建师范大学学报》（哲学社会科学版）2020 年第 6 期。

② 漆国生：《公共服务中的公众参与能力探析》，《中国行政管理》2010 年第 3 期。

③ 王青斌：《论公众参与有效性的提高——以城市规划领域为例》，《政法论坛》2012 年第 4 期。

④ 孙晓东：《中国司法评估制度完善研究》，《广东社会科学》2018 年第 6 期。

的、功能、特点，设计若干反映审判公正、效率和效果的评估指标，利用各种司法统计资料，运用多指标综合评价技术，建立案件质量评估的量化模型，计算案件质量综合指数，对法院案件质量进行整体评判与分析"①。从评估目标、标准、对象上来看，案件质量评估制度侧重于对法院的审判效率、案件裁判公正性和社会效果的考察，但在实践中其目的也逐渐异化，落入考察法官个人能力的窠臼。而美国作为较早实行司法评估制度的国家，则将司法评估制度功能定位为改善司法服务。如美国州法院国家中心认为："司法效率评估指标可以使法院及时回应选民、诉讼人、律师、证人、陪审员、公众和拨款当局的不同关注，为法院展示其司法服务的价值提供途径。"② 为防止其目的异化，美国州法院国家中心特别告诫："以刺激法院竞争或监督法院为目的而使用指标的，当属违背指标设立之本意……同样，指标亦不可用于法官个人的评估。"③ 食品安全公益诉讼绩效评估也不应是考核法官个人能力的另一套制度，而应当参考美国等司法评估先行国家的做法，将其目的明确为监督和引导食品安全公益诉讼制度的良性发展。在明确食品安全公益诉讼绩效评估的目的之后，方能通过相应的宣传教育手段改善公众的必要认知。

2. 公众对食品安全公益诉讼绩效评估制度基本认知的改善途径

食品安全公益诉讼绩效评估制度本身存在缺陷是导致公众对其认知不清的原因之一。应根据调研数据显示之评估制度科学性不足、设计缺陷问题，一方面增强评估制度科学性，另一方面完善评估制度设计，并通过相应的宣传教育手段改善公众的基本认知。

其一，增强食品安全公益诉讼绩效评估制度的科学性。首先构建"科学理性、逻辑严谨、结构完整、切实可行"④ 的评估指标体系是增强评估制度科学性的前提。评估指标应当兼顾逻辑性、覆盖面、简约化等方面，

---

① 张军主编《人民法院案件质量评估体系理解与适用》，人民法院出版社，2011，第7页。
② 邓志伟：《主观与客观之间：司法效率评估的选择与优化》，《法律适用》2011年第3期。
③ 施鹏鹏、王晨辰：《论司法质量的优化与评估——兼论中国案件质量评估体系的改革》，《法制与社会发展》2015年第1期。
④ 孙笑侠：《司法职业性与平民性的双重标准——兼论司法改革与司法评估的逻辑起点》，《浙江社会科学》2019年第2期。

确保各评估指标之间存在逻辑关联。观察当下已出现的司法评估指标体系，可以发现大多数评估指标之间缺乏内在逻辑联系，部分指标无法反映评估目的。例如，江西省高级人民法院课题组 2013 年提出的司法公信力评估指标体系，设立"司法裁判公信力客观表现、当事人对司法的信任状况"① 为二级评估指标。其中，司法裁制公信力客观表现指标下设司法公正、效率、效果 3 个三级指标。当事人对司法的信任状况指标下设 9 个三级指标，分别为"司法公正评价、司法透明评价、司法民主评价、司法效率评价、司法效果评价、司法能力评价、司法作风评价、司法环境评价、司法功能评价"②。这些指标之间不仅存在交叉重叠，最大的问题还在于缺乏内部的逻辑关联。在这种评估指标体系下，再精细的问卷和再先进的分析工具得到的结果都会存在偏差。其次，应采用定性和定量结合的多元评估方法。司法评估具有很强的主观性，它既包括专业人士的主观评价，又包括非专业人士的主观评价。若一味放任对司法的主观性评价，难免会导致评估结果偏离司法规律和司法要求。但一味强调客观性，对于所有评估指标均采用定量的评估方法，又将造成评估指标体系的僵化与刻板。因此，一方面应采用定量的评估方法约束专业人士与非专业人士主观评价的"放飞自我"；另一方面应采用定性的评估方法避免评估指标体系"落入窠臼"。

其二，完善食品安全公益诉讼绩效评估标准制度。评估标准反映食品安全公益诉讼的价值理念，是提高食品安全公益诉讼绩效评估可操作性的途径。应根据公众对各项评估标准的认同程度，从司法、立法、执法、社会、公民层面依次设定重要性位序不同的评估标准制度。第一，28.44% 的受访者选择从司法层面进行评估作为第一位序，将食品安全公益诉讼司法监督作用作为绩效评估的主要评估标准。通过法院对食品安全公益诉讼案件的审理和裁判，不仅达到救济当事人的效果，还最终实现对不法行为人或行政机关的监督。第二，20.32% 的受访者选择从立法层面进行评估作为

---

① 江西省高级人民法院课题组：《人民法院司法公信现状的实证研究》，《中国法学》2014 年第 2 期。

② 孙笑侠：《用什么来评估司法——司法评估"法理要素"简论暨问卷调查数据展示》，《中国法律评论》2019 年第 4 期。

第二位序，将食品安全公益诉讼领域相关法律法规完善情况作为绩效评估的制度性评估标准，最终将散见于法律、司法解释及机关内部文件中的食品安全公益诉讼绩效评估立法系统化、清晰化。第三，18.83%的受访者选择的从社会层面进行评估作为第三位序，将食品安全公益诉讼对食品安全社会共治中社会主体参与程度的影响作为绩效评估的次要评估标准。通过保障公民自治组织的参与，最终实现最大化发挥社会主体力量参与食品安全社会共治。第四，17.54%的受访者选择从公民层面进行评估作为第四位序，将食品安全公益诉讼对公民权利意识提升的影响作为绩效评估的辅助性评估标准。通过食品安全公益诉讼对不特定公众个体利益集合之社会公共利益的保护，唤醒公众积极主动地通过提供线索、检举举报的方式参与维权活动。第五，14.87%的受访者选择从执法层面进行评估作为第五位序，将食品安全公益诉讼对监管部门执法情况的影响作为绩效评估的附带性评估标准。通过食品安全行政公益诉讼所针对之行政机关不作为或违法行政行为的问责，最终实现对行政机关主动、依法履职的促进。

三　食品安全公益诉讼绩效评估参与目标论

参与目标依托于"通过制定行政程序法而获得的某种理想结果"①，立足于调研数据显示之公众对食品安全公益诉讼绩效评估问题成因及改善途径的认知，通过"法律制度的保障、执行机制的完善"②、提升公众"客观参与能力"③，以实现公众参与的最终目标。

（一）　公众对食品安全公益诉讼绩效评估参与目标的认知现状

1. 对参与食品安全公益诉讼绩效评估目标的基本感知

公众参与是"人民司法"的必然结果，但通过调研发现目前公众参与食品安全公益诉讼绩效评估活动的效果并不理想。18.14%的受访者表示公

---

① 应松年：《中国行政程序法立法展望》，《中国法学》2010 年第 2 期。
② 郝娟：《提高公众参与能力 推进公众参与城市规划进程》，《城市发展研究》2008 年第 1 期。
③ 王彩梅：《试论公民参与能力的提高》，《理论导刊》2006 年第 10 期。

众参与在绩效评估中所占权重较低，即参与实效性是参与实效性是造成公众参与食品安全公益诉讼绩效评估存在问题的主要原因；其余81.86%的受访者则表示公众参与绩效评估程序制度瑕疵是阻碍公众参与的主要原因（见表3）。

表3 公众参与食品安全公益诉讼绩效评估存在的问题（单选）

选项	选择次数	占总比
公众参与在绩效评估中所占权重较低，公众参与绩效评估的积极性不高	183	18.14%
食品安全公益诉讼整体发展不完善，绩效评估相关评估标准和评估目标并不明确	250	24.78%
公众参与食品安全公益诉讼绩效的参与范围、参与程度和相关保障措施不明确	354	35.08%
食品安全公益诉讼绩效评估相关指标不够简单清晰，公众理解难度较大	222	22.00%

说明：占总比=选择次数/1009（总有效问卷数）。

同时我们还针对公众认为应当如何改善上述问题进行了调查，发现公众对改善其参与效果的路径有一定认知，大致可分为两类。其一，参与实效性完善路径。30.22%的受访者选择"适当提高公众参与在食品安全公益诉讼绩效评估中所占权重，提高公民的参与意识"，此点与前述参与实效性原因形成一定程度的交集。其二，参与程序制度完善路径。69.78%的受访者选择"出台参与保障措施""确定参与权利""确定参与范围""确定参与程度""确定评估指标"，与前述参与程序构建原因形成一定程度的交集。

2. 对参与食品安全公益诉讼绩效评估参与实效的必要认知

针对上述受访者提到的参与实效性问题，我们进一步调查发现公众普遍希望实现"实质型的参与"食品安全公益诉讼绩效评估活动，希冀自己的参与能对政府决策产生一定影响力。但仍有少数受访者对参与食品安全公益诉讼绩效评估活动持消极态度，认为公众的意见和建议能否采纳取决于政府，甚至认为公众参与只是掌权者实现自身目的的工具（见表4）。

表4　公众参与食品安全公益诉讼绩效评估应达到的程度（单选）

选项	选择次数	占总比
实质型的公众参与：政府通过赋予公民参与的权利，使公众能够深入参与到政府的决策过程中，甚至获得极大的影响力	648	64.22%
象征型的公众参与：政府通过告知、咨询的形式使公众能够获得信息、表达意见和提出建议，但是公众的意见和建议能否被采纳仍取决于政府	224	22.20%
非参与型的公众参与：掌权者为了实现自身目的，假借公众参与的名义操作和教育公众	137	13.58%

说明：占总比 = 选择次数/1009（总有效问卷数）。

综上所述，公众对参与食品安全绩效评估问题成因及改善途径具有一定的认知，确立公众参与食品安全公益诉讼绩效评估的目标应结合绩效评估制度构建原因、参与程序制度建构原因和绩效评估制度完善路径、参与程序制度完善路径的认知而予以充分考量。

（二）　食品安全公益诉讼绩效评估参与目标的规范进路

食品安全公益诉讼绩效评估参与目标的规范进路即在于保障公众参与目标法律规范的设定。调研数据显示之公众对参与实效性、参与程序制度构建原因及完善路径的认知应当作为设定公众参与目标法律规范的重要根据。

1. 应将加快参与程序建构与完善作为公众参与的首要目标

其一，应将完善公众参与渠道程序性规定、确定简单清晰的评估指标列为该首要目标的逻辑起点。以相关程序性规定为依托而固化参与渠道的规范设定，最终实现固定的公众参与渠道、参与流程。同时应当确定简单清晰的绩效评估相关指标，并及时向公众公开，确保公众具备参与食品安全公益诉讼绩效评估所必需的认知水平。

其二，应将完善公众参与范围、参与程度列为该首要目标的主要目的，将完善公众参与相关保障措施列为该首要目标的根本保障。以相关立法为依托而明确公众参与范围、参与程度、保障措施的规范设定，最终实现公众参与食品安全公益诉讼绩效评估程序规范由宣示性、原则性向现实性、可操作性的转变。

2. 应将提高参与实效性作为公众参与的辅助性目标

18.14%的受访者选择阻碍公众参与食品安全公益诉讼绩效评估的原因为"公众参与在绩效评估中所占权重较低"，64.22%的受访者希望实现"实质型的公众参与"，则当以实现有效参与为公众参与食品安全公益诉讼绩效评估的辅助性目标。公众参与"对于保障行政机关依法、公正行使职权，防止滥权和腐败，对于维护行政相对人的合法权益，防止侵权和歧视，对于推进公民自治，培育公民社会有着特殊重要的意义"[1]。在注重提高公众参与实效性的过程中，对于公众参与程度也需进行规范。具体到公众参与食品安全公益诉讼绩效评估中，在采用象征型与实质型参与结合的模式为"公众充权"[2] 的同时，也应保障公众参与的质量。

其一，设定公众实质型参与的规范。实质型参与食品安全公益诉讼绩效评估当为公众参与的主体内容。实质型参与强调公众对决策结果产生实质性影响，强调"公众不是被动式的形式参与"[3]。一方面，"社会转型所带来的社会结构变迁、权利时代公众主体意识的觉醒、现代社会对公共生活的'公共性'吁求，这些都从自上而下和自下而上两个方向推动了公众参与的兴起"[4]。另一方面，公众文化素质的不断提高也为公众实质型参与提供了现实要件。对于专业性要求较低、可量化程度高、更加客观的评估内容，规定公众参与会对政府决策产生一定的影响，不仅有利于减少代议

---

① 姜明安：《公众参与与行政法治》，《中国法学》2004 年第 2 期。

② 郭巍青：《公众充权与民主的政策科学：后现代主义的视角》，载白钢、史卫民主编《中国公共政策分析》，中国社会科学出版社，2006，第 283 页。

③ 杨成、张晗：《公共性与实效性：环境监察执法中的公众参与》，《重庆理工大学学报》（社会科学）2020 年第 4 期。

④ 王锡锌：《公众参与：参与式民主的理论想象及制度实践》，《政治与法律》2008 年第 6 期。

制民主下决策的非理性程度，还有助于对公众参与形成正反馈，从而进一步提高公众参与积极性。

其二，设定公众象征型参与的规范。象征型参与食品安全公益诉讼绩效评估当为公众参与的辅助内容。象征型参与即公众"能够获知信息、表达意见与提供建议，甚至拥有一定程度的影响力，但公众意见和建议能否被采纳取决于政府"①。公众参与的不确定性决定其不可能完全来自同一阶层，参与评估的公众受教育水平、对相关法律知识的掌握程度不一。而食品安全公益诉讼绩效评估内容具有广泛性与全面性，故对于那些专业性要求较高、可量化程度低、更加主观的评估内容，应保障公众参与的程序性权利和救济措施，但最终采纳权仍掌握在政府手中。这一方面有利于提高评估活动的效率，另一方面有助于减少公众"望而生畏"的情绪。但象征型参与并不意味着政府可以肆意决定是否采纳公众参与的结果，政府应当就不采纳公众意见和建议作出解释说明。

四　食品安全公益诉讼绩效评估参与事项论

参与事项依托于"公众参与应有领域更加广阔、形式更加多样"② 的时代特点，根据调研数据反映之公众参与事项问题，通过厘清公众参与环节、探索公众参与模式，以设定公众参与的内容规范。

（一）　公众对食品安全公益诉讼绩效评估参与事项的认知现状

1. 对参与绩效评估积极性的基本认知

2011 年 3 月 10 日，最高人民法院正式发布《关于开展案件质量评估工作的指导意见》，决定在全国法院系统内开展案件质量评估工作。2012年《最高人民法院工作报告》再次强调要"深化审判管理改革，加强案件

---

① 张金阁、彭勃：《我国环境领域的公众参与模式——一个整体性分析框架》，《华中科技大学学报》（社会科学版）2018 年第 4 期。
② 方世荣、孙思雨：《论公众参与法治社会建设及其引导》，《行政法学研究》2021 年第 4 期。

质量评查"①，同年公益诉讼制度正式入法，公益诉讼案件被纳入案件质量评估也已有十多年时间。"公众满意度"作为案件质量评估指标之一，但仍有 59.67% 的受访者表示其很少甚至没有参加过相关评估活动，一定程度上反映了案件质量评估制度实施情况并不理想。

2. 对参与绩效评估具体内容的基本认知

根据起诉主体、诉讼程序等的不同，食品安全公益诉讼可分为食品安全民事公益诉讼和食品安全行政公益诉讼，其通过不同路径达成维护公共利益的目标。食品安全民事公益诉讼通过最大化发挥社会主体力量、检察机关兜底，直接起诉违法当事人的方式。食品安全行政公益诉讼则通过向在食品安全领域负有监管责任但作出违法行政行为或不作为的行政主体先发出检察建议后起诉的方式。故对食品安全公益诉讼效果进行评估，绝不仅限于单从司法角度出发。调研发现，多数受访者希望参与评估立法、执法、司法环节，而希望参与评估社会、公民环节的受访者占比较少。31.71% 的受访者认为公众参与绩效评估最主要评估的是执法部门的职能履行情况，这也与前述公众认为食品安全公益诉讼绩效评估主要应侧重于评估食品安全公益诉讼的司法监督效果形成一定程度的交集。在参与评估的具体内容上，公众对于更为直观、可量化的评估内容更感兴趣，而对于较难量化反映的评估内容参与积极性下降（见表5）。

表5　公众在食品安全公益诉讼绩效评估中的最主要评估内容（单选）

选项	选择次数	占总比
评估食品安全及其公益诉讼领域的立法的实效性	215	21.31%
评估食品安全及其公益诉讼的司法环节的正义性	215	21.31%
评估执法部门在食品安全公益诉讼过程中的职能履行情况	320	31.71%
评估社会各界对食品安全公益诉讼领域的关注程度	154	15.26%
评估公民参与食品安全公益诉讼的积极性	105	10.41%

说明：占总比 = 选择次数/1009（总有效问卷数）。

---

① 《最高人民法院工作报告（2012 年）》，中国政府网，http://www.gov.cn/test/2012 - 03/19/content_2094709.htm，最后访问日期：2023 年 5 月 21 日。

综上所述，大多数公众愿意参与食品安全公益诉讼绩效评估，但对参与具体内容的认知相对模糊。设定公众参与食品安全公益诉讼绩效评估的具体内容应结合其参与积极性、参与环节偏好予以充分考量。

（二） 食品安全公益诉讼绩效评估参与事项的规范进路

食品安全公益诉讼绩效评估参与事项的规范进路即在于保障公众参与事项法律规范的设定。调研数据反映之公众参与积极性问题、参与环节问题，应作为设定公众参与事项法律规范的参考依据。

1. 设定保障公众参与积极性的法律规范

其一，应设定充分公开公众参与所需的信息，保障公众参与渠道的畅通，反馈公众参与效果规范，以提高公众参与绩效评估活动的积极性。调研发现，43.21%的受访者认为造成目前公众参与食品安全公益诉讼绩效评估积极性不高的原因分别在于"有关部门宣传不力，不知道如何参与相关评估活动""对参与相关评估的实效存在疑问，觉得参加了也没什么用"，反映了获取参与信息不充分、参与渠道不畅通、对参与效果存在怀疑等问题对于公众参与积极性的抑制。一方面，有关部门应加强政府信息公开，确保公众能够充分、有效地获取参与信息；另一方面，应设定可操作的、有拘束力的参与程序，打破原有公众参与机制仅具有"听取民意或聚合民意"[①] 的功能，反馈公众参与效果，使其意见不再游离于最终决策之外。

其二，应设定保障评估活动专业化、适当兼顾大众化的规范，以提高公众参与绩效评估活动的积极性。调研发现，56.79%的受访者认为造成目前公众参与积极性不高的原因分别在于"社会普遍对有关事宜不够关注，相关评估活动与生活相距较远""个人文化水平限制，不了解什么是食品安全公益诉讼绩效评估"。食品安全公益诉讼绩效评估的对象是具有专业性的司法活动，因此其必然带有专业化的特点。公众参与绩效评估活动因

---

① 陈吉利、叶肖华：《参与、协商和社区——创新社会管理的元制度》，《理论月刊》2011年第 10 期。

其评估主体包括非专业人士，为绩效评估带来了大众化的因素。过于专业化的评估活动难免会导致普通公众"望而却步"，而泛大众化的评估又难以保证评估结果的可靠性。一方面以保障评估活动专业化为原则，如评估指标体系的设立应具有法理上的逻辑性；另一方面应适当兼顾评估活动的大众化，如公开参与信息时，若能以日常用语加以说明，则应避免专业术语的使用。

2. 厘清参与评估的基本环节与补充环节

其一，设定参与评估相关立法完善程度环节。评估食品安全公益诉讼相关立法完善程度属于前述更加直观和较容易量化操作的一种评估事项，可采用由相关专业工作人员统计相关立法的数量及分布、公众进行评估的参与模式。除此之外，公众还可在相关立法征求意见时，直接参与发表意见。参与相关法律法规的制定过程本身就是一种对立法最为直观的监督，还可为公众后续对相关立法完善程度进行评估提供最真实的第一手证据材料。

其二，设定参与评估司法裁判满意程度环节。进行评估食品安全公益诉讼司法裁判效果的满意程度时，可征集符合一定条件的、来自各个行业的不特定公众，志愿性参加问卷调查。据此来了解食品安全公益诉讼案件裁判的社会效果是否达到预期，公众中的不同利益集团对食品安全公益诉讼案件裁判效果是否满意。

其三，设定参与评估执法部门履职程度环节。组织评估的部门专业工作人员应按照一定的时间节点，将被诉行政部门违法或不作为行为、检察机关发出检察建议后其整改情况及截至评估开始前改正程度等逐一列出，由随机产生的公众代表依照其内心预期效果与实际效果之比较进行量化评估。以上三个环节为评估的基本环节。

其四，设定参与评估市民社会成熟程度环节，此为补充环节。食品安全公益诉讼作为维护社会公共利益进而间接维护公众私益的救济方式和促进食品安全社会共治的方式，在一定程度上可以促进市民社会日益成熟。但评估公民社会成熟程度环节过分依赖于主观判断，难以以量化的方式进行，故只是公众参与绩效评估的补充环节。

五　食品安全公益诉讼绩效评估参与方式论

参与方式指向"制度化参与和非制度化参与"①，基于调研数据显示之公众参与绩效评估参与方式存在的问题，通过确立公众参与方式、构建保障公众参与受到阻碍时的救济制度，以设定公众参与的方式规范。

（一）　公众对食品安全公益诉讼绩效评估参与方式的认知现状

1. 对组织化参与方式的基本认知毋庸置疑，公民个体享有参与的权利

但个体分散的参与权利如果得不到组织化，势必会丧失一定的参与能力、参与信息、参与途径而成为"沉默的大多数"。"公共决策和法律实施过程中分散的个体利益，唯有通过组织化的方式，才有可能真正成为利益竞争游戏中'有效的参与者'，并进而对公共行政过程及其结果产生富有意义的影响。"②　组织化方式保障公众"有序参与"③，从而实现参与的"理性化、现代化"④。在组织形态的选择上，多数公众倾向于在既有的公民自治框架和政府监管权威下来实现组织化参与。27.85%受访者选择"希望由食品安全监管部门等政府部门来组织"，19.33%受访者选择"希望由村委会、居委会或小区业主委员会来组织"，29.53%受访者"希望由食品安全相关民间社会组织（如消费者协会）来组织"，8.62%和5.95%受访者分别倾向于由"相关专家学者"和"新闻媒体"组织其参与绩效评估活动（见表6）。

---

①　陈萍、梁仲明：《试论公共决策中公民参与方式的有效实施》，《兰州大学学报》（社会科学版）2007年第6期。

②　王锡锌：《利益组织化、公众参与和个体权利保障》，《东方法学》2008年第4期。

③　秦德君：《中国政治发展与扩大公民政治参与》，《社会科学》2001年第9期。

④　周晨虹：《农村公共治理领域中农民的组织化参与》，《理论导刊》2010年第10期。

表6 是否希望有组织地参加食品安全公益诉讼绩效评估活动（单选）

选项	选择次数	占总比
希望由食品安全监管部门等政府部门来组织	281	27.85%
希望由村委会、居委会或小区业主委员会来组织	195	19.33%
希望由食品安全相关民间社会组织（如消费者协会）来组织	298	29.53%
希望由相关专家学者来组织	87	8.62%
希望由新闻媒体来组织	60	5.95%
不需要，以个人名义参加就好	88	8.72%

说明：占总比＝选择次数/1009（总有效问卷数）。

2. 对个体化参与方式的基本认知

通过调查发现仍有8.72%的受访者倾向于个体化参与，故我们进一步对公众对于个体化参与方式的偏好进行了调查，发现受访者普遍愿意参与规制"食品安全公益诉讼绩效评估中弄虚作假、违法乱纪"行为，仅10.21%的受访者选择"事不关己，不管不问"。在参与方式上，56.29%的受访者选择"投诉或举报"的方式，27.08%的受访者选择在"微信朋友圈""微博"等公共平台或通过新闻媒体曝光的方式，仅有6.44%的受访者选择"亲自制止"的方式。进一步调查受访者不愿投诉或举报的原因发现，受访者普遍知晓"投诉或举报"这一具体参与方式，31.52%的受访者"不知道怎样投诉或举报"。制约公众以"投诉或举报"方式来实现参与的原因，依影响程度不同可分为参与实效、参与便利性、参与情感因素、参与激励、参与保护机制。

（二）食品安全公益诉讼绩效评估参与方式的规范进路

食品安全公益诉讼绩效评估参与方式的规范进路即在于保障公众参与方式的法律规范设定。基于调研数据显示之组织化参与问题、"投诉或举报"与"亲自制止"式的个体化参与问题、既有监管权威问题，以设定公众参与方式规范。

1. 组织化参与应为公众参与的主要方式

91.28%的受访者选择在不同的组织形态下"有组织地参与食品安全

公益诉讼绩效评估活动",则当以组织化参与为公众参与食品安全公益诉讼绩效评估的主要方式。作为既有权威的食品安全监管部门应在公众组织化参与中发挥主导作用,"村委会、居委会、业委会""食品安全相关民间组织"等非政府公民自治组织和"专家学者""新闻媒体"则应发挥协同推动作用。在食品安全专门监管及全链式协同监管体制下,确立作为专门监管部门之市场监督管理局的监管权威,确立作为全链式协同监管部门之农业行政部门、卫生行政部门、质检部门、公安部门在相应环节的辅助监管权威。此外,由专门监管部门来具体主导推动公众参与的相关组织化事宜。一方面,拟定对"食品安全相关民间组织"(如消费者协会)等社会中间层组织的资金来源、日常运营、规范管理等具体扶持措施,并推动完善其相关权利、义务、监督、绩效激励法律规范。另一方面,协调"村委会、居委会、业委会"等既有公民自治组织与"食品安全相关民间组织""专家学者"之间的联动、协同,引导"新闻媒体"报道、监督公众参与事宜,指导"村委会、居委会、业委会""食品安全相关民间组织""专家学者""新闻媒体"依循前述相关法律规范直接组织的公众参与活动。

2. 个体化参与应为公众参与的补充方式

8.72%的受访者选择"以个人名义参加",则当以个人参与为公众参与食品安全公益诉讼绩效评估的补充方式。应以适当物质、精神奖励,鼓励公众如实地采取相对间接但更安全的"投诉或举报"、提"意见"方式来实现个人参与,不鼓励公众采取更为直接但也更危险的"亲自制止"方式来实现个人参与,但对出现的"亲自制止"行为则参照见义勇为相关规定予以奖励。

六 结 语

本文通过线下访谈式问卷调研的方式获取数据,最大限度地保证问卷数据的真实性。同时随机对不同文化程度、不同地区的公众进行访问、调查,确保问卷数据来源的丰富性,最后通过制表和专业工具对 1009 份有效问卷所呈现的数据进行分析。虽因问卷部分问题设计专业性过强可能导致部分数据失真，但样本数据总量较大且受访者大多文化程度较高，故对有效问卷数据进行分析应能反映实际情况。

我国当前食品安全公益诉讼绩效评估制度自身体系构建及公众参与规范设定较为模糊和抽象，不足以充分保障公众实现实质型参与。就其自身体系构建而言，评估目的异化、评估制度科学性不足、存在设计缺陷导致公众认知相对模糊。就公众参与规范设定而言，参与目标设定模糊导致公众参与流于表面，参与事项模糊导致公众参与反响平平，参与方式设定模糊导致公众参与有心无力。

故应将完善绩效评估体系自身及明确公众参与规范设定为逻辑起点，以加强制度相关宣传教育为手段途径，进而增强公众参与食品安全公益诉讼绩效评估实效性。首先，细化绩效评估制度本身。应明确食品安全公益诉讼绩效评估功能定位、完善绩效评估评估标准制度，增强制度本身的科学性。其次，发展完善公众参与规范。应将加快参与程序建构与完善作为公众参与制度性目标，以提高公众参与实效性为辅助性目标，明确公众参与目标规范设定，进而保障公众参与。通过厘清公众参与的基本环节与补充环节，提高公众参与积极性。最后，通过建立组织化和个体化参与的混合参与方式，实现公众参与渠道的明晰化。

（审校：董欣雨）

行政裁判文书说服功能的实现进路

——以优化行政裁判文书说理为切入点

张　龑　寇建东*

摘要：行政审判的职能作用体现在法官裁判的整个过程及所作出的最终决断，但人民群众对司法裁判的最直接感受仍然来自裁判文书。实现行政裁判文书的说服功能，正是通过裁判文书向社会公众传递法律规范要求和社会主流价值，促进法律规则意识养成，提升对行政审判工作的认同度。而行政裁判文书的说服功能实现，需以充分说理为基础，更具有"以面向当事人为主兼及面向社会"的特定指向。但实践中，行政法官尚未能完全摆脱"法律人本位"的桎梏，习惯严格采用规则演绎的说理模式，表达严肃呆板、语言相对抽象，当事人"看而不懂""懂而不信"等状况频发，给服判息诉工作带来了较大困阻。由此，本文以习近平法治思想为引领，在检视现状、廓清问题的基础上，总结借鉴全国法院优秀行政裁判文书所蕴含的说服"智慧"，探寻以更优质说理促进实现行政裁判文书说服功能的具体路径，以期寻求说理与说服之统和，进一步让人民群众切实感受到公平正义就在身边。

关键词：习近平法治思想；行政裁判文书；说理；说服功能

党的二十大报告指出："深化司法体制综合配套改革，全面准确落实司法责任制，加快建设公正高效权威的社会主义司法制度，努力让人民群众在每一个司法案件中感受到公平正义。"公平正义是司法的灵魂和生命，对于人民法院来说，如何让人民群众切实感受到公平正义就在身边，是值得深入研究的课题。在行政司法领域，行政审判作为以说服当事人和社会公众来解决行政纠纷的活动，在推进法治进程、保障公民基本权利、维护和监督行政机关依法行使职权等方面发挥了重要作用。但不可否认的是，

---

* 张龑，东南大学法学院博士研究生，江苏省高级人民法院研究室司改调研组组长、四级高级法官；寇建东，江苏省盐城市中级人民法院研究室副主任。

在社会转型升级、经济快速发展的背景之下，行政审判又面临巨大的挑战，特别是在实质化解行政争议、促进社会规则意识养成、提升大众对行政审判工作的认同度等方面有着较大压力。

加快建设社会主义法治国家，要坚持以人民为中心，发挥好法律的规范和指引作用。行政审判的职能作用体现在法官裁判的整个过程及所作出的最终决断，但人民群众对司法裁判的最直接感受仍然来自裁判文书。实现行政裁判文书的说服功能，正是通过裁判文书向社会公众传递法律规范要求和社会主流价值。同时，"正义不只是最终结果的正确性，也要基于正确的理由得出该结果"[①]，说理作为行政裁判文书说服功能的最直观表现，考验着裁判者的技艺，关乎着说服效果的好坏。一直以来，行政法官制作裁判文书习惯严格采用规则演绎的说理模式，表达严肃呆板、语言相对抽象，当事人"看而不懂""懂而不信"等状况频发，给服判息诉工作带来了较大困阻。因此，亟须通过深入学习贯彻习近平法治思想，从优化说理的角度，廓清问题、探索路径，以期修正行政裁判文书说服功能实现之偏差，寻求说理与说服之统和。

一 检视：实现行政裁判文书说服功能的说理困境

说理不到位的裁判文书，不仅无法说服诉讼双方，更可能激化矛盾、引发负面舆情。而当前对行政裁判文书说理的聚焦缺位、认知偏差，一定程度上影响了说服功能的实现。

（一）对行政裁判文书说理与说服功能的研究式微

行政诉讼具有特殊性，行政相对人与行政机关的"对抗"，增加了行政裁判被认可的难度；且在推动"模范政府"建设与维护社会稳定的更高期许下，行政裁判评价行政行为必应更为公正、客观。因此，针对行政裁

---

① 〔德〕英格博格·普珀：《法学思维小学堂》，蔡圣伟译，北京大学出版社，2011，第124页。

判文书的说服功能，需要形成专门的讨论体系，从深层次、充分性说理中找寻可行路径。但事实而言，相较民事、刑事裁判文书，行政裁判文书说理与说服功能并未实质进入研讨的核心视野，研究式微的现象十分明显。[①] 究其原因，首先，传统思维模式下，误认为行政案件数量不多，行政法官有更多精力投入文书写作，说理不应存在问题。其次，行政诉讼与民事诉讼立法指向部分一致，在行政诉讼规范无明文规定时，可参照民事诉讼规定"行事"，是否有必要专门研究行政裁判文书说理见解不一。[②] 最后，行政裁判所涉内容更为敏感，受多说易错、不说不错等不良思想影响，部分行政法官不愿、不敢说理。而实际情况是，行政裁判文书的说理质量并非理想化地得到了提高，行政裁判文书说服功能的特别需求与"不说理"带来困扰的尴尬境，并未有较好的破解方案。

（二） 说理未以实现说服功能为目标

只有"法院意识到自己在做什么时，才能尽其所能地将事情做得最好"[③]。行政审判通过实现行政裁判文书说服功能积极参与社会治理，主动承担起引导、规范、教育等社会责任，引导人民群众尊法、守法、用法，正是回应人民群众对司法关切的有力体现。而目标赋予行动理由并决定方向，通过说理实现说服功能的目标尚未明确，导致了说服效果的大打折扣。一方面，裁判文书说理的重要目的在于增强裁判的可接受性，既要说服自己，又要取信他人，更好克制恣意和专擅。[④] 但该衡量标准过于主观，不易操作。且不同于判例法国家的行政裁判文书主要是给同行看，我国行

[①] 在知网以"行政裁判"分别与"说理""说服"为题名关键词搜索，专门论述行政裁判文书说理或说服功能的文章仅有 5 篇。

[②] 如有学者认为，如果行政裁判文书说理功能与刑民裁判文书基本一致，那么对刑民裁判文书说理的研究实际上已经包含行政裁判文书说理，其也就没有独立研究的意义。参见孙海龙《"充分说理"如何得以实现——以行政裁判文书说理为考察对象》，《法律适用》2018 年第 21 期。

[③] 〔美〕卡多佐：《法律的成长——法律科学的悖论》，董炯、彭冰译，中国法制出版社，2002，第 60 页。

[④] 王泽鉴：《法理思维与民法实例：请求权基础理论体系》，中国政法大学出版社，2001，第 301 页。

政裁判文书的价值仍在于社会。① 行政裁判文书说理如不考虑受众的多样性，就易造成说服方向的偏差。另一方面，行政法官对行政裁判文书说服功能的"漠不关心"，对后裁判效应的不够重视，导致了说理的侧重点并非在于说服，而在于结案。如由对江苏省城市中级人民法院及辖区基层人民法院（以下简称盐城法院）办理行政案件的 17 名员额法官、15 名法官助理的问卷调查显示，在说理方向上，更关注"阐述依据，确证结论"的占比 71.86%，对获得当事人认同、强化文书价值方面关注较少；在说理用语上，不经常使用说理的占比 78.12%，侧面说明未能注重说理与对象的契合性；在说理方法上，多不提及分歧意见的占比 84.37%，这易引发说理不清或"谁有权、谁有理"的诟病（见表1）。

表1　关于行政裁判文书说理意愿的调查统计

问题	选项（单选）	人数/比例
您在说理时，最关注哪个方面	阐述依据，确证结论	23/71.86%
	获得行政相对人认同，促使息诉罢访	6/18.76%
	获得行政机关认同，促进依法行政	3/9.38%
	形成示范，避免舆情，作为后案参考	0
您是否经常使用社会性语言说理	不经常使用	25/78.12%
	经常使用	7//21.88%
您在说理时，是否会列明办案人员的分歧意见	多数情况下列明	5/15.63%
	极少数情况下列明	27/84.37%

（三）　抽象化说理难以提升说服力

裁判文书作为人民法院审判工作接受社会公众检验的具体成果，也应当如此，必须让当事人乃至社会大众看得懂、愿意听、听得进。作为典型的制定法国家，我国行政法官的裁判思维呈现"从规范出发"的特性②，

---

① 凌斌：《法官如何说理：中国经验与普遍原理》，《中国法学》2015 年第 5 期。
② 王聪：《我国司法判决说理修辞风格的塑造及其限度——基于相关裁判文书的经验分析》，《法制与社会发展》2019 年第 3 期。

习惯采用规则演绎的说理模式。虽然在逻辑上并无问题，但受自利理性与行为惰性的影响，繁重办案压力下，行政法官自然更乐意采用更简单的方式说理。由此，偏于形式主义的法律涵摄就成为说理存在的普遍性问题。这种抽象化的说理，偏离了"司法判决的任务是解释说明，说服整个社会，使公众满意"的要求①，以致说理有时简单粗暴、晦涩难懂，难以获得社会公众的认同。为了更好地研究实证，从盐城法院 2021 年所审结的1851 件行政诉讼案件的裁判文书中，等距抽样得到 93 份文书样本。② 由对样本分析，说理表述主要分为三种样态。

1. 倾向于格式化，多采用"规范 + 事实 + 结论"的架构

为规范文书制作，最高人民法院明确了行政诉讼文书样式，旨在强调文书的论理性和可读性，确保要素完整。③ 样本文书基本都能做到要素完整，且同类型文书的格式较为统一。但在本院认为部分，说理构成略有不同。其中，严格采用"规范 + 事实 + 结论"架构说理的文书 56 份，同时解析规定或使用原理的文书 29 份，引入情理的文书仅 8 份。

2. 用语专业性较强，惯用专业术语说理

说服的前提在于接受，接受的基础在于看懂。实践中，行政法官在说理时，未把受众感知作为出发点。惯用专业术语说理，也是造成行政裁判文书说服功能难以实现的重要因素。如李某诉某区政府五星街道办事处履行法定职责案，判决书在表明行政协议具有行政法与合同法属性后，未作进一步具体说明，直接认定事实、得出结论。④ 整体来看，仅有 17 份文书对部分不易理解的专业术语作了说明。

3. 表述过于随意，意思表达不够完整

行政法官在说理过程中，是以"自我为中心"，还是以"受众为中

① 宋冰编《程序、正义与现代化——外国法学家在华演讲录》，中国政法大学出版社，1998，第 306～307 页。
② 从盐城法院 2021 年审结的 1851 件行政诉讼案件的最终裁判文书中，每 20 篇裁判文书选取 1 篇作为样本，共获得裁判文书 93 篇。
③ 最高人民法院行政审判庭编《行政诉讼文书样式（试行）》，人民法院出版社，2015，第 1 页。
④ 详见（2020）苏 0903 行初 341 号行政判决书。

心"，决定了说理的姿态与方法。由样本统计，多数行政法官以"自我为中心"的说理倾向较为明显。如49份文书的表述风格较显强硬，语气明显严厉；17份文书在说理时，仅列明了观点，未论述依据和来源；15份文书说理的逻辑层次不分明，对多个争议焦点的论理在一个段落；12份一审文书因说理不够恰当或是裁判理由错误，被发回、改判或纠正（见图1）。

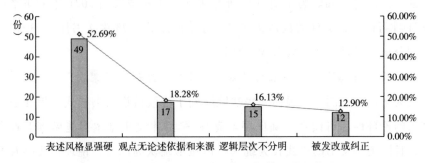

图1　样本文书中以"自我为中心"说理的具体展示

（四）　论证不全面导致说理不充分

裁判的精髓在于论证，具有说服力的说理主要还应依靠理性的论证。而由样本，论证不全面导致说理不充分的现象依然存在。具体表现为几点。一是论证不完整，对争议未能有效回应。主要为归纳的争议焦点不准确，如被发改的22件案件中，有7份一审裁判文书对当事人的质疑事由未予论证。二是局限于合法性论证，合理性论证缺失。有73份文书仅论证了行政行为的合法性，未对行政行为是否合理着墨说明。论证行政行为合理性的文书，也仅是从有利于公益、符合客观实际等角度简单阐述。三是说理"就事论事"，诉争解决方向不明。此种情况多见于认定被告主体不适格的案件，仅说理被告主体不适格，而未告知适格的主体。如戴某诉某区政府行政答复案，法院认为区政府并非适格被告，但未明确何行政机关为适格被告。① 四是论证逻辑不当，表述前后矛盾。此类文书实质上并非矛盾裁判，只是因为论证逻辑问题，易造成误解。如某县住建局行政赔偿案中，

---

① 详见（2021）苏09行初60号行政判决书。

先表述"住建局拆除行为违法，应赔偿由此给吴某造成的直接经济损失"，后表述"吴某房屋属于违建房，不应赔偿其诉求损失"①，如果调换论证顺序，并说明吴某诉求损失非直接经济损失，对说理的认同度可能更强。

二　借鉴：优秀行政裁判文书中的说服"智慧"

习近平总书记要求，"必须把党的历史学习好、总结好，把党的成功经验传承好、发扬好"②。同样地，"法律的生命不在于逻辑，而在于经验"③。先进的经验需要借鉴，优秀行政裁判文书理应成为示范。2019 年以来，最高人民法院已评选出四届全国法院"百篇优秀裁判文书"，其中，优秀行政裁判文书 56 份（不含赔偿类文书）。本文以该 56 份优秀文书为参照，总结梳理了其说理所蕴含的说服"智慧"。

（一）　说理的结构形式——要素完整且格式多样

行政诉讼案件的最终裁判文书主要包括七大要素：当事人信息、诉讼事由及程序、被诉行政行为、所持论点及证据、案件事实、裁判理由、裁判结果。④ 由对优秀文书的要素统计，每个文书的要素都较为齐全，只在论述内容上存在简与繁之分。同时，同一类型的文书所采用的格式也不尽相同，如请求撤销、变更行政行为类的 27 份文书中，格式有变化的 11 份；请求履行法定职责类的 12 份文书中，格式有变化的 3 份；请求确认违法或无效类的 13 份文书中，格式有变化的 5 份；变化内容多在原审情况表述、事实查明与裁判理由部分，表明优秀文书在保证要素齐全的情况下，能够不拘泥于固定格式，使得裁判的逻辑过程更为明晰（见表 2）。

---

① 详见（2021）苏 0925 行赔初 1 号行政判决书。
② 详见习近平总书记 2021 年 2 月 20 日在党史学习教育动员大会上的讲话。
③ 〔美〕小奥利弗·温德尔·霍姆斯：《普通法》，冉昊、姚中秋译，中国政法大学出版社，2006，第 1 页。
④ 最高人民法院行政审判庭编《行政诉讼文书样式（试行）》，人民法院出版社，2015，第 1~51 页。

表 2　关于优秀行政裁判文书要素与格式情况的统计

文书类型（数量）	对比样式要素	对比样式格式（数量）	变化主要内容
请求撤销、变更行政行为类（27 份）	要素齐全	基本一致（16 份）	/
		有变化（11 份）	加入庭前会议、庭审情况等内容，论述争议焦点由来
请求履行法定职责类（12 份）	要素齐全	基本一致（9 份）	/
		有变化（3 份）	争议焦点前明确行政机关法定职责
请求确认违法或无效类（13 份）	要素齐全	基本一致（8 份）	/
		有变化（5 份）	先表述裁判观点，再分析理由
请求给付类（4 份）	要素齐全	基本一致（4 份）	/

我国作为成文法国家，须严格限制法官造法，但绝不等同于行政裁判文书必须严格遵循既有格式。毕竟行政法官制作的裁判文书是尽显其才能、展现其推理和思考、接受社会公众检验的具体成果，赋予行政法官适当改变文书格式的权力，更有助于增强说理的针对性、说服力。优秀文书对此的具体体现，与《行政诉讼文书样式（试行）》中关于"文书样式仅提供规范指引，并不要求千篇一律和千人一面"[1]的表述相符，也为说理的形式完善提供了续造空间。

（二）　说理的实质内涵——论证充分且释法明理

"判决须附理由，有结论而无理由，只是一种主张或论断，未经证明，不具说服力。"[2] 是以，说理必须确保实质判断来源于裁判理由，而裁判理由应高于实质判断。在优秀文书的说理中，最引人关注的仍是论证和释法明理的充分得当。具体而言，优秀文书的论证相对全面。56 份文书都论证了行政行为的合法性与合理性，46 份文书归纳了争议焦点，11 份文书列

---

[1]　最高人民法院行政审判庭编《行政诉讼文书样式（试行）》，人民法院出版社，2015，第1 页。

[2]　王泽鉴：《法律思维与民法实例》，中国政法大学出版社，2001，第 301 页。

述了争议焦点的由来。同时，说理层次较为分明。在形式上，53 份文书对当事人争议采取了分段说理；在顺序上，基本按照法律规范位阶由高到低、争议由强到弱的顺序说理。另外，释法明理更加凸显。19 份文书运用了 3 种以上法律解释方法说理（见表 3），11 份文书在说理中引入了善良风俗、社会主义核心价值观等内容。

表 3 优秀行政裁判文书运用 3 种以上法律解释方法说理情况对照

法律解释方法	案号
文义解释、体系解释、比较解释、目的解释	（2016）最高法行再 81 号、（2016）京行终 5336 号、（2016）湘行再 15 号、（2017）苏行终 610 号、（2017）甘行终 213 号
文义解释、体系解释、比较解释	（2017）浙 09 行终 24 号、（2017）鄂 0502 行初 1 号、（2017）陕 0827 行初 3 号、（2017）苏 1302 行初 348 号、（2018）粤 71 行终 309 号、（2018）京 0102 行初 262 号、（2020）京行终 618 号
文义解释、法意解释、目的解释	（2017）青行终 54 号、（2017）陕行终 118 号、（2018）浙行终 539 号、（2018）最高法行再 128 号、（2019）京 0108 行初 1045 号、（2020）琼行终 194 号、（2020）渝行再 1 号

行政诉讼案件法官通过充分论证，以冷静、慎重的姿态对待案件，准确、客观地认证证据，细致、全面地认定事实，合法、合理地作出决断，既让法官的权力受到监督，又能保证裁判公正。通过释法明理，以说服、止争的目标引导公众，平等对待诉讼双方、不偏不倚阐述理由，结合情理法评价行政行为、理顺法律关系，既增强了裁判的可接受性，又发挥了防范纠纷的作用。因此，理解行政裁判文书说理的实质内涵，做到论证充分与释法明理，是实现公平正义、促进案结事了的关键之举。

（三）　说理的具体表述——严谨规范且富有情感

习近平总书记强调，要"讲人民群众听得懂、听得进的话语，让党的创新理论'飞入寻常百姓家'"①。同样地，说理是一种语言文字活动，需

---

① 习近平总书记 2020 年 1 月 19 日在云南腾冲和顺古镇艾思奇纪念馆考察时讲话。

要在专业术语与日常用语之间建立沟通的桥梁。由于行政裁判文书的说理对象特殊、说服难度较大，这就要求行政法官的说理既要带有理性，也要融入感性，语言风格更突出准确、客观、平实等特点。综观优秀文书，其说理更易于让受众产生共鸣，诸多做法值得学习。一是用语严谨规范。说理的本质在于依从实际、不产生歧义，优秀文书在用语上也更为考究。如夏某诉威海市人民政府行政复议再审案，再审法院在说理时，对原审文书全面审查原则适用的歧义表述作了纠正，在用语上更为规范、细致。① 根据最高人民法院《关于加强和规范裁判文书释法说理的指导意见》（以下简称《加强文书释法说理意见》）第 12 条规定，引用法律规范应准确、完整写明规范名称、条款。二是说理简明扼要。优秀文书的语言更为简洁通俗易懂，对于专业术语会加以解释，用语更贴近生活。如被确定为指导性案例的张某等诉四川简阳市政府侵犯客运人力三轮车经营权案的裁判文书②，用精悍、"接地气"的语言论证了行政行为的合法性、合理性，充分彰显了所具有的指导价值。三是善于运用修辞。运用修辞手法能够增加说理"美"的效果，让行政裁判语境更丰富。在优秀文书中，有 13 份文书使用了"撤销涉案行政决定更为妥当与适宜""退一步说""对此，可以这样看""第一守门人"等词句③，让裁判更显温度。四是展现司法坦诚。优秀文书的说理语气更为缓和，在说理过程中往往附带商谈的口吻，也会对不同的观点论辩，增强了裁判的公信力和说服力。如鲍某、郑某与海安市民政局行政登记案，文书从法理、事理、情理三个维度分别论辩了是否合法收养的争议，表述情真意切、代入感更强④；样本文书中，有 37 份文书阐述了与裁判结论不同的观点，并予以辩证解析。

"法律存在于语言之中，隐藏在语言之后。"⑤融入真情实感的裁判，更易增强说服的效果。优秀文书能够注重用语边界、避免拖沓冗长，以严

① 详见（2018）最高法行再 128 号行政裁定书。
② 详见（2016）最高法行再 81 号行政判决书。
③ 详见（2018）浙行终 539 号、（2018）粤 71 行终 309 号、（2016）陕行终 521 号（2016）京行终 5336 号裁判文书。
④ 详见（2020）苏 06 行终 171 号行政判决书。
⑤ 陈兴良：《法律在别处》，《法制资讯》2008 年第 3 期。

谨规范、简洁通俗的表述避免徒增话语纷争；能够强调受众需求、突出说服目的，以润色修饰、展现坦诚的语句促进明理增信。因此，对于行政裁判文书的说理，不能仅视作为裁判文稿，更应把其当作技艺作品去推敲揣摩。

三 归位：说理与说服相统一的逻辑遵循

深入学习贯彻习近平法治思想，要努力让人民群众在每一个司法案件中感受到公平正义。[①] 说理是主客体之间交流互动的行为，在论证结论、澄清争点、解释法律等方面具有不可忽视的价值。但如何保证说理准确得当？必须有适合的方向指引，做到实践与目标的逻辑相统一。

（一） 强调目的性，把说服功能作为标尺

行政裁判文书说理的刚性要求系与结论保持一致，体现法官的思维构造。实践中，因采信证据通常需要运用经验，事实认定也只能更加接近真实，加之对法律内涵理解的差异，就给了说理更多的延展空间，也需要对应形成标尺，用以衡量说理的强弱。具体而言，应从内容、形式、功能三方面予以考量。

1. 内容："说的丰富"存在不确定性

"说的多并非说的对"这一真命题众所周知，但应明确的是，案件繁简分流背景下，探讨简单行政案件说理并非"多此一举"，不管行政裁判文书的形式如何变化，其目标定位不会改变，都需要通过说服来息诉止争。同样地，如果能用简洁语言说理到位，更能凸显行政法官的能力和水平，做到简化说理与实现说服功能双赢。

2. 形式："演绎"形式有时不适用

行政裁判文书说理的实质在于法律论证。虽然遵循形式的规则演绎，

---

① 周强：《深入学习贯彻习近平法治思想　奋力推动新时代人民法院工作高质量发展》，《法律适用》2021 年第 4 期。

能够体现一定的逻辑性、条理性，但并非任何时候都可适用，"对涉及法律阴影地带的案件，规则适用就不再是一个演绎的过程"①。由此，规则演绎亦存在不确定性，则以充满"变数"的演绎形式衡量行政裁判文书的说理是否充分明显不具可行性。

3. 功能："功能期待"更具客观性

在内容、形式均无法作为说理的标尺时，只能将视角转向于功能。事实上，行政裁判文书说理所预期实现的功能越宏大，促使法官说理就越充分，两者之间是一种正相关关系。因此，比较优秀文书与普通文书，在案情趋同时，两者所追求实现的功能不同，说理的充分程度也必然不同。可见，将功能作为说理充分的标尺更具客观性，以实现说服功能为目标的行政裁判文书，自然应更强调说服式的说理。

（二） 突出规范性，从四个维度强化说理

行政裁判文书的说理应当突出规范性，防止过于随意、毫无章序。对此，汲取优秀行政裁判文书的说理经验，一方面要保证要素的完整性；另一方面，在不偏离规范性要求的前提下，可以在格式上适当创新；这是外在形式规范的具体内涵。但就内容规范方面，最高人民法院在《加强文书释法说理意见》第2条明确，裁判文书说理应当突出事理、法理、情理、文理四个维度，分别指涉事实认定、法律适用、常情常理、语言表达四个方面。对于行政裁判，亦应在四个维度内规范说理。

1. 强化事理考究，强调证据运用

事实来源于证据的累积，行政诉讼的事实证明一般以排除合理怀疑为标准。② 由此，说理应通过辨析证据的关联性、证据能力及证明力，综合证据全貌完成事实认定。当然，客观证据可以增强对认定事实的说服力，但也离不开法官的感知与判断，在说理过程中常会运用经验法则。经验法则作为基于日常生活经验的一般性法则，在说理时，应以其明晰证据、事

---

① 〔英〕哈特：《实证主义和法律与道德的分离（下）》，翟小波译，《环球法律评论》2001年第4期。

② 马怀德主编《行政诉讼原理》（第二版），法律出版社，2009，第287~288页。

实之间的因果律，以促使事实认定更贴近实际。

2. 遵从法理逻辑，不逾法律底线

法理是自法律精神演绎而得之法律一般的原则①，是判断行政行为合法性、合理性的基础依据，也是增强行政裁判可接受性的正当化理据。所以说，运用法理说理必然成为提升行政裁判品质的捷径，也应作为理性司法必须坚守的底线。在行政裁判中，应将运用法理说理作为提升说服力的最根本方式，既要强调对行政行为合法性、合理性的评断，还应加强对行政行为所依据规范性文件的审查，确保说理不过度解释法律、不超过立法本意，真正符合司法逻辑。

3. 彰显情理价值，突出正向引导

习近平总书记指出："发挥好法律的规范作用，必须以法治体现道德理念、强化法律对道德建设的促进作用。"② 受我国传统文化影响，行政裁判需要引入善良风俗，融入社会主义核心价值观，以契合社会公众的感受与认知，展示行政法官的价值"法感"与行为"远见"。因此，运用正确的情理说理，有助于对办案行为及时纠偏，确保裁判结果趋于合理。具体而言，运用情理说理，应遵循公平公正、日常经验、不违背公序良俗等的指引，促使行政裁判更符合价值规范要求；也应从维护法律安定、实现法律目的、满足公共利益等方面明理，让裁判为社会公众所接受。

4. 注重文理作用，有效答疑解惑

判决的艺术来源于修辞，行政裁判文书的判决风格需要通过运用文理说理来呈现。如以修辞技巧将晦涩难懂的专业术语转化为易于理解的语言，更能促使说理得到认同。由此，行政裁判文书的说理应通过法律修辞，充分表现出司法坦诚与真挚情感；法官也应站在受众的角度去思考如何有效地答疑解惑，以何种说理形式更有助于实现行政裁判文书的说服功能。

（三）注重适合性，厘清关系把握好限度

对行政裁判文书的充分说理，并不仅是法官以结果为导向，任意表达

---

① 杨仁寿：《法学方法论》（第二版），中国政法大学出版社，2013，第 192 页。

② 习近平：《加快建设社会主义法治国家》，《求是》2015 年第 1 期。

和发挥的说服过程。在说理过程中，应存有规则理性，避免因说理带来负面影响，通过厘清说服功能与其他功能、说理与受众、论证说理与法律修辞的关系，做到稳妥适当说理。

1. 厘清说服功能与其他功能之间的关系

结合我国司法制度与行政诉讼的固有特点，行政裁判文书并不只有说服功能，还包括了宣示、公开、预测、监督等功能①，各功能之间相互作用、相辅相成。因此，在完善行政裁判文书说理时，也应统筹考虑实现说服功能与其他功能的关系，注重区别于其他诉讼法规范监督功能的特殊性，通过对不合法或是不合理行政行为的说理到位，促进监督功能与说服功能的同步实现。

2. 厘清说理与受众之间的关系

对行政裁判正义的评判很大程度上取决于受众感知，成功的说理必然是适应受众的说理，则实现行政裁判文书的说服功能必须重视说理与受众之间的关系。具体到案件，承办法官渴求裁判正确、获得认同，他案法官期望能够有所参照、获取思路，行政相对人期许从中看到被公正对待、得到公正裁判，行政机关希望以此维护其权威、弥补行为缺陷，社会公众期待得到正确引导、促进执法规范，上级法院则希冀提升司法公信、统一裁判尺度。因此，通过说理实现行政裁判文书的说服功能，不可避免地要根据受众来审视说理的程度与方向，进而提升说理的针对性与实效性。

3. 厘清论证说理与法律修辞的关系

行政审判的专业性较强，涉及的领域较广、规范繁多，在论证说理过程中会经常性用到专业术语。对此，优秀文书作了较好的示范，可以通过解释说明，让其更易理解。事实上，行政裁判的精髓仍在于论证，适当的修辞与优美的表达固然提倡，但其作用在于锦上添花。当事人作为裁判的最重要受众，其更看重事实与结果的论证过程。因此，论证说理必须置于法律修辞之前，在保证"信"的基础上形成"美"的裁判。

---

① 李广宇：《行政裁判文书的功能》，《人民司法》2006 年第 8 期。

四 进路：以优化说理实现行政裁判文书的说服功能

借鉴优秀文书的说服"智慧"，深入践行习近平法治思想的行政裁判文书说理，需要强调说理与说服的统一性，紧盯有利于实现行政裁判文书说服功能之目标，以行政法官的理念转变为首要，以完善论证式说理为核心，以融入法律修辞为辅助，以加强问询与激励为保障。

（一）理念：由"法律人本位"向"社会人本位"转变

即使行政裁判文书说理机制臻至完善，如果得不到行政法官的认同，也等于空谈。因此，优化行政裁判文书说理的首要任务，是帮助行政法官找到适合的理念指引，促使其用正确的思维和方法去说理。当前，存在裁判文书说理应秉持"法律人本位"、"当事人本位"或是"社会人本位"理念的争论。[①] 但依从我国特有的司法制度，"司法为民"是人民法院工作的主线之一，这也是区别于其他国家法院工作的最显著特征。以此作为出发点，行政裁判文书说理就应"以面向当事人为主兼及面向社会"[②]。故而，"法律人本位"的理念不可取；"当事人本位"理念虽然能够契合这一精神，但在范围上较显狭窄，与行政裁判文书的说服对象不相符，故应遵从"社会人本位"理念。当然，行政法官的理念转变并非一蹴而就，需要长时间的引导与督促。为便于操作，可以初步明确符合"社会人本位"理念的说理指向。

1. 区分繁简，适当有度

案件繁简分流改革背景下，行政裁判文书说理也需顺应趋势，区分重大、疑难行政案件和简单行政案件。对于前者裁判文书的说理，则应尽可能做到详尽、理性、实质。对于后者裁判文书的说理，应兼顾提高效率与有效说服，围绕主要争议焦点简明说理。应注意的是，在简化说理时，既要防止受到形式主义影响，避免语焉不详，又要摆脱极简主义错误思想的

---

① 杨帆：《司法裁判说理援引法律学说的功能主义反思》，《法制与社会发展》2021 年第 2 期。

② 方乐：《司法说理的市场结构与模式选择——从判决书的写作切入》，《法学》2020 年第 3 期。

误导，不可产生歧义。

2. 收集信息，形成预判

通俗来讲，行政裁判文书说理如同与社会公众进行一场辩论，要深知彼道。因此，说理前应当做好"功课"，注重收集三种信息，并形成预判。一是当事人信息，包括原告的对抗程度、信访、诉讼次数等情况，被告处理纠纷的态度、败诉可能带来的后果等情况。对于对抗强烈、易于信访和诉讼的原告，以及态度骄横且败诉附带后果可能较为严重的被告，应针对其主张制定说理方案，抓住重点、细致说理，尽力做到说服。二是社会关注及舆情易发点。不可否认，社会关注与负面舆情一直是阻滞行政法官充分说理的重要因素。对此，与其裁判之后再行应对，不如提前谋划，在说理之前获取社会公众对案件的关注点，找出舆情的易发点，以严谨、规范、谦和的姿态说理，努力形成正向引导。三是裁判的参考价值。每篇裁判文书都应是法官倾尽全力的"杰作"，法官们也期望自己的文书能够为后案裁判带来参考价值。因此，如果将目标定位为优秀文书、指导性案例等，行政法官说理的积极性、充分性会更强。

3. 类案检索，取长补短

在行政诉讼领域，典型案件的裁判文书具有示范效应，非典型案件的裁判文书也对类似案件具有重要的参考价值。因此，在"类案同判"要求下，以前案裁判文书说理作为基础，行政法官的思虑能够更加周全，裁判尺度也更为统一。具体而言，应将类推作为优化说理的重要手段，通过类案检索找出同类型裁判文书，分析相似的裁判要点，吸收前案之优点，弥补前案之不足，让说理更为精进。

（二）核心：引入行政原理强化论证说理

习近平总书记强调："完善司法制度、深化司法体制改革，要遵循司法活动的客观规律，体现权责统一、权力制约、公开公正、尊重程序的要求。"① 法

---

① 习近平：《论坚持全面依法治国》，中央文献出版社，2020，第148页。

律原则具备道德妥当感与制度化双重属性①，仅依从成文法规范论证行政行为合法性，会导致说理僵硬、尖锐。而引入行政法原理能起到柔和功效，增强合法性认定的法理效果。就行政行为合理性的评价，行政法原理可以作为行政行为是否超过必要限度的论据，比善良风俗、经验法则运用更有说服力。因此，在行政裁判文书说理中，引入行政法原理，对实现行政裁判文书的说服功能具有重要意义。基于此，当代论证理论的创始人之一斯蒂芬·图尔敏认为："只有将逻辑理论在真实的论证实践中检验，才能建构真正的逻辑学图景。"② 图尔敏将论证逻辑本质回归到情境化的论证实践当中，重视研究复杂论辩环境的攻击和辩护关系，极大提升了受众对论证的接受程度，为完善论证说理架构提供了定向思路。

1. 论证说理的逻辑架构再造

论证说理体现于"内部证成"和"外部证成"。内部证成是从既定前提推出作为结论命题的逻辑有效性问题，更为注重论证的逻辑层次。外部证成系说理的重心所在，是对内部证成所使用大小前提的证立。依从图尔敏论证逻辑，对行政裁判文书的说理，需要对法律适用分析、比较，引入行政法原理，形成以证成、反驳、评价为方法的说服式论证；通过对证据材料和经验法则的运用，融入情理法，论辩不同意见，实现流程上的整体评价，以保证论证准确性，提升说理认同感。

由此，在论证说理过程中，需阐述纠纷事由（Dispute），论证案件事实，即"事实命题"（Fact），找到可以佐证的证据、经验法则等；确定争议焦点（Argument），论证适用的法律规范，即"规范命题"（Law），引用行政法原理及法律解释方法检证法律规范作为裁判依据准确性。因此，通过"内部证成"确定所得裁判结论（Referee conclusion）是由"事实命题"和"规范命题"推导而来的。而通过"外部证成"，将法律规范与事实来回涵摄，列出不同意见且进行辨析，结合事理、法理、情理、文理要求，加强事实认定的客观性、法律适用的有效性，以保证前提真实可靠（见图2）。

---

① 陈景辉：《实践理由与法律推理》，北京大学出版社，2011，第107页。
② 〔英〕斯蒂芬·图尔敏：《论证的使用》，谢小庆、王丽译，北京语言大学出版社，2016，第91页。

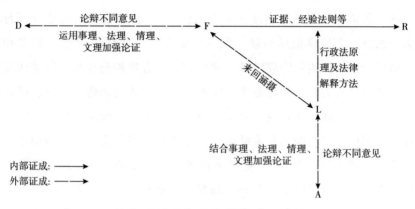

图2 行政裁判文书说理的逻辑架构

2. 运用行政法原理强化合法性论证效果

在现有行政法规范的基础上，将行政法原理运用于说理，更能加强行政行为合法性的论证效果。首先，行政法原理蕴含着基本的行政原则，能够凸显行政法治的内涵，从意识和法理角度深层次评价行政行为的合法性。其次，在法无明文规定时，行政法原理可以作为补充，对原理相通的行政行为，找到参照可适用的法律规范或行政法原则。最后，行政法原理能够影响行政法官的裁判思维，将沉浸内心的想法展现于纸面，具有提纲挈领的作用。

正常情况下，行政裁判主要从主体、条件、根据、程序、结果等方面审查行政行为的合法性。从而在论证说理过程中，须明确行政主体是否具有法定职权或职责，行为的法定条件是否达到，依从证据的事实根据是否合法、程序是否符合规定、结果是否正确。当然，对行政裁判的论证说理并不需要完全依照前述的顺序依次进行，可以将争议较大的部分置前论证，这在优秀文书中已有体现（见表4）。

表4 行政裁判文书运用行政法原理强化合法性论证的主要内容

主要内容	合法性审查
主体适格	是否遵循职权法定
行为条件	法定情形是否已出现
事实根据	证据收集和采纳是否合法
行政程序	是否符合法定的程序要求
处理结果	是否具有充足的法律依据

3. 依据行政法原理检视合理性论证的可靠性

将行政原理引入合理性论证的说理当中，能进一步找准裁判依据、充实裁判理由，凸显裁判的说服、教育、引导作用。一方面，经验法则、善良风俗等虽然可以作为论证行政行为合理性的重要依据，但相对抽象，引入行政法原理能够使抽象的论证更为具体化。另一方面，"行政法治发展史，一定程度上是不断确立原则、规则和控制自由裁量权的历史"①，融入行政法原理论证行政行为合理性，可以在防范法官恣意裁量的同时，促进规则之治更为完善。

具体到论证过程来看，一是应将行政法原理与目的解释、法意解释等法律解释方法相结合，审查行政行为与立法宗旨的契合性。二是应通过行政法原理透视法官在行使裁量权时，是否考虑了不相关或是遗漏了相关事由。三是应综合适用行政法基本原则，充分发挥合理行政中的公平公正、比例原则与法律优位、程序正当、信赖利益保护、诚实守信等原则的协同功效，让行政行为的合理性论证更为充分。四是应透过行政法原理反观论证说理是否全面，对应说未说、说理不到位的部分予以补充论证，让原本"隐匿"的论证意图更加透彻明晰（见表5）。

表5　行政裁判文书运用行政法原理检视合理性论证的方向指引

审查方向	审查内容
行政行为与立法宗旨的契合性	是否与立法宗旨相冲突
相关因素引入的妥当性	是否考虑了不相关或是遗漏了相关事由
论证依据的充分性	是否符合行政法基本原则
论证内容的全面性	是否存在应说未说、说理不到位情况

（三）修辞：基于受众需求润色文字表达

习近平总书记指出："一纸判决，或许能够给当事人正义，却不一定能解开当事人的'心结'，'心结'没有解开，案件也就没有真正了结。"②

---

① 江必新：《行政程序正当性的司法审查》，《中国法学》2012年第7期。
② 中共中央文献研究室编《习近平关于全面依法治国论述摘编》，中央文献出版社，2015，第69页。

对于行政裁判文书，通过法律修辞润色文字表达，自然要比生硬、冰冷的表述更具可接受性。就行政裁判文书说理而言，法律修辞虽然处于辅助地位，但作用不可小觑。其是将事实、规则与思想融为一体的可行方法，也是放大释法说理效应及提升司法获得感的重要手段。由此，重视法律修辞在行政裁判文书说理中的运用，可以帮助行政裁判实现由实务到理论再到情感升华的递进，更好地让人民群众感受到公平正义。

1. 规范之内的修辞运用

法律修辞是以公众认知与普遍常识为基础的说理方式，应依附于论证推理的基本架构，但在用语、表达、语序以及表现形式上，更易于将公众引入说理的情境。因此，运用法律修辞必须遵从论证说理的脉络，需要用理性的思维而为之。具体来讲，一方面，运用法律修辞应做到与论证说理相统一，在以法治精神为引导的自由裁量空间内，通过易于感同身受的修辞显露裁判的实质正义；另一方面，运用法律修辞需坚持司法规律与生活经验的统一，在引入风俗、经验、情感时既不违背社会主义核心价值观，又须符合司法规律，特别是在法律规定与公众普遍认知不一致时，如果确因法律滞后性，在有充分理据的情况下，更应尊重公众情感。

2. 发挥教育言辞的作用

"公共选择理性"视角下，行政机关必然有着自利性的冲动，只有在被有效说服时，才会据以行政裁判规范执法。① 而行政裁判与生俱来有着教化意义，行政法官对不规范行政行为采取教育言辞说理，会促使行政机关更加认识到行为的严重性，也能让行政相对人感受到被同等对待。教育言辞说理的具体表现，可以是对违法或是瑕疵行政行为给予负面评价，表明行为不当之处，提醒行政机关重视并改进；也可以作出赋予期望的表达，寻求公众共同监督，如可使用"今后应避免……"的表述方式；还可以是对行政机关的正确引导，直截了当陈述其应尽职责，如可使用"本应……但未……"的表述方式。

---

① 王敬波：《基于公共选择理论分析〈行政诉讼法〉的修改》，《法学杂志》2015 年第 3 期。

3. 注重修辞技巧的使用

惯常来看，社会公众易认为行政相对人在行政诉讼中处于弱势。因此，在运用法律修辞时，应尽量保证语言的通俗性，多站在行政相对人的角度去润色用语，对于专业术语应说明解释。同时，在使用修辞技巧过程中，还需体现出裁判的豁然坦诚，论辩不同意见时须公正客观，消除使用歧义性语句。另外，应防止法律修辞的滥用，避免使用地方性、小众化及过于文学性的语言，在修辞技巧无法有效匹配论证说理时，应果断保持论证说理原貌，做到宁可"信而不美"，不可"美而不信"。

（四） 评价：建立反馈问询与督促激励机制

习近平总书记指出："要用好交换、比较、反复的方法，重视听取各方面意见，包括少数人的意见，反对的意见，立体式地进行分析，三思而后行，防止自以为是，一得自矜。"① 通过优化说理推动实现行政裁判文书的说服功能，需要通畅与社会公众持续性沟通的渠道，建立健全反馈问询与督促激励机制。

1. 建立互动多元的反馈问询机制

依从对象差别，针对当事人，应建立信息反馈与定期回访机制。通过信访、诉讼服务等途径，获知当事人的意见；可以区分案件类型，对同一类型行政裁判文书的说理情况开展调研，研究当事人服判息诉情况，统计上诉的具体事由，总结说理的不足之处，对症施策。针对社会公众，应建立说理满意度测评机制，在市域范围内开展行政裁判文书说理的满意度评估，找出说理的薄弱点，找到优化的落脚点。针对他案法官，可以就说理问题进行经常性交流，共同提升行政裁判文书的说理水平。针对上级法院，行政法官应直面被发改或是再审案件，及时询问并改正说理存在的缺陷；对获评典型案件的裁判文书再度深入思考，逐渐形成适合的说理思维。

2. 注重监督约束与强化激励引导

"司法决策在理性与逻辑之外，蕴含'感情和意志'，当逻辑推理力不

---

① 《习近平谈治国理政》第四卷，外文出版社，2022，第527页。

从心时，法官会倾向于根据个人喜好和价值观来判决。"① 因此，有必要将行政裁判文书说理情况纳入审判监督范围，常态化开展专项评查，并列为考评案件质量与考核法官业绩的重点内容；对于因说理而引发重大不良影响的法官，应当严格落实司法责任制。另外，通过激励手段造浓行政裁判文书说理氛围，是实现说服功能不可或缺的举措。目前，除开展全国法院优秀裁判文书评比活动以外，2021 年最高人民法院又出台了《关于深入推进社会主义核心价值观融入裁判文书释法说理的指导意见》，第 16 条明确，应完善优秀裁判文书考评激励机制。由此，以强化激励来引导行政法官更尽力地说理，不失为实现行政裁判文书说服功能的良策。

结　语

习近平法治思想为人民法院工作高质量发展提供了行动指南。新时代要求下，行政法官应深入践行习近平法治思想，借鉴优秀行政裁判文书的说服"智慧"，通过打破"法律人本位"的桎梏，转向"社会人本位"的需求，引入行政法原理进行论证说理，再辅以运用法律修辞，注重反馈问询与激励引导，切实以更优质说理增强行政裁判文书的说服力。囿于篇幅及水平，本文仍需借鉴更多智慧和经验，促使行政裁判文书说服功能在思想碰撞与实践检证中有效实现；还需遵循类型化思维，进一步探寻习近平法治思想引领下实现民事、刑事等领域裁判文书说服功能的"良方"。本文所期许的，是为后期研讨找到一个角度并提供一些粗浅思路，也希冀以优化说理实现行政裁判文书的说服功能，使其在更多思想碰撞与实践检证中得到健全。

（审校：李冉）

---

① 解兴权：《通向正义之路——法律推理的方法论研究》，中国政法大学出版社，2000，第 29 页。

Nankai Legal Review

Issue 18

June 2024

Table of Contents & Abstracts

Abstract: The model of Soviet's permanent organ was initiated in the 1918 Constitution in SR, and was completed in the 1936 Constitution in USSR. It lasted till the dissolution of USSR in 1991. Looking back on its history, the main problem with this model is the centralization and totalitarian of power, which made positioned the permanent organ is an executive agency. Executing the legislative power in the executive way or treating it as an executive power suggests dislocation of power, as well as its allocation and structure. Even though the representative system doesn't have a unified standard, it fundamentally denies and repels any deviation from the basic guidelines. Despite the democratic value and process that representative system originally represented, the logic of this model is based on revolution and domination, from beginning to the end. Even the transition from "revolution label" to its "doctrine label" didn't bring any real change actually, on the contrary, it was a continuation of the logic of "naturally legitimate" which considers the legitimacy of revolution the same as the legitimacy of governing. When they tried to transform this logic into a democratic and managerial one, the inertia of running the old model made the reform become the key factor contributing to the dissolution.

Keywords: The SR's Constitution; The USSR's Constitutions; Soviet System; The Model of Soviet's Permanent Organ; Representative System

Engraving Stele as Proof: Water Conservancy Inscriptions in Fen River Downstream and
Rural Grass – Roots Water Treatment in Jin Dynasty and Yuan Dynasty

Abstract: The water conservancy steles in the lower reaches of the Fen River during the Jin
dynasty and Yuan dynasty not only witnesses the process of water conservancy disputes, but also
reflects the public's recognition and maintenance of water rules. It also solidifies the repeatedly
damaged but still orderly water conservancy order. The government, gentleman and the mass had a
game of interests, achieved mutual restraint and balance, carried out beneficial practices beyond
traditional judicial procedures. Under the premise of ensuring legal authority, the government re-
spects the consensus of the mass in water rules, and takes the gentlemen as mediating subjects to
promote the source resolution of civil disputes. It has formed a rural grass – roots water governance
model, which is based on the channel regulation, constrained by the water responsibility communi-
ty, and based on the stone inscription as the evidence. The three – role interaction of "government,
gentlemen and the mass" is coordinated, dynamic and static, coordinated, self – care and self –
consistent.

Keywords: Stele; Gentleman; Rules for Drawing Water; Water Treatment; Rural Grassroots.

The Ground for Exclusion of the Establishment of a Crime Against Property in the
Crime of Demanding the Repayment of Illegal Debts and Its Judicial Implementation

Abstract: When defining the logical meaning of illegal debts in the crime of demanding the
repayment of illegal debts, it shall be interpreted as debts arising from illegal financial activities.
This is a conclusion reached in accordance with the requirement of generic equivalence raised by the
ejusdem generis rule, concerning the normative protection purpose that the crime aims to safeguard
the people's legitimate rights and interests in financial activities. This kind of debt has the dual char-
acteristics of illegality and consent. The act of demanding the repayment of illegal debts does not
constitute a crime against property, because the illegal debt originates from the agreement reached
between the borrower and the lender, and thus the consent of borrower becomes the ground for ex-
clusion of the establishment of a crime against property. The theoretical basis for this ground is the
legal proverbs "volenti non fit iniuria", which reflects the respect for the borrower's right of self –
determination. The act of demanding the repayment of illegal debts constitutes the crime of deman-
ding the repayment of illegal debts or the crime against property, depending on whether the victim
has any consent to the formation of illegal debts. Therefore, whether the act of demanding the re-
payment of "routine loan" constitutes a crime of fraud depends on whether the victim is aware of

and consents to the debts arising from "routine".

Keywords: Illegal debts; Ejusdem Generis Rule; Consent of Victim; Right of Self – determination; Purpose of Illegal Possession

The Normative Connotation of the Principle of Multi – candidate Election and

Further Promotion of its System Li Xiang　Zhou Mo / 71

Abstract: After a tortuous process in history, the concept of multi – candidate election gradually gained acceptance and became an electoral system within the Communist Party of China and the country. Since the mid – 1980s, multi – candidate election has been effectively promoted as a system and has recently been elevated and established as one of the principle of election in China. The principle of multi – candidate election requires that the candidates of election usually should be more than the position, and it has a series of specific principles that are connected and matched and includes several rights. However, there is still a significant gap between the current practice of multi – candidate election system and the requirements of the normative connotation of the principle of multi – candidate election. In the process of promoting people's democracy through intra party democracy and the development of whole – process people's democracy, it is necessary to understand more about the significance of promoting multi – candidate election, expand the scope of multi – candidate election substantively, appropriately optimize the proportion of multi – candidate election, and improve the supporting mechanism for multi – candidate election, so as to make further promotion of multi – candidate election system.

Keywords: Multi – candidate Election; Normative Connotation; The Whole – process People's Democracy

The Interpretative Doctrine and Legislative Doctrine of the Legal Application of

Commercial Agency in the Context of the Civil Code Xi Bin / 92

Abstract: The Civil Code is the epitome of China's civil and commercial legislation, and strictly abides by the legislative style of civil and commercial integration. In the development of market economy, commercial agency has played an important role. Commercial agency in duty within the business entity and commission agency outside the business entity. Through systematic sorting and integration, the Civil Code has formed some institutional arrangements for the commercial agency system, which provides a legal basis for the latter's application of law. It is worth noting that, while the commercial agency forms a fitting relationship in the application of norms in code, due to its many characteristics compared with the general civil agency, it is inevitable that its particularity will conflict with the universality of the code's norms in the process of law application, leading to the weakening of the effectiveness of the code's agency norms. The characteristics formed by the relevant standards include not only the unclear legal rules caused by the generality and abstractness of the provisions, but also the unfounded application of the law caused by the typology of agency in duty and the blank legislation of commission agency's rules. In view of this, in order to ensure the legal applicability of the agency rules of the Civil Code and the stability of the law, the existing rules regulating commercial agency should be reasonably interpreted by means of the nterpretative doctrine, focusing on solving the adaptability problem of the rules of agency in duty and indirect agency. Besides the code, the lack of standardization of duty agency and agent agency should be further supplemented by the legislative model of commercial separate law.

Keywords: The Civil Code; Agency in Duty; Commission Agency; Interpretative Doctrine; Legislative Doctrine

System Construction of Directors' Compliance Obligations in the View of the Revision of the New Company Law
Meng Sheng / 121

Abstract: Article 154 of the Company Law (Revised Draft) adds the responsibility of compliance management of state – funded companies, which makes it possible to construct compliance in all kinds of companies in China. The board of directors is the decision – maker of the company's important affairs. Numerous compliance scandals in recent years show that the board of directors is duty – bound to build the company's compliance. With the evolution of the functions of the board of directors, the monitoring function has gradually become an important aspect of the responsibilities of the board of directors, and the compliance obligation is an important part of the monitoring function. Therefore, the Company law should, on the basis of the traditional dualism fiduciary duty of directors, pay attention to the emerging obligations of directors – – the monitoring function and the compliance obligation under it. However, the positioning of the system of director compliance obligations and the specific behavior standard and the review standard are still confused in our academic circles. Based on overseas experience and Chinese practice, we should include director compliance obligation into loyalty obligation in the revision of company law, distinguish different situations of director compliance failure in judgment, and get through the system connection between company law and criminal law on company compliance.

Keywords: Fiduciary duty of the Board of Directors; Compliance Obligation; Corporate Governance; Company Law Amendment

A brief discussion on the Right to Live in Peace as a fundamental right in the

Constitution of Japan　　　　　　　　　　　　　　　　　　　　　Yang Shuai / 145

Abstract: Based on the spirit of Constitutional Pacifism, Japanese constitution scholars have constructed a constitutional theory on peace, namely the theory of the right to live in peace, based on the Preamble to the Constitution of Japan and the famous clause of RENUNCIATION OF WAR in the Constitution of Japan Article 9, which is quite different from the political theory on peace in international politics. Although there have been theoretical disputes over the right to live in peace since it was proposed, the theory affirming the right to live in peace has gradually become a powerful theory because it conforms to the spirit of constitutional pacifism in the Constitution of Japan, and plays an important theoretical guiding role in the peace movement in Japan, among which the most representative is the theory of Tadakazu Fukase and Takeshi Kobayashi. The right to live in peace is a legal norm and can serve as a fundamental right. At the same time, it also is a judgemental norm, which can serve as the basis for citizens′ right to seek judicial relief and court decisions. The theory of the right to live in peace has a rigorous theoretical system, which aims to form such a constitutional cognition, that is, the modern constitution should not only be a liberal and democratic constitution, but also a peaceful constitution, and peace is not only a reflection interest of the national peace policy, but also a fundamental right.

Keywords: the Right to Live in Peace; Fundamental Right; Legal Norm; Judgemental Norm; Structure of the Right

Taking Japanese Civil Jurisprudence Seriously

—An Invitation to Civil code of Japan · Preface　　　　　　　　　Zhang Zhipo / 177

Abstract: From the enactment of the Draft Civil Law of the Qing Dynasty to the promulgation of Civil Code of PRC, the Civil code of Japan has had a continuous impact on China's civil legislation. Through code transplantation, legal education and legal writings, Japanese civil jurisprudence has had a significant impact on Chinese civil jurisprudence. China and Japan have similar cultures and languages. Both the Civil code of PRC and Civil code of Japan borrowed rules from the German Civil Code or its Draft, both of which have the characteristics of mixed inheritance. Japanese civil jurisprudence is of special significance to Chinese civil jurisprudence. There are many ways to approach Japanese civil jurisprudence. Studying the Civil code of Japan will help to grasp the foundation of Japanese civil jurisprudence, approach Japanese civil jurisprudence even better, and serve the development and prosperity of Chinese civil jurisprudence. Taking Japanese civil jurisprudence seriously, we should start with the Civil code of Japan.

Keywords: Chinese Civil Jurisprudence; Japanese Civil Jurisprudence; Mixed Inheritance; Civil Code of Japan; Lectures

Concepts of culture in the sociology of punishment

David Garland

New York University, USA / 188

Abstract: The author analyses the different ways in which the concept of 'culture' is currently deployed in the sociology of punishment. Using a distinction first developed by W. H. Sewell Jr, he distinguishes two usages of the concept—culture as an analytical dimension of social relations ('the cultural') and culture as a collective entity ('a culture'). The theoretical issues and problems entailed in these two usages are discussed and several pragmatic solutions proposed. The author argues that analytical accounts of 'the cultural' should be regarded as artificial (though necessary) abstractions. Descriptive ethnography, discourse analysis and textual explication ought to be viewed as components of historical or sociological explanation, not as substitutes for explanatory analysis. The author argues for the integration of cultural analysis into the explanatory project of a multi – dimensional sociology of punishment.

Keywords: Culture; Punishment; Sociology

An Empirical Study of Public Participation in Food Safety Public Interest

Litigation Performance Evaluation　　　Zheng Xunjie　Zhao Qian / 218

Abstract: Strengthening public participation in the performance evaluation of food safety public interest litigation is a democratized path to enhance the effectiveness of social governance of food safety. An interview – based questionnaire survey can be conducted in the sample areas to explore the public's awareness of the performance evaluation of food safety public interest litigation, their expectations of participation, their willingness to participate, and their preference of participation methods, and to conduct a legal empirical analysis of the research results. Institutional construction based on the promotion of effective public participation in food safety public interest litigation performance evaluation, on the one hand, the public should improve the basic perception of food safety public interest litigation performance assessment in a targeted manner according to the public's awareness of food safety public interest litigation performance assessment; on the other hand, we should explore the path of setting legal norms for public participation in the performance evaluation of food safety public interest litigation according to the public's awareness of participation in food safety public interest litigation, and eventually realize the development and improvement of the performance evaluation system of food safety public interest litigation.

Keywords: Food Safety Public Interest Litigation; Performance Evaluation; Public Participation; Legal Empirical Analysis

The Approach to Realizing the Persuasion Function of Administrative Judgment Documents
—Starting from optimizing the reasoning of administrative judgment documents

Zhang Yan   Kou Jiandong / 239

Abstract: The functional role of administrative adjudication is reflected in the entire process and final decisions made by judges, but the most direct feeling of the people towards judicial adjudication still comes from the judgment documents. To achieve the persuasive function of administrative judgment documents, it is precisely through the judgment documents that legal norms and mainstream values are conveyed to the public, promoting the cultivation of legal rule awareness, and enhancing the recognition of administrative trial work. The realization of the persuasive function of administrative judgment documents needs to be based on sufficient reasoning, and has a specific direction of "mainly facing the parties and also facing society". However, in practice, administrative judges have yet to completely break free from the shackles of the "legal person standard" and are accustomed to strictly adopting the reasoning mode of rule deduction, expressing serious and rigid expressions, relatively abstract language, and frequent situations where parties "see but don't understand" and "understand but don't believe", which has brought significant obstacles to the work of serving judgments and lawsuits. Therefore, this article is guided by Xi Jinping's Thought on the Rule of Law, on the basis of reviewing the current situation and clarifying the problems, this paper summarizes and draws on the persuasive "wisdom" contained in excellent administrative judgment documents of national courts, and explores specific paths to promote the persuasive function of administrative judgment documents with higher quality reasoning, in order to seek the unity of reasoning and persuasion, and further make the people truly feel that fairness and justice are around them.

Keywords: Xi Jinping's Thought on the Rule of Law; Administrative judgment documents; Reasoning; Persuasion function

《南开法律评论》征稿启事

《南开法律评论》自创刊以来，一直坚守"知天下服务天下"的南开传统，坚守繁荣法学学术与服务法治的社会责任，为读者提供更好的学术交流平台。本刊诚挚面向学界同仁长期征稿，具体要求与程序如下。

一 栏目设置

本刊聚焦于法治发展中的经典理论命题和重大实践问题。文章体裁不限，学术论文、案例评析、法学书评、翻译作品等皆可。本刊下辟"主题研讨""各科专论""判解研究""学术动态""域外法治""时论书评"等栏目。

二 征稿对象

法学研究人员、法律实务界人士及广大青年学子。

三 稿件要求

1. 来稿文责自负，作者应确保其作品不侵犯他人或组织的著作权。本刊所载文章观点均属作者本人，不代表编辑部或主办单位的观点。

2. 字数以 20000 字以下为宜，重复率不超过 15%。

3. 论文类稿件需另附中英文摘要和关键词；书评类稿件请附所评论著作名、作者名、出版社、出版年份等信息；译文类稿件请附原文及作者或出版者的授权证明。

4. 稿件格式请参考《法学引注手册》。

5. 为保证刊物质量和用稿公正，本刊实行双向匿名审稿制度，由教师责编与学科专家审稿。

6. 本刊禁止"一稿多投"，凡专稿专投稿件，本刊将在 10 个工作日内反馈初审结果。

四　投稿方式

1. 请将电子版投至编辑部邮箱：nklawreview@163.com，邮件主题以"文章题目＋姓名＋手机号"命名。

2. 请务必在邮件中注明稿件联系人的姓名、工作单位、通讯地址、电话、邮编等详细联系方式；在审稿期间请保持通讯畅通，方便进行稿件修订。

3. 本征稿长期有效。

《南开法律评论》编辑部

2024 年 2 月 17 日

图书在版编目（CIP）数据

南开法律评论 . 第 18 辑 / 屠振宇主编 . -- 北京：
社会科学文献出版社，2024.6. -- ISBN 978-7-5228
-3761-1

Ⅰ. D9-53

中国国家版本馆 CIP 数据核字第 20249R1X89 号

南开法律评论（第 18 辑）

主　　编 / 屠振宇

出 版 人 / 冀祥德
责任编辑 / 高　媛
责任印制 / 王京美

出　　版 / 社会科学文献出版社 · 法治分社（010）59367161
　　　　　　地址：北京市北三环中路甲 29 号院华龙大厦　邮编：100029
　　　　　　网址：www. ssap. com. cn
发　　行 / 社会科学文献出版社（010）59367028
印　　装 / 三河市尚艺印装有限公司

规　　格 / 开本：787mm×1092mm　1/16
　　　　　　印 张：17　字 数：263 千字
版　　次 / 2024 年 6 月第 1 版　2024 年 6 月第 1 次印刷
书　　号 / ISBN 978-7-5228-3761-1
定　　价 / 98.00 元

读者服务电话：4008918866